Oldenbourg Interpretation
Band 105

Oldenbourg Interpretationen
Herausgegeben von
Klaus-Michael Bogdal und Clemens Kammler

begründet von
Rupert Hirschenauer (†) und Albrecht Weber

Band 105

Urs Widmer

Top Dogs

Interpretation von Dieter Wrobel

Oldenbourg

Zitate sind halbfett gekennzeichnet.

Die Seitenzahlen in Klammern beziehen sich auf folgende Ausgabe:
Urs Widmer, Top Dogs, Frankfurt am Main: Verlag der Autoren [7] 2004.

Bibliografische Information der Deutschen Bibliothek:
Die Deutsche Bibliothek verzeichnet diese Publikation in der Deutschen
Nationalbibliografie; detaillierte bibliografische Daten sind im Internet über
<http://dnb.ddb.de> abrufbar.

Das Papier ist aus chlorfrei gebleichtem Zellstoff hergestellt, ist säurefrei und
recyclingfähig.

© 2006 Oldenbourg Schulbuchverlag GmbH, München, Düsseldorf, Stuttgart
www.oldenbourg-bsv.de

Bei den Zitaten, Literaturangaben und Materialien im Anhang ist die neue
Rechtschreibung noch nicht berücksichtigt.

1. Auflage 2006
Druck   10   09   08   07   06
Die letzte Zahl bezeichnet das Jahr des Drucks.

Umschlagkonzept: Mendell & Oberer, München
Umschlag: Stefanie Bruttel
Typografisches Gesamtkonzept: Gorbach GmbH, Buchendorf
Lektorat: Ruth Bornefeld, Birgit Kaltenegger
Herstellung: Verlagsservice Dr. Helmut Neuberger
& Karl Schaumann GmbH, Heimstetten
Satz: jürgen ullrich typosatz, Nördlingen
Druck und Bindung: Appl Druck, Wemding

ISBN: 3-486-00105-1
ISBN: 978-3-637-00105-3   (ab 1.1.2007)

Inhalt

Vorwort *7*

1 **Forschungsüberblick** *10*

2 **Inhalt** *21*
2.1 Thematik *21*
2.2 Handlungsabfolge/Handlungsgliederung *30*
2.3 Ort und Zeit der Handlung *39*

3 **Figuren im Kontext der Szenenanalysen** *43*
3.1 Management als Trivialmythos *43*
3.2 Kennzeichen: Flexibilität *46*
3.3 Rollenwechsel *48*
3.4 Rollenspiele *50*
3.5 Rollensegmente *52*
3.5.1 Rollensegment Manager (1. Szene/2. Szene) *52*
3.5.2 Rollensegment Klient (1. Szene/4. Szene/6. Szene) *62*
3.5.3 Rollensegment Therapeut (1. Szene/4. Szene/6. Szene/ Zwischenszenen) *72*
3.5.4 Rollensegment Rollenspiel *77*
3.6 Weitere Motive *79*
3.6.1 Träume (8. Szene) *79*
3.6.2 Märchen (10. Szene) *94*
3.6.3 Utopie (10. Szene) *95*
3.6.4 Apokalypse (11. Szene) *98*

4 **Sprache und Kommunikation** *101*
4.1 Sprache der Ökonomie *102*
4.1.1 Anglizismen *103*
4.1.2 Fachsprache *106*
4.1.3 Komposita *107*
4.1.4 Phrasen *107*
4.1.5 Syntax *109*
4.2 Sprache der Therapie *110*

5 Gegenwartsdramatik und postdramatisches Theater *113*
5.1 Entstehung und Dramatisierung als Königsdrama *113*
5.2 Dramentheoretischer Kontext *115*

Unterrichtshilfen *120*
1 Didaktische Aspekte *120*
2 Checkliste: Voraussetzungen und Schwierigkeiten bei der
  Lektüre *123*
3 Unterrichtsreihen *124*
4 Stundenübersicht *126*
5 Unterrichtssequenz *129*
6 Klausurvorschläge/Projekte/Referate *140*
7 Tafelbilder *144*
8 Materialien *148*

Anhang *154*
Anmerkungen *154*
Literaturverzeichnis *156*
Zeittafel zu Leben und Werk *159*

Vorwort

Seit der Uraufführung in Zürich im Jahr 1996 zählt URS WIDMERS Drama
TOP DOGS zu den meist gespielten Stücken des deutschsprachigen Gegenwartstheaters. Aus dem umfangreichen Werk WIDMERS, das neben Theaterstücken auch Romane, Erzählungen und zahlreiche Hörspiele sowie Essays, Übersetzungen und Herausgeberschaften umfasst, ragt das Drama
TOP DOGS heraus. Auch wenn WIDMER sein literarisches Debüt bereits
1968 mit dem Roman *ALOIS* gab und seit Mitte der 1970er-Jahre regelmäßig mit zahlreichen Literaturpreisen für einzelne Werke ebenso wie für das
sich stetig erweiternde Gesamtwerk ausgezeichnet worden ist, so wurden
seine vorherigen Theatertexte durchgängig von wechselhafter und nur eher
verhalten positiver Kritik begleitet. Mit *TOP DOGS* dagegen ist ihm nach
Einschätzung nicht nur vieler Kritiker der **Durchbruch**[1] als Dramatiker
endgültig gelungen.

Gründe hierfür gibt es viele. Vor allem sind die Wirtschaft und hier spe-
ziell die Globalisierung als gesellschaftliche Großthemen zu nennen, die
WIDMER eben nicht aus der Sicht der zahlreichen Arbeitslosen anlegt. Zum
einen zeigt er kein Sozialstück aus der Perspektive der kleinen Leute, sondern wendet sich den Wirtschaftslenkern zu und präsentiert diese nach
dem Verlust ihrer Macht als verstörte und desorientierte Figuren. Zum anderen trägt auch die Inszenierung der Uraufführung zum Erfolg bei, die in
vielen anderen Aufführungen ihrer Anlage nach beibehalten, aber auch variiert worden ist. WIDMER verzichtet auf die klare räumliche Trennung
zwischen Bühne und Zuschauerraum, statt dessen waren die Zuschauertribünen bei der Zürcher Uraufführung 1996 variabel; die Bühne wurde so
zum Laufsteg, das Publikum zum Teil der Ausstattung. Der außerordentli-
che Erfolg des Königsdramas der Wirtschaft zeigt sich nicht zuletzt in der
Vielzahl von Inszenierungen in deutschsprachigen Theatern, die bis heute
andauert.

Auch die Rezeption durch die Kritik ist hervorzuheben. *TOP DOGS* ist
mit diversen renommierten Preisen ausgezeichnet worden. Darunter waren der ›Mülheimer Dramatiker Preis‹ (1997) und die Prämierung als
Stück des Jahres durch die Zeitschrift *Theater heute*.

Die nach wie vor ungebrochene Rezeption des Stücks ist ein Indiz dafür,
dass WIDMER mit seiner Annäherung an die ökonomische Verfassung der
Gegenwartsgesellschaft und ihre Ausprägungen einen Nerv getroffen hat.
Der norwegische Politologe Johan Galtung hat den Begriff ›Top Dogs‹ ge-

prägt, um diejenigen zu bezeichnen, die an der Spitze einer Feudalstruktur stehen und die Macht innehaben; im Gegensatz dazu stehen die ›Under Dogs‹ am anderen Ende der sozialen Skala.[2] Seither wird diese begriffliche Dichotomie Galtungs zur Kennzeichnung jeder sozialen Hierarchie genutzt.

WIDMER wendet sich nun den Top Dogs der global agierenden Unternehmen zu. Indem er diejenigen Akteure der globalisierten Ökonomie zeigt, die vor ihrer ›Ausmusterung‹ aus der ökonomischen Klasse zu den Taktgebern eben dieser Wirtschaftsordnung zählten, lenkt er den Blick auf die Führungsetagen der Wirtschaft. Dort findet sich in der Abgeschiedenheit von Produktion und Distribution ein Ökotop für Workaholics, die sich einzig als Macher definieren. Die Statussymbole dieser Welt – Büro, Sekretariat, Dienstwagen und Entscheidungsgewalt über zahllose meist anonym bleibende Untergebene – sind dabei die Spielzeuge dieser Macher. Doch wie gehen sie damit um, plötzlich selbst aus dem Spiel ausgeschlossen zu sein? WIDMER zeigt die Bodenlosigkeit ihrer Abstürze, lässt in die Orientierungslosigkeit blicken, nachdem die Masken gefallen sind. Auf diese Weise spiegelt er die globalisierte Welt aus einem in den Medien sonst nicht gewählten Zugriff. Bei all dem setzt WIDMER seine Figuren jedoch nicht der Lächerlichkeit aus, sondern zeigt mehr die Psychogramme von Gescheiterten, die weitgehend verständnislos die Gründe ihres Scheiterns erkunden und plötzlich ohne die Attribute ihres vormaligen Selbstverständnisses auf sich selbst zurückgeworfen sind. So stellt der Autor die entlassenen Entlasser auch in ihren tragischen Dimensionen vor.

Top Dogs ist von WIDMER selbst wiederholt als **Königsdrama der Wirtschaft** gekennzeichnet worden und damit in eine bewusste Korrespondenz zu Shakespeares Königsdramen gerückt. Und von hier ist auch ein Zugriff auf den Text möglich. Die Akteure, allesamt an der Spitze des ökonomischen Systems angekommen, lassen vielschichtige Nuancen des Geflechts von Ökonomie und Individuum erkennen. Dabei werden zentrale Themenbereiche wie die Folgen der Globalisierung, die psychischen bzw. die psychologischen Auswirkungen von Arbeitslosigkeit, der Gegensatz von ›Top Dogs‹ und ›Under Dogs‹ im Wirtschaftsgeschehen, die Frage der Beziehungsfähigkeit von Workaholics oder die Diskrepanzen zwischen erfahrener Realität und eigener Lebensvision ausgeleuchtet. Auch die Sprache ist ein wesentlicher Aspekt. Die spezifische Sprache der Ökonomie, die wie ein Ausweis des Dazugehörens genutzt wird, wird im Stück als zunehmend inhaltsleeres Statussymbol deutlich. Jenseits eines vordergründigen Austauschens von Worten ist eine gelungene Kommunikation offenbar immer schwieriger zu erreichen. Dies gilt umso mehr, wenn Kommunikation als Ausdruck und Inszenierungspartikel von Rollen genutzt wird. In dem Moment aber, in dem sich die Rolle ändert, die Sprache jedoch bleibt, hat jene kaum noch eine kommunikative, sondern allenfalls eine plakative Funktion. Genau dies leuchtet *Top Dogs* aus.

Auch wenn die Uraufführung bereits länger zurückliegt (1996), so ist *Top Dogs* nicht veraltet. Eher das Gegenteil ist der Fall: Angesichts der die Bundesrepublik beschäftigenden Wirtschaftsskandale wie die sich im öffentlichen Bewusstsein fest eingebrannten Prozesse gegen ehemalige oder aktuelle Wirtschaftskapitäne und angesichts vielfach nicht nachvollziehbarer ökonomischer Entscheidungen mit teils erheblichen Auswirkungen auf die Zahl der Beschäftigten (drohende Schließungen nicht nur im Kaufhaus- und Automobilbereich) sowie angesichts der fortlaufenden Globalisierungsfolgen etwa für Binnenstandorte bleibt Widmers Drama aktuell. Die anhaltenden Wiederaufnahmen des Stücks in die Spielpläne der deutschsprachigen Bühnen, aber besonders auch die Aufführungsdichte im nicht-deutschsprachigen Ausland sind bemerkenswert und ein deutliches Indiz für die Gültigkeit des Themas und die Bedeutung seiner dramatischen Spiegelung durch Widmer.[3]

Auch in der Schule ist Widmers Stück längst angekommen: *Top Dogs* zählt zu den oft ausgewählten Textgrundlagen für Literaturkurse und Schülerinszenierungen. Daneben ist auch der Dramentext in einigen Bundesländern zeitweilig in den schulisch relevanten Kanon der Gegenwartsliteratur aufgenommen worden. Und tatsächlich ist das Stück in mehrfacher Hinsicht zur schulischen Lektüre in der Sekundarstufe II zu empfehlen. Neben der erwähnten Psychologisierung in der Figurendarstellung ist die bestehende Nähe des Themas zur gesellschaftlichen Realität hervorzuheben. Außerdem ist *Top Dogs* als ein Drama des Gegenwartstheaters zu kennzeichnen, das kaum Rezeptionshürden besitzt, sodass es im Rahmen des Unterrichts einsetzbar ist. Dazu trägt auch die gattungstypologische Prägung des Stücks bei, das sich deutlich von traditionellen Theater- und Dramenkonzeptionen unterscheidet und so Vergleichsmöglichkeiten eröffnet, das sich andererseits aber noch nicht vollständig im Umfeld des postdramatischen Theaters auflöst.

1   Forschungsüberblick

Das umfangreiche literarische Werk URS WIDMERS ist quer durch die Textgattungen durch einen hohen Grad an Kohärenz gekennzeichnet; einzelne Texte stehen dabei nicht nur sprachlich in einer engen Nachbarschaft. Dennoch ist die Rezeption – durch das Publikum, durch die Kritik wie durch die Literaturwissenschaft – sehr ungleich ausgefallen. Besonders die dramatischen Texte sind über lange Zeit von der Kritik eher ablehnend beurteilt worden. So stellte Rühle 1977 nach der Frankfurter Uraufführung des Stücks *NEPAL* WIDMERS Befähigung als Dramatiker in Frage, indem er bilanzierte: **Er erfindet Spiele und meint, wenn dazu Körper kämen, sei es schon Theater.**[4] Hier wird insbesondere darauf Bezug genommen, dass der Autor nach Ansicht seiner Kritiker in seinen dramatischen Texten zu wenig die dramaturgischen Möglichkeiten der Theaterinszenierung nutze und die Bühnentexte daher zu stark als Prosa zu identifizieren seien. In der Würdigung der dramatischen Arbeit WIDMERS gelangt Halter zu einer ähnlichen Einschätzung. Zusammenfassend bescheinigt er den Stücken bis Anfang der 1990er-Jahre einen **Mangel an Brisanz**[5], zudem stellt er heraus, dass vor allem die frühen Theaterstücke wie szenische Umschreibungen seiner erfolgreicheren Prosa wirkten:

> Obwohl oder gerade weil die inhaltlichen und formalen Parallelen zwischen Widmers Prosa und seinem dramatischen Werk so offensichtlich sind, daß man gelegentlich fast von einem Motivrecycling sprechen kann, sollte es noch einmal fast zwanzig Jahre dauern, bis er auch als Theaterautor die Anerkennung fand, die er als Erzähler – und Hörspielautor – längst besaß.[6]

Mit dem Stück *TOP DOGS* schreibt WIDMER sich nunmehr unmittelbar in die literarische Spiegelung der gesellschaftlichen Großthemen der 1990er-Jahre ein, die Hofmann auswertend unter vier Zugriffen systematisiert. Die Tendenzen des Theaters in dieser Dekade sind demnach: **Wendedramatik, Auseinandersetzung mit Arbeitswelt und Globalisierung, Dramatik der Geschlechterverhältnisse, Poetisierung der banalen Alltagswelt.**[7] Allerdings ist festzuhalten, dass von diesen Themen die Wirtschaft und die Globalisierung in der Literatur das geringste Echo fanden, während etwa die Wendethematik zu den dominierenden Themen zählt. Mit der Uraufführung von *TOP DOGS* ist dem Autor nach Einschätzung von Halter **nach einem Dutzend mehr oder weniger vergeblicher Versuche am Ende umso triumphaler**[8] gelungen, sich unter den deutschsprachigen Bühnenautoren zu etablieren und er kann nun zu den bedeutenden Gegenwartsdramatikern gezählt werden. Angesichts solcher Einordnungen ist es allerdings ein erstaunlicher Fauxpas, dass TOP DOGS im WIDMER-Artikel des einschlägigen LEXIKON DER DEUTSCHSPRACHIGEN GEGENWARTSLITERATUR von Sibylle Cramer nicht einmal erwähnt wird.[9]

Für den Erfolg und die positiven Bewertungen ist vor allem die Auseinandersetzung mit einem aktuellen Thema zu nennen, dessen gesellschaftliche und politische Brisanz außer Frage steht. Hofmann konzediert, dass **vielleicht überraschenderweise die Auseinandersetzung mit der Arbeitswelt und der Globalisierung auch auf dem Theater geführt wird**.[10] Mit der Dramatisierung durch WIDMER jedenfalls ist die gesellschaftliche Realität ökonomischer Prägung auf der Bühne angekommen – auch dies ist für den Erfolg von TOP DOGS mit verantwortlich.

Daneben ist vor allem die konsequente Nutzung des Spielortes ›Bühne‹ hervorgehoben worden, der nicht nur in der Züricher Uraufführung zu einem besonderen Raumerlebnis gestaltet wurde. So erklärt Halter den (Publikums-)Erfolg des Stücks durch WIDMERS Besinnung auf **genuin theatralische Formen wie Rollenspiele, Gangübungen und Selbstinszenierungen**.[11]

Der große Erfolg des Stücks bei Publikum und Kritik gleichermaßen ist sicher erklärbar, wenn TOP DOGS in die Landschaft der dramatischen Texte der 1990er-Jahre eingeordnet wird. Durch eine solche Verortung in den Kontext der Theaterentwicklung und der in diesem Jahrzehnt dramatisierten Themen und Stoffe wird deutlich, dass TOP DOGS einen Nerv der Zeit getroffen hat, weil sich das Theater – wieder – den gesellschaftlich und sozial aktuellen wie brisanten Problemlagen zuwendet und diese auf die Bühne bringt. Hofmann bilanziert:

> Ein Gespenst geht um – nicht nur in Europa, es heißt Globalisierung und bedroht vertraute Milieus. […] Die neunziger Jahre waren also eher rau: Schluss mit dem Eindruck, die Postmoderne sei ein freundlicher Abenteuerspielplatz, Erschütterungen beruhigender Gewissheiten nicht nur bei den Intellektuellen.[12]

Diese kollektive und eher diffuse Befindlichkeit trägt viele Gesichter. Indem WIDMER sich dramatisch mit einigen hiervon auseinander setzt, stellt er – neben anderen Dramatikern – das Theater wieder in die Mitte der Gesellschaft. Indem und weil die Bühne eng mit Denken und Empfinden des Publikums verbunden wird, findet hier eine Auseinandersetzung jenseits von schlagzeilenhaften Verkürzungen oder von wissenschaftlichen Analysen statt. Die Ökonomie hat das Theater erreicht – und zwar nicht nur als beeinflussende Größe, sondern als zentrales Thema. Auch damit ist TOP DOGS repräsentativ für die Theatertendenzen der 1990er-Jahre:

Es scheint folgerichtig, dass in der Mehrzahl der Texte eine Haltung der Desillusionierung und des Pessimismus vorherrscht. Man bemüht sich um eine Darstellung hoffnungsloser Zustände und Verhaltensmuster und das Stilmittel der Groteske und die Inszenierung von Gewalttätigkeiten gewinnen eine entscheidende Bedeutung.[13]

In diesem Kontext nimmt *Top Dogs* eine herausragende Position ein, indem das Scheitern der ökonomischen Verfassung vom Kopf des Systems her angegangen wird. Mit der Darstellung von Ist-Zuständen wird nahezu untrennbar der Ausblick auf Soll-Zustände verbunden. Jenseits der durchweg positiv ausfallenden Globalwürdigung von *Top Dogs* gibt jedoch die Frage nach dem utopischen Gehalt des Stücks Anlass zu Auseinandersetzungen. Dabei wird wiederholt dessen Charakter als Utopie negiert. Die Einordnung des Dramas in den Kontext des Gesamtwerks Widmers stellt Schaefer heraus: Ein Forum für Fantasie und poetische Gegenentwürfe waren für Widmer stets seine Romane, während er sich in seinen dramatischen Arbeiten deutlicher und engagierter mit politischen Problemen auseinander setzte.[14] Diese Einschätzung deckt sich mit der Selbstauskunft des Autors: Die Theaterleute müssen erregt sein über die Schrecken der Welt, ihre Ungerechtigkeiten; nicht aufgeregt.[15]

Zum Anlass der Auseinandersetzung um den Charakter eines Gegenentwurfs wird insbesondere Widmers Umgang mit den Funktionsmechanismen des globalisierten Kapitalismus. Nach dem Zusammenbruch eines *sozialistischen* Gesellschafts- und Wirtschaftsmodells stellt sich demnach am Beispiel von *Top Dogs* die Frage, wie sich das Theater denn zu dem als überlegen geltenden Modell der *kapitalistischen* Wirtschaftsordnung stelle. Außerhalb des Theaters werden diese Wendezeiten keinesfalls einhellig positiv aufgenommen, denn jede Wende impliziert ein Verunsicherungspotenzial, jede Wende führt unweigerlich zu Neuem, zu veränderten (sozialen) Beziehungen und stellt daher lieb Gewonnenes in Frage.

Hierbei wird Widmer vorgeworfen, im Status der Kritik verhaftet zu bleiben und keinen Beitrag zu einer utopischen Überarbeitung oder Erneuerung des Gesellschaftsentwurfes zu leisten. Jedenfalls gelang Widmer auch in seinem besten Stück nicht die Neuerfindung, sondern nur die Entlarvung der alten Spielregeln, nach denen Gesellschaft funktioniert.[16] Die hier formulierte Anspruchshöhe und Erwartungshaltung einem Theaterstück gegenüber ist dagegen kritikfähig, denn die 1990er-Jahre, die im gesellschaftlichen wie im ästhetischen Kontext eher als utopiefern gelten, haben auch in ihrer literarischen wie dramatischen Reflexion weniger auf die Präsentation von Gegenentwürfen gesetzt als vielmehr aufgezeigt, an welchen Stellen die Gesellschaft in ihrer sozialen wie ökonomischen Verfassung aus dem Ruder läuft. In diesem Sinne sieht Kammler in *Top Dogs* sehr wohl einen Gegentext, dessen Funktion allerdings anders zu bestimmen sei. Entsprechend argumentiert er in Auseinandersetzung mit Halter gegen eine Verkürzung dieser Gegentexte auf **naiv-humanistische Appelle [...], die der Hoffnung des Autors auf eine bessere Welt Ausdruck verleihen**[17]. Nach Kammlers Einschätzung liegt der Ertrag des Stückes in der Präsentation von Widersprüchen, die sich im **Markieren eines Risses**[18] durch die Gesellschaft äußere. In dieser Auseinandersetzung wird deutlich, dass die Diskussion um das utopische Potenzial und die Bewertung einer Beschreibung der offenen ›Flanke‹ einer (turbo-)kapitalistischen Gesellschaft in der einschlägigen Literatur durchaus unterschiedlich ausfällt. Gegen die Position Halters ist zudem einzuwenden, dass sie sich im Wesentlichen auf die Textoberfläche bezieht und dabei die Wirksamkeit einer öffentlich inszenierten Diagnose unterschätzt.

In diesem Zusammenhang kann die Position WIDMERS hilfreich sein, die seinen **Utopie-Kunstwerk-Begriff** erläutert. In seinen Poetikvorlesungen führte er aus:

> Aber Utopien sind nicht dazu da, realisiert zu werden. Dazu waren sie vermutlich nie da. Sie sind dazu da, an andere, just unerreichbare Möglichkeiten zu erinnern. Ein Ziel zu zeigen, das in Wirklichkeit nie erreicht werden kann. So gesehen sind alle Kunstwerke utopisch. Was ein Kunstwerk zeigt, ist nie Wirklichkeit.[19]

In verschiedenen Texten realisiert WIDMER nun diesen Utopiebegriff; so nimmt etwa der Roman *IM KONGO* (1996), der im Jahr der Uraufführung von *TOP DOGS* erschien, das Genre des Reiseromans auf, in dem die Reise als Konkretisierung einer Utopie gestaltet wird.[20] Ein strukturell ähnliches Verfahren liegt auch bei *TOP DOGS* vor. Hier führt die utopische Erkundung zwar nicht in ein exotisches Land, sondern in die Mitte des eigenen Staates und damit der eigenen Gesellschaft. Dennoch ist die Etage der Wirtschaftskapitäne von einer gewissen Exotik umgeben, da diese Menschen und ihre Handlungsweisen allenfalls medial kommuniziert werden und sich nicht selten der direkten Nachvollziehbarkeit entziehen.

In diesem Sinne hat WIDMER seine Recherchen im Milieu des Topmanagements und der Outplacement-Agenturen auch als Exkursionen in eine zwar räumlich nahe, aber dennoch sehr entfernte Welt beschrieben.[21] Indem der Autor seine utopische Erkundung ins Zentrum des sozialen Nahbereichs verlagert, ermöglicht er eine Fremdbegegnung und dies in doppelter Weise: Zum einen begegnen die Zuschauer ihrer eigenen wirtschaftlichen Realität, die sie in der Fremdperspektive der entlassenen Manager wahrnehmen; zum anderen werden Figuren auf die Bühne gestellt, die sich in einer extremen Lebenssituation selbst begegnen können und müssen. Gerade das Scheitern der Figuren in Bezug auf den letztgenannten

Aspekt wirft die Frage auf nach den Bedingungen für eine gelingende Selbstbegegnung und Selbstthematisierung. Der erstgenannte Aspekt dagegen rückt die im Stück nicht zu beantwortende Frage nach den Voraussetzungen für eine ökonomische und soziale Alternative in den Blick. Gleichwohl liegt genau hier eine Ursache für die zwiespältige Rezeption, die sich eben an der Frage nach dem utopischen Gehalt entzündet.

Auch Schaefer diskutiert die Widersprüchlichkeit der Rezeption des Dramas. Er stellt *Top Dogs* in die Tradition der Brecht'schen Verfremdungstechnik, um von hier aus die Wirksamkeit des Stücks aufgrund von Distanz[22] zu bestimmen. Entsprechend sind die Figuren Rollenspieler, denen, ob sie nun einen Platz im System zurückgewinnen oder arbeitslos bleiben, eine psychologische und politische Entwicklung versagt bleibt.[23] Indem Schaefer hier begründet, was in einigen Aufführungskritiken Gegenstand deutlicher Ablehnung war, nämlich die statische, undramatische Anlage des Stücks[24], leistet er zugleich einen wichtigen Beitrag zur Utopiedebatte aufgrund von *Top Dogs*. Wenn die dramaturgische Konzeption die Figurenentwicklung nicht zulässt, ist erklärbar, dass und warum die Figuren letztlich in ihrem Bewusstseinsstand gefangen bleiben und warum eine Utopie nicht möglich und auch nicht intendiert ist.

Hofmann gelangt, in Abgrenzung zum epischen Theater, zu einer graduell anderen Bewertung: Die Groteske zeigt ihre gesellschaftskritische Potenz durchaus, versagt sich aber den didaktischen Impetus, der etwa das epische Theater auszeichnete.[25] Indem hier die Kategorisierung als Groteske vorgenommen wird, rückt die Herausarbeitung des gravierenden Unterschieds zwischen Anspruch bzw. Schein und Wirklichkeit in den Vordergrund. In *Top Dogs* geht es tatsächlich um genau diesen Widerspruch: Die auf die Bühne gestellten Figuren werfen implizit die Frage auf, wer eigentlich für wen da ist, der Mensch für die Ökonomie oder die Ökonomie für den Menschen. Beantwortet wird diese Frage im Text nicht durch die Darstellung einer anderen, besseren Gegenwelt – insoweit wird tatsächlich keine Utopie im engeren Sinne entworfen. Aber das utopische Potenzial ›schreit‹ permanent aus den gedemütigten, erniedrigten Figuren heraus, die sich – obwohl in teure Nadelstreifen gekleidet und mit so genannten guten Umfangsformen ausgestattet – als Opfer einer Gewalt darstellen. Diese Gewalt ist eine Form der strukturellen Gewalt; die Spielregeln des globalisierten Marktes sind wenig altruistisch und die Figuren unterliegen und erliegen diesen Spielregeln, die sie zuvor mit Engagement verteidigt und – ebenfalls unter Anwendung struktureller Gewalt – genutzt haben. *Top Dogs* einbeziehend sieht Hofmann in der Bilanz des Theaters der 1990er-Jahre kaum noch [eine] Brecht-Nachfolge[26] und bezieht so eine deutlich abgrenzende Position auf die Frage, ob Widmer sich der Elemente der Verfremdung bediene. Nach Einschätzung von Barnett ist die Brecht-Tradition dagegen unübersehbar und *Top Dogs* als Stück des epischen Theaters zu verstehen; er spricht hier gar vom einem Fortdauern (**persistence**) der Dialektik: **Such an approach is clearly Brechtian in its dramatic philosophy: the individual is presented within its socio-economic context and is offered to the audience for analysis. Just like Brecht, Widmer plays with our sympathies.**[27] Weiterhin begründet er seine Position mit den Figuren, die **more ciphers than individuals** [eher Chiffren als Individuen] seien und als **markers of types rather than coherent psychological studies**[28] [eher als Typen denn als kohärente psychologische Studien] daherkämen. Mit Fokus auf die Psychologie der Figuren stellt Barnett gar eine Nähe zur Dramaturgie von Brechts *Mutter Courage und ihre Kinder* her.[29] Gleichwohl räumt Barnett ein, dass sich unter postmodernen Bedingungen das epische Theater verändert habe: **In our postmodern age, epic theatre of this kind relies on meaning that emerges from a contradiction between stage and auditorium that does not preach.**[30]

Sinic veranlasst das Romanwerk Widmers zu der Feststellung, dass Sozialkritik in seinen Texten allenfalls **in Nebensätzen zum Ausdruck**[31] komme. Diese Perspektive konstatiert nun einen erheblichen Wandel, denn selbst wenn unterschiedliche Bewertungen zum utopischen Gehalt in Rechnung gestellt werden, so ist dennoch unumstritten, dass Widmer sich mit seinem Stück auf unterschiedlichen Ebenen und unter Nutzung tragikomischer Elemente kritisch zum herrschenden Diskurs der Globalisierung und der Ökonomisierung stellt – und zwar nicht in Nebensätzen, sondern in der Hauptsache.

Zusammenfassend werden in der Forschungsliteratur diese drei Aspekte zentral diskutiert: Zum ersten ist die Hinwendung Widmers zu einer aktuellen, gesellschaftsorientierten Thematik zu erwähnen, die wegen ihrer Brisanz und Virulenz auch als Publikumsmagnet wirksam geworden ist. Weiterhin ist die kontroverse Bewertung der Frage, ob dem Stück ein utopischer (Gegen-)Entwurf innewohnt und wenn ja, warum dieser (nicht) trägt, zu nennen. Schließlich werden die Inszenierungsdetails wie Raumnutzung und Spiel mit gattungstypologischen Elementen (Gehübungen, Chorszenen u.a.) hervorgehoben, die in den Inszenierungen des Stückes wiederholt variiert worden sind.

Eine bemerkenswerte Perspektive nimmt Nina Toepfer ein, die – ausgehend von einem Inszenierungskommentar zur Uraufführung – auf die Utopie-Debatte zurückgreift. Indem sie sich insbesondere mit der Inszenierungschoreografie befasst, erhellt sie zum einen das dramatische Konzept (keine Linearität des Textes; punktuelles Ausleuchten von Verhaltensmustern der Figuren) und zum anderen auch das dramaturgische Konzept (fahrbare, variable Tribünen als Teil des Stücks; Regie). In der Darstellung der Uraufführungsgenese nähert sich Toepfer der Frage nach dem utopischen Gehalt und seiner Wirkung auf die Zuschauer. Sie sucht den utopischen Gehalt des Stücks nicht – wie von Halter in kritischer Absicht vermisst – in möglichen expliziten Gegenentwürfen. Stattdessen vertritt sie die These, dass in den Märchen- und Traumszenen (Szenen 8 und 10) jenes Potenzial enthalten sei, das eine utopische Qualität besitze[32]. Toepfer stellt heraus, dass diese angekündigten Gegenwelten[33] erst durch die Inszenierung ihre volle Tragweite erhalten und nur teils dem Text zu entnehmen seien: Buchstäblich am nächsten kommt einem dieses Theater bei den ›Träumen‹. Die Tribünen werden einzeln knapp vor die Wand gefahren, und auf den vielleicht zwei Metern Intimbühne treten drei Einzelne nacheinander auf.[34] Der sich verändernde Bühnen- und Aktionsraum erzeugt demnach jene unterschiedliche Wirkung beim Zuschauer, der in der Anordnung der jeweils handelnden Figur die Schutzlosigkeit dieser Figur wahrnimmt. Diese Schutzlosigkeit kennzeichnet das, was an Utopien in den 1990er-Jahren möglich und gesellschaftsfähig war. In diesem Sinne wären die von den Figuren in die Öffentlichkeit getragenen Privattexte (Träume) sowie ihre Rückbeziehung auf die Märchentexte der Kindheit eine Entäußerung ihres angreifbarsten Inneren. Diese Texte sind verkapselte utopische Versatzstücke einer anderen Welt. Toepfer zeigt am Beispiel der Figur Jenkins die tragischen bzw. tragikomischen Anteile auf, es bleibt aber unklar, ob die Märchen und Träume diese Funktion überhaupt erfüllen können.

Daher kann – in Anbindung an Halters Kritik – kontrovers diskutiert werden, ob hier Utopien im Sinne gesellschaftlicher und politischer Gegenentwürfe zur Sprache kommen, bzw. unter Berücksichtigung der Träumer und Märchen-Erzähler überhaupt zur Sprache kommen können. Oder handelt es sich um kaschierte Sehnsüchte und unterschiedliche Privatheitsfantasien, die nach dem Mechanismus des Tagtraums ihre Erträumer in eine von Raum-, Zeit- und Sozialbezügen distanzierte, teils sentimentale Wunschwelt ohne politischen Charakter versetzen. Selbst die Mordfantasie Müllers (Szene 8.7) ist in diesem Sinne als infantil zu bezeichnen, denn der Mord an seinem Chef ändert nicht den Mechanismus von Treten und Getretenwerden, von Rationalisieren, Optimieren und Entlassen bzw. Entlassenwerden. Vor diesem Hintergrund stellt Halter bei ansonsten positiver Grundhaltung dem Stück gegenüber fest, dass TOP DOGS vor allem ein utopisches Sollen und schmissige[s] Kabarett[35] sei. In Abwägung der kontrastierenden Pole Utopie und Satire, schlägt Kammler dagegen die Kennzeichnung des Stücks als Warnutopie vor, die durch den Traum der gleichberechtigten Gesellschaft, die ihre Bedürfnisse zu stillen weiß, aber die Gier nach mehr nicht mehr kennt[36] zu bestimmen sei.

Aufführungskommentierungen sowie Forschungsliteratur fokussieren das Stück formal (Reduzierung auf grundlegende Theatermittel, Inszenierung) und inhaltlich auf die Frage nach dem utopischen Potenzial und nach der Ambivalenz in der Beurteilung der Figuren, die in der ablehnenden Kritik teilweise sogar in die Nähe von Schablonen gerückt werden[37]. Dabei wird mehrfach die thematische Konkretisierung der strukturellen Arbeitslosigkeit am Beispiel des Top-Managements hervorgehoben und die Fallhöhe[38] der Figuren als besonders dramatisches Moment betont. Zudem wird wiederholt herausgestellt, dass den gezeichneten Figuren auch ironische Brechungen innewohnen, dass sie eine gewisse Komik hervorrufen. Entsprechend sind die Figuren als ständige Grenzgänger zwischen Tragik und Komik zu betrachten. Auch dies unterliegt wiederum einer ambivalenten Verortung innerhalb des ästhetischen Programms WIDMERS. Zum einen ist die unfreiwillige Komik, die sich aus der plötzlich nicht zu leistenden Anpassungsnotwendigkeit der Manager an ihre eigene Arbeitslosigkeit ergibt, als Element der Entlastung zu sehen. Dennoch wird dieses Lachen zum anderen vor einem Umschlagen in Schadenfreude oder gar Häme bewahrt, denn die kabarettistischen und komödiantischen Spielarten denunzieren nie[39]. Insoweit bedient das Stück beides: Es umfasst unterhaltende Momente, die dann aber eingebunden bleiben in die Zeichnungen von Psychogrammen der Figuren. Dieses Theater räumt Ambivalenzen nicht aus, sondern ruft sie hervor. Und bleibt das Lachen plötzlich auf halbem Wege im Hals stecken, dann, weil einem ein Quentchen Selbsterkenntnis in die Quere kommt.[40]

Damit ist die Blickrichtung auf die Psychologie der Figuren gelenkt, deren unterschiedliche Strategien Barwinski Fäh analysiert und unter dem Begriff des ›Traumas‹ subsumiert.[41] Auch wenn die Figuren ihre Lebenslage, die durch den plötzlichen Verlust der Arbeit und der Macht gekennzeichnet ist, teilen, so legen sie dennoch unterschiedliche Herangehensweisen und Reaktionsmuster an den Tag. Entsprechend differenziert sind die Einblicke, die WIDMER im Umgang mit dem Trauma skizziert. Die Ausleuchtung der differenzierten Psychogramme in TOP DOGS scheint ein ertragreicher Zugang zu sein, um das Funktionieren des globalisierten Kapitalismus und die Rolle des Einzelnen (im Besonderen: die Führungselite) zu kennzeichnen. Hierbei ist festzuhalten, dass WIDMERS Stück den Raum der Fiktion verlässt und auf journalistische Recherche zurückgreift, die dann in den fiktionalen Raum integriert wird. URS WIDMER und der Regisseur der Zürcher Uraufführung, Volker Hesse, haben vor der Textabfassung umfangreiche Interviewrecherchen sowohl unter entlassenen und wieder eingestellten Managern als auch im Milieu der Headhunter-Agenturen vorgenommen, WIDMER selbst bezeichnet sein Vorgehen als

Feldforschung im Lande des Managements[42]. Weil er in die Anlage seiner Figuren Versatzstücke dieser Fundsachen der ›Feldforschung‹ eingewoben hat, sind die dargestellten innerpsychischen Prozesse in herausragender Weise als eine Verflechtung zwischen dramatischer Bearbeitung und realen Hintergründen zu verstehen.

In seiner didaktischen Kommentierung weist Kammler TOP DOGS mit Blick auf mögliche Rezeptionshürden als **Brückentext** aus, dessen emotionales und intellektuelles Anregungspotenzial sich unmittelbar entfalte, ohne dabei allerdings trivial zu sein.[43] Insofern sei das Stück ein Werk der Gegenwartsdramatik, das sich auch jugendlichen Rezipienten erschließe und ihnen seine ästhetischen wie thematischen Angebote wirkungsvoll darreiche. Zudem ist dem Hinweis zuzustimmen, dass TOP DOGS einer der wenigen literarischen Texte ist, der sich mit dem gesellschaftlichen Großthema der Arbeitslosigkeit (hier: strukturelle Arbeitslosigkeit von Topmanagern, die selbst in die Rolle der Entlassenen geraten) befasst.[44]

Nun ist der Umfang der Berücksichtigung von Texten der Gegenwartsdramatik in der Sekundarstufe II sicher steigerbar, sodass neben der thematischen Ausrichtung auch die Frage nach literaturtheoretischen Lernergebnissen bzw. nach den mit dem Text anzusteuernden Unterrichtszielen berechtigt ist. Hierbei ist zunächst das didaktische Potenzial der literarischen Spiegelung eines aktuellen und brisanten Themas sowie sein Zusammenhang mit dem unmittelbaren Hier und Jetzt hervorzuheben. Unter ästhetischer Perspektive ist zudem zu diskutieren, ob TOP DOGS zum Inventar des postdramatischen Theaters[45] gehöre; eine Frage, die sich in besonderer Weise mit gattungspoetischen Aspekten und in schulischer Relevanz mit der Anbindung an andere bzw. Abgrenzung von anderen Theaterprogrammatiken (z. B. Schiller, Brecht) orientiert. Da eine solche Frage nicht quantitativ zu entscheiden ist, wird hier ein Ermessensspielraum bleiben. Einerseits sind etwa die Auflösung der Handlung in isoliert nebeneinander stehende Szenen oder die Realisierung des Prinzips der **Sprache als Ausstellungsobjekt**[46] beispielsweise in der »Schlacht der Wörter« (Szene 3) Hinweise auf eine erhebliche Nähe zum postdramatischen Theater. Unter Bezug auf die Figurenkonzeption legt Kammler dar, dass TOP DOGS sich eher eingeschränkt der postdramatischen Darstellungstechniken bediene[47]; in seinem Unterrichtsmodell weist er zudem auf die Dekonstruktion des traditionellen Dramenaufbaus als typisches Element des Gegenwartstheaters hin.[48] Vor dem Hintergrund der Fülle möglicher Hinweise, die nach Lehmann das postdramatische Theater zu kennzeichnen vermögen, ist bei WIDMERS Text von einer eher moderaten Variante zu sprechen.

In diesem Sinne ist auch – nicht allein unter Verweis auf die Materialsammlung des Autors – die Verortung des Stücks in der Tradition des Dokumentartheaters und der Protokoll-Literatur der 1960er-Jahre zu verstehen. Schnell, der auf diese Nähe hinweist, sieht jedoch das spezifisch ästhetisch Andersartige des WIDMER-Dramas in deutlichem Kontrast zu den Theaterstücken der 1960er- und 1970er-Jahre.[49] Aus einer ähnlichen Perspektive sortiert Wille das Stück in die Rubrik journalistisches Theater[50] ein. In der Bilanz dürfte die mehrfach mögliche konzeptionelle Positionierung des Dramas in unterschiedlichen dramentheoretischen Kontexten ein Indiz für die Postmodernität des Dramas sein, wenn hierunter hauptsächlich die Mehrfachkodierung von Texten verstanden wird. Die zentrale Forderung Lehmanns an einen postdramatischen Theatertext, dass nämlich die Vorherrschaft des Textes gelöst werden müsse[51], um die heutige Welt erfassbar zu machen, ist bei TOP DOGS eher zu bestreiten. Die dramaturgischen Mittel sind sicher vielfältig und realisieren einige der Theaterzeichen des postdramatischen Theaters[52], aber der Text – verstanden als die Abfolge des gesprochenen Wortes und als Hintergrundfolie, durch die Figuren, Interaktionen und Handlungsteile miteinander verbunden sind – bleibt bei TOP DOGS zentral. Gleichwohl ist genau diese Frage der Zuordnung für die Beschäftigung mit dem Text im Rahmen eines Kurses der Sekundarstufe II ergiebig, denn hier lassen sich textgestützt und kriteriengeleitet gattungspoetische Umschwünge und Tendenzen der Gegenwartsdramatik herausarbeiten.

Zur fachdidaktischen Diskussion um TOP DOGS ist auf den Aufsatz von Kammler in *Praxis Deutsch* zu verweisen. Die Lektüre des Textes orientiert sich hier im Wesentlichen an den dargestellten inhaltlichen und formalen Akzenten des Stücks. Auf dieser Basis wird die besondere Qualität des Stücks darin gesehen, dass zum einen textanalytische Kompetenzen geschult werden können und zum anderen an Verständnisschwierigkeiten angeknüpft werden kann; zudem werden die produktiven Bearbeitungspotenziale einzelner Szenen herausgestellt.[53] Hier wird auch Intertextualität (zum Beispiel Märchen, Bibel) und ihre Funktion im Rahmen des Stückes thematisiert.

Neben seiner thematischen und didaktischen Relevanz ist das Stück auch in pragmatischer Hinsicht für die Schule ein bedeutender, exemplarischer Text der Gegenwartsdramatik. Denn TOP DOGS wurde 2004 in Niedersachsen in die Liste der fachbezogenen thematischen Schwerpunkte für die Qualifikationsphase[54] aufgenommen und zur verbindlichen Pflichtlektüre für alle gymnasialen Oberstufenkurse unter der Richtlinienzuordnung **Der Einzelne und die Gesellschaft – Wirklichkeitserfahrungen am Ende des 20. Jahrhunderts** erklärt. Den Erläuterungen zum niedersächsischen Zentralabitur ist zu entnehmen, dass **Abituraufgaben zu den verbindlichen Lektüren [...] so konzipiert sein [müssen], dass sie in der Regel** nicht auf Textabschnitten aus den behandelten Werken basieren, sondern diese von einem unbekannten Außentext her ansteuern.[55] So ist unter Bezug auf Lehrplanvorgaben der thematische und gattungspoetologische Zusammenhang des Stückes hergestellt, denn aus diesen beiden Bereichen werden vor allem die Zugänge aus der genannten textgestützten Außenperspektive ermöglicht.

Ein weiteres, didaktisch ausgerichtetes Argument führt Hofmann an. Vor dem Hintergrund der in vielen dramatischen Texten der 1990er-Jahre anzutreffenden Inszenierungen von Gewalt und Obszönität warnt Hofmann vor dem unreflektierten Einsatz dieser Texte im Unterricht. Auch wenn der so gekennzeichnete Inszenierungsakzent zwar eine aufklärerische Absicht nicht ausschließt, sei er aber selbst bei einer sehr liberalen Sichtweise als problematisch im Hinblick auf Jugendliche anzusehen.[56] Von dieser Einschätzung ausgehend empfiehlt Hofmann *Top Dogs* gewissermaßen aus einem pragmatischen Zugriff; zudem hält er das Stück für unterrichtliche Zusammenhänge wegen des unmittelbaren Zugriffs auf gesellschaftliche Probleme und Mentalitäten[57] für geeignet.

2 Inhalt

2.1 Thematik

Hofmanns Zugang zur thematischen Einordnung von TOP DOGS in den Kontext der dramatischen Texte der 1990er-Jahre sieht folgendermaßen aus:

> Wesentlich erscheint, dass die beobachtete Perspektivlosigkeit in anthropologische Skepsis mündet; wo die Menschen durch Selbstsucht und Egoismus, durch Geilheit und Habsucht gekennzeichnet sind, fehlt jede Möglichkeit einer Änderung des Verhaltens und der Verhältnisse – eine Einsicht, die den Zynismus verständlich macht […]. Konkrete Psychogramme aus der Welt der ›global players‹ liefert der Schweizer Urs Widmer mit seinem Stück TOP DOGS, das sich auf der Handlungsebene mit den Problemen arbeitsloser Spitzenmanager befasst und dabei die fatalen Auswirkungen des herrschenden Denkens auf diejenigen untersucht, die sich daran gewöhnt haben, auf der Sonnenseite des Weltdorfes zu leben.[58]

Wie durch ein immer wieder neu aufgesetztes Vergrößerungsglas präsentiert WIDMER Schicht um Schicht eines gesellschaftlichen Großthemas und gelangt schließlich auf der Mikroebene zum Individuum und dessen Scheitern. Dabei sucht er im Einzelfall das Verallgemeinerbare auf, ohne das Individuelle zu vernachlässigen: Im Text wird die Arbeitslosigkeit als Folge einer sich zunehmend globalisierenden Wirtschaftswelt dargestellt. In einer Outplacement-Agentur zur Wiedereingliederung entlassener Manager finden sich einige dieser Top Dogs wieder, die zu Opfern derjenigen Handlungslogik geworden sind, die sie selbst angewendet haben. Jörder hat diesen Zusammenhang in seiner Berliner Preisrede auf TOP DOGS auf die griffige und assoziationsreiche Formel gebracht: **Die Globalisierung frißt ihre Kinder.**[59] Während die Wirtschaft sich zunehmend von Produktion und Distribution hin zu einem Summenspiel verschiebt, bei dem es darum geht, Unternehmen auf dem globalen Markt zu platzieren, und den Wert, definiert über den Aktienkurs, zu maximieren, fallen auf der anderen Seite immer mehr Menschen aus diesem sich beschleunigenden Kreislauf heraus. Eine solche Betrachtungsweise stellt die Globalisierung im Rahmen der weltwirtschaftlichen Tendenzen des 20. Jahrhunderts nahezu bruchlos in die Folge des ›Fordismus‹ und des ›Taylorismus‹ ein, die zu Jahrhundertbeginn mit der Einführung von Fließband und Stechuhr erhebliche Rationalisierungsgewinne verzeichnen konnten – und zugleich die Reduzierbarkeit des Faktors Mensch bei der Produktion einläuteten.

Menschen werden zusehends verzichtbar; in der postindustriellen Ökonomie geschieht dies auf liberalisierten und globalisierten Märkten, wobei die Instanz des Marktes diejenige ist, der allgegenwärtig nicht nur von neoliberalen Theoretikern und Praktikern Selbstheilungskräfte zugeschrieben werden. WIDMER geht jedoch von einem weitaus weniger euphorischen Marktbegriff aus, der die mangelhafte Funktion von Märkten als Ursache für strukturelle Arbeitslosigkeit mitverantwortlich macht:

> Wir sind alle in einem Maß durch die Arbeit, die wir täglich tun, definiert, daß wir uns eine andere Selbstdefinition kaum vorstellen können. Ich bin, was ich arbeite. Das hat bis heute ja auch halbwegs funktioniert, und die Marktwirtschaft baut mehr als jedes andere System auf diesem Denken auf. Sie hat ja, auf den ersten Blick, auch recht. Wir alle heben den Hintern nur, wenn wir mit andern rivalisieren können und müssen. Wir wollen uns messen, die meisten von uns. Wir wollen den andern ein Schnippchen schlagen und besser sein als sie. Wir sind in der Tat nicht alle für alles gleich begabt. Hans ist nicht Heini. So ist es auch im Leben der Wirtschaft. Die UBS rivalisiert mit der Crédit Suisse und der Deutschen Bank, so weit, so gut. So schlecht, denn die Folgen einer Niederlage sind für die Verlierer oft verheerend. Einem, der einfach seine Arbeit tun will, ist damit wenig gedient, daß die ökonomische Theorie von ›schöpferischer Zerstörung‹ redet. Ihm hat man seine Arbeit genommen. Der Markt, der alles regeln soll, regelt eines am allerschlechtesten: eine verlässliche Kontinuität unseres Arbeitslebens.[61]

Vor diesem Hintergrund nimmt sich WIDMER nun des gehobenen Managements an. Er zeigt Akteure dieses Wirtschaftsgeschehens auf der Bühne, die diese Spielregeln des Turbokapitalismus perfekt internalisiert haben und diese Regeln zu ihren Regeln gemacht haben. Diese Top Dogs teilen eine Lebenslage, weil sie alle wie Rädchen im System funktioniert haben und zur Profitmaximierung ihrer Unternehmen eingesetzt wurden. Und sie teilen ein Weiteres: Sie selbst wurden plötzlich und in der Regel ohne Vorwarnung und auch ohne den inzwischen für Topmanager nicht unüblichen *goldenen Handschlag* entlassen. Der abrupte Verlust ihrer Funktion, ihrer Position, ihrer Macht, über die sie sich nicht nur in ihrer beruflichen Existenz, sondern in ihrer personalen Ganzheit definiert haben, trifft sie entsprechend unvorbereitet und stellt sie vor erheblichen Anpassungs- und Bewältigungsdruck. Im Nachwort von *TOP DOGS* erläutert der Autor seine Annäherung und thematische Perspektivierung des Stoffs:

> *TOP DOGS* spricht von jenen Arbeitslosen – ›Top dogs‹ eben einst, nicht ›Underdogs‹ –, die vor ihrer Entlassung an den Schalthebeln der Macht gesessen haben. Von mittleren und höheren Kadern und, für einmal, nicht von denen, die das große und immer größer werdende Heer der Arbeitslosen bilden. Aber auch die ›Helden‹ unseres Stücks werden immer mehr. Sie, die bis vor kurzem noch unangreifbar schienen, werden nun plötzlich entlassen, weil Unternehmen umstrukturiert, redimensioniert oder geschlos-

sen werden. Die Entlassungswelle hat die ›Macher‹ erreicht. Ganze Managementebenen verschwinden von einem Tag auf den andern. Auch höchste
Führungspositionen großer Konzerne werden nicht geschont. (87)

Mit dem Blick auf eine der Schattenseiten der globalisierten Wirtschaft
ordnet sich WIDMER auch politisch in die Reihe der Skeptiker der entfessel-
ten Ökonomie ein. Nachdem in den 1970er-Jahren in der Bundesrepublik
vor allem soziale Absicherungen gesellschaftlich ausgehandelt worden
sind, ist jedoch nach der neokonservativen Wende der 1980er-Jahre nicht
zur Konsolidierung der öffentlichen Haushalte beigetragen worden. Zudem zeigen sich in den 1980er-Jahren erste unübersehbare Risse in der
schönen, neuen Ideologie der globalisierten Wirtschaft. Unternehmen verlassen ihre angestammten Standorte, verlagern die Produktion in so genannte Billiglohnländer und große Unternehmen bauen ihre Struktur zu
Mehrspartenunternehmen um.

Damit vollzieht sich in der Moral der Ökonomie ein Umschwung: Nicht
mehr die Mitarbeiter (also der Faktor Arbeit) werden als wichtigstes Kapital des Unternehmens gesehen, sondern das Kapital selbst, das auf internationalen Märkten platziert wird und sich in teils hoch spekulativen Ge-
schäften vermehren soll. Der Shareholdervalue, die Ausschüttungen für die
Aktionäre, werden zum zentralen Diagnoseinstrument für den Wert eines
Unternehmens. Dabei werden Massenarbeitslosigkeit – vor allem in den
westeuropäischen Industriegesellschaften – sowie sozial, ökologisch und
ökonomisch nicht abgesicherte Produktionsbedingungen in Standorten
der Zweiten und Dritten Welt gleichsam mit produziert. Gegen diese sich
ausbreitende Form der internationalen Arbeitsteilung formierten sich in
den 1980er-Jahren erste Kritik und Widerstand, der sich allmählich ebenfalls international vernetzte. Doch fehlte zumeist die Thematisierung der
Schattenseiten von Globalisierung in der breiten Öffentlichkeit. Erst recht
blieben die künstlerischen bzw. literarischen Reflexionen dieses Prozesses
Mangelware.

Mit seiner viel beachteten Rede DAS GELD, DIE ARBEIT, DIE ANGST, DAS
GLÜCK, gehalten am 17. 12. 2000 im Schauspielhaus Zürich, legt WIDMER
einen Komplementärtext zum Drama TOP DOGS vor. In dieser Rede analy-
siert er die Verfassung der modernen Ökonomie im Schnelldurchgang. Die
Rede ist für das Verständnis von TOP DOGS deshalb so wichtig, weil sie das
WIDMER'SCHE Verständnis in nuce enthält, das den Hintergrund für das
Stück bildet. Dabei stellt WIDMER zunächst das Verhältnis von Wirtschaft
und Staat dar:

> Die Wirtschaft hat eine schwach entwickelte demokratische Tradition –
> kaum eine, um es deutlicher zu sagen –, und sie hat bis heute ein nur
> schwach entwickeltes demokratisches Selbstverständnis. Sie war und ist am

Mehrwert interessiert und am demokratischen Staat nur soweit, als dieser Bedingungen zu schaffen vermag, die das Geldverdienen möglichst reibungslos erlauben. Sie selbst ist undemokratisch, schätzt aber die Demokratie als Struktur, innerhalb derer sie auf ihre Weise funktionieren kann.[61]

Indem Widmer hier das Selbstverständnis der Wirtschaft beschreibt, zielt er auf deren Spitzenpersonal ab, das genau dieses Selbstverständnis in den unternehmerischen Entscheidungen realisiert. Weiter kennzeichnet er die Wirtschaft als ein autarkes System, das sich und sein Personal selbst reproduziere.

Die Wirtschaft braucht keine Führer außerhalb ihrer eigenen Strukturen. Sie führt selber. Sie ist das System, das autoritär und nach seinen eigenen Regeln sagt, wo's langgeht. Sie will keinen autoritären Staat um sich herum, sie ist selber autoritär. In der Tat haben just in der modernen Ökonomie eine ganze Reihe von Werten überlebt, die den alten Faschismus prägten. [...] Die Werte der Sieger sind gut, die Werte der Verlierer schlecht. Es gibt kein Sowohl-als-auch. Es gibt keine Ambivalenz. Die Harten von damals sind die Coolen von heute, und die Alphatiere von heute joggen um sechs Uhr früh durch den Wald, um gesund zu sein, gesund und kompetitiv, und man hat auch bei ihnen zuweilen den Verdacht, daß sie in den Nicht-so-Gesunden und weniger Kompetitiven, wie einst die Faschisten, unwertes Leben sehen. Mit hoher Aggression jedenfalls wenden sich die, die die Werte und Normen der Ökonomie vertreten, gegen alles, was von den Normen abweicht. Die Kraft von einst gleicht der Power von heute aufs Haar, und der Wille, sich um jeden Preis durchsetzen zu müssen, ist zu Efficiency geworden.[62]

Der Vorwurf, die Ökonomie trage faschistische Züge, ist sicher eine pointierte Formulierung, die sich auf die immanenten Selektionsmechanismen bezieht. Dies wird im Drama wieder aufgegriffen, wenn die entlassenen Manager gleichsam als die Hinterlassenschaften eines derart zu begreifenden Selektionsmechanismus daherkommen. Die Unterordnung des Einzelnen unter die Gesetze des Marktes bewirkt eben, dass einige schlicht auf der Strecke bleiben werden. Das in diesem Zusammenhang von Widmer als Demarkationslinie eingeführte Begriffspaar der Werte und Normen lässt sich in Top Dogs exemplarisch besichtigen. Eine unzureichend bewertete Effizienz gilt in der Ökonomie als Normenverstoß, der negativ sanktioniert wird; eine solche Sanktion ist im Ausschluss der Betreffenden aus dem ökonomischen System zu sehen. Und damit nicht genug: Zwar sind die Top Dogs allesamt durch ihre Entlassung ausgemustert worden, aber die Logik der Ökonomie hat sich nach Widmers Wahrnehmung noch weiter perfektioniert. Eigentlich hätten sich die Entlassenen selbst aus dem Wege räumen müssen und hierzu nicht entsprechender Worte durch ihre Vorgesetzten bedurft. Das Credo lautet nämlich: **Lead, follow or get out of the way.** (13)[63] Und hier zitiert Widmer im Stück eine Fundsache, die einer namentlich ungenannten, **prominenten eidgenössischen Führungskraft** zugeschrieben wird.[64] Der Anspruch der Ökonomie an den Einzelnen geht also so weit, dass dieser sich selbst aus dem Wege räumen soll, wenn die Effizienz nicht mehr stimmt; eine derartige Opferhaltung – der Profit des Unternehmens steht über allem, ihm ordnen sich alle unter – hat nun in der Tat verdächtige Parallelen zu einem faschistischen Führerprinzip, das ja ebenfalls die völlige Unterordnung des Einzelnen bis zur Selbstaufgabe einforderte.

Widmer bindet diesen Befund nun an den Prozess der Globalisierung, in dem er die internationale Dimension berücksichtigt:

> Im Modell der modernen Ökonomie schlummert also faschistisches Denken. Aber erst die Kombination eines undemokratischen Selbstverständnisses mit der schieren Größe eines Unternehmens macht sie gefährlich. Gar nicht so wenige Firmen machen inzwischen Umsätze, die mit den Bruttosozialprodukten ganzer Staaten rivalisieren können.[65]

Der hier angelegte Topos, dass global agierende Großunternehmen jederzeit massiven Druck auf Regierungen ausüben können, sei es zur Einflussnahme auf arbeits-, sozial- oder produktionsrechtliche Fragestellungen, und dass die Regierungen erpressbar seien durch die Drohung, Arbeitsplätze und Steuereinnahmen zu verlagern, zählt zu den Argumentationsstrategien der Globalisierungskritik, die an zahlreichen Beispielen belegbar sind. Diese Dimension reduziert Widmer in *Top Dogs* nun auf die Ebene derjenigen Handelnden, die innerhalb der mächtigen Konzerne eine Situation des Machtverlustes erleben. Er führt exemplarisch vor, wie Unternehmen mit Managern verfahren – und wie diese reagieren. Hiervon ausgehend entwickelt Widmer im Drama die Maskenhaftigkeit der Menschen innerhalb des ökonomischen Systems; sie schlüpfen in Rollen und ordnen sich der Handlungslogik der Wirtschaft soweit unter, bis ihre Personalität verschüttet wird. So bleiben die Rollen und Masken übrig – und dahinter leuchten die Trümmer einer verlorenen Humanität als Blick zurück und als bedrohliches Szenario zugleich auf.

Top Dogs gibt zudem Aufschluss über das poetologische Selbstverständnis Widmers ebenso wie über das im Stück ausgedrückte Verständnis von Welt-Werk-Verhältnis, das er in einem Interview so formuliert:

> Es gibt keine Kunst ohne eine Moral. Ich will an dieser teilnehmen, und ich nehme, wie die Dinge so liegen, leidend an ihr teil. Mein Lachen ist zur einen Hälfte Utopie und zur anderen Hälfte der verzweifelte Versuch, die Schrecken auszuhalten. Politisch ist insofern jede Zeile von mir, als sie eine Lebenshaltung zeigt, eine Glückshoffnung. Die immer mächtigeren Großkonzerne sind heute durchaus in der Lage, alle Errungenschaften der Demokratie auszuhebeln, ohne diese formal abzuschaffen. Bei den Faschisten,

einst, waren die Schlüsselworte ›Größe‹ oder ›Sieg‹ oder ›Macht‹ oder ›Kraft‹. Heute heißen die Siegerbegriffe ›Shareholder Value‹ und ›unfriendly takeover‹. So groß sind die Unterschiede nicht.[66]

Indem er nun die Theaterbühne für die Auseinandersetzung mit struktureller Arbeitslosigkeit öffnet, begeht WIDMER einen Tabubruch. Dieser wird durch zwei Aspekte noch wirkungsvoller: Zum einen ist die Auswahl der Arbeitslosen, eben die Manager, die in die Mühle der Rationalisierungen und Umstrukturierungen ihrer Unternehmen geraten, durchaus spektakulär. Und zum anderen ist der gewählte Schauplatz bemerkenswert. Das Outplacement-Center in *Top Dogs* befindet sich in der Schweiz und damit an einem Wirtschaftsstandort ersten Ranges, der nicht nur als Drehscheibe für internationale Finanztransaktionen einen Ruf (zu verlieren) hat, sondern der auch im Bewusstsein seiner Akteure die buchstäbliche Sicherheit einer Schweizer Bank besitzt. Doch klaffen auch und gerade hier Schein und Sein auseinander. Gerade indem WIDMER einen der Top Dogs, Herrn Deér, als entlassenen Swissair-Manager aus dem Unternehmensbereich Catering darstellt (14), deutet er auch die Empfindlichkeit des Standortes Schweiz an. Im Jahr der Uraufführung, 1996, rumort es bereits unüberhörbar in der Wirtschaftsschweiz und gerade bei der Swissair, die sich in besonderer Weise als Globalplayer herausgestellt und sich damit auch den Risiken des internationalisierten Kaufens und Gekauftwerdens ausgesetzt hat. Bereits im Folgejahr verlor die nationale Luftfahrtgesellschaft der Schweiz als Teil eines internationalen Konzerns ihre Unabhängigkeit. Im Herbst 2001 musste die Swissair mangels Liquidität um Nachlassstundung ersuchen, womit der Konzern faktisch bankrott war und aufhörte, als eigenständiges Unternehmen zu existieren. Erst im März 2005 fand die Übernahme der Swissair-Nachfolgeunternehmen Swiss und Crossair ausgerechnet durch die Lufthansa statt; damit war aus Schweizer Sicht die nationale Luftfahrtgesellschaft nicht mehr in eigener Regie zu führen. Mit dieser spektakulären Pleite, die in mehreren Etappen abgelaufen ist, war eines der Vorzeigeunternehmen der Schweiz letztlich der Globalisierung zum Opfer gefallen. Denn die Konzernverflechtungen sowie der Kostendruck, der andernorts günstiger abzufangen war, hatten zur Auflösung dieses Symbols der Schweizer Wirtschaft geführt, das immerhin rund sechs Jahrzehnte als Garant der Wirtschaftsleistung fungierte.

Spätestens seit dieser Pleite muss sich auch die Eidgenossenschaft damit auseinander setzen, dass sie nicht nur von der Internationalisierung der Wirtschaft und von der Umwandlung standortverwurzelter Unternehmen zu Globalplayers profitiert, sondern dass in diesem ökonomischen Veränderungsprozess auch Bedrohungen für die Binnenwirtschaft, für Traditionsunternehmen und für einheimische Arbeitsplätze liegen. Der Swissair-Bankrott hat endgültig die Empfindlichkeit auch der Schweizer Ökonomie verdeutlicht und ein Stück weit die Gnadenlosigkeit des Kostendrucks aufgezeigt. So ist es nicht verwunderlich, dass TOP DOGS, immerhin ein Stück eines Schweizer Autors und in Zürich uraufgeführt, gerade im eigenen Land einen Nerv getroffen hat, weil es geradezu antizipativ und wie ein Schreckensszenario auf die Bedrohung nationaler Wirtschaftsstabilität hindeutet. Entsprechend bedrohlich und nahezu beschwörend klingen die Worte Deérs über ein Unternehmen, das zum Zeitpunkt der Uraufführung haarscharf vor dem Abgrund stand:

> Für uns langjährige Mitarbeiter ist die Swissair trotzdem so was wie die Schweiz selber. Immer noch. Kennen Sie das nicht, das Herzklopfen, wenn Sie in Bangkok plötzlich das Schweizerkreuz auf dem Flugfeld sehen? Die Swissair, das sind wir. Sie und ich. Das ist wie ein Körper. Ich bin die Hand oder das Bein, das können Sie nicht einfach so wegamputieren. Wer bei der Swissair ist, der ist daheim. (14 f.)

Durch diese Form der Solidarisierung des Einzelnen mit dem Unternehmen und des Unternehmens wiederum mit der Nation wird der Umfang des Identifikationspotenzials auch des Publikums mit dem Symbol der nationalen Ökonomie herausgestellt. Daher mag die Schweizer Öffentlichkeit auf die vorweggenommene Demontage der Swissair besonders gereizt reagiert haben, jedoch regiert auch in anderen europäischen Ökonomien eine vergleichbare Rigidität in den Führungsetagen der Wirtschaft.

Ausgehend von der Spiegelung der ökonomischen Verfassung stellt WIDMER nun entlassene Manager in den Mittelpunkt seines Stücks. Zu Beginn stößt zu den sechs ehemaligen Managern, die sich bereits in der Obhut des NCC-Outplacement-Centers befinden, Herr Deér als Neuling dazu.[67] Das Outplacement-Center stellt den entlassenen Managern eine Infrastruktur zur Verfügung, die ihnen bei der Bewältigung ihrer aktuellen Lebenssituation helfen soll und das Ziel hat, das Spitzenpersonal in für sie geeignete Positionen weiter zu vermitteln. Dabei soll ihnen nicht nur bei der Vermittlung geholfen werden, im Vordergrund steht die quasi-therapeutische Unterstützung, die nicht nur auf die Rückkehr in den Arbeitsmarkt vorbereiten soll, sondern vor allem eine psychologische Stütze darstellt. Denn allen dort gestrandeten Managern ist die Traumatisierung durch die eigene Entlassung gemeinsam, die es aufzuarbeiten gilt. Hierzu nutzt das Personal des Outplacement-Centers die gängigen therapeutischen Methoden wie Rollenspiele oder Gesprächstherapie. Je mehr die ehemaligen Top Dogs in diese Methoden verwickelt werden, desto mehr offenbart sich die Professionalität des beruflichen Zusammenhangs lediglich als Oberfläche, hinter der verschüttete Wünsche zum Vorschein kommen. In der Auseinandersetzung mit der plötzlichen eigenen Arbeitslosigkeit werden sie erstmals auf einer emotionalen wie auch auf einer sozialen Ebene mit dieser Lebenslage konfrontiert. Bislang haben sie nur Erfahrungen auf der anderen Seite des Schreibtischs sammeln können, wie abermals Deér stellvertretend sagt: **Mußte ja selber Mitarbeiter entlassen. Als wir das Catering auslagerten, neunzehnzweiundneunzig, haben wir mehr als tausend Stellen abgebaut.** (11) In den einzelnen Szenen wird zudem deutlich, dass die gefeuerten Manager den Grund für ihre Entlassung im Bereich des persönlichen Versagens ansiedeln: Sie selbst haben versagt, nicht das System, das sie bis zur Entlassung selbst gestützt, getragen und verkörpert haben. Diese paradoxe Selbstsicht passt nach Ansicht Willes in den realen Hintergrund aktuellen Wirtschaftsgeschehens, der sich dadurch kennzeichnet,

> daß der sogenannte Weltmarkt seinen Finanzjongleuren und Superbossen längst in eine eigene Wirklichkeit entrückt ist, die von Abenteuerspielplätzen nicht mehr viel unterscheidet. Und daß sich die bewunderten global players vielleicht nur wie große Kinder benehmen, denen nichts mehr Halt gibt, wenn ihr buntes Lego-Land in Trümmer geht.[68]

Allerdings geht das Stück über die Spielplatzmetaphorik weit hinaus, denn die Auswirkungen der Zerstörungen im Wille'schen **Lego-Land** nehmen desaströse Dimensionen in der Psyche der Betroffenen und in ihrer sozialen Handlungsfähigkeit an.

Weil es dabei um diese vormaligen Top Dogs geht, ist das Drama auch als Königsdrama der Wirtschaft zu kennzeichnen.[69] Denn obwohl sie letztlich selbst scheitern, liegt der Fokus auf ihrer Verstrickung in das ökonomische System, das schließlich die stürzen lässt, die es vormals groß gemacht hat. Es sind nicht die Vorstandsvorsitzenden und Aufsichtsratsvorsitzenden, sondern es geht um die zweite Garde im Management, doch gerade hier erhalten die Sach- und Personalentscheidungen aufgrund der Aufgabenteilung innerhalb des Managements ein Gesicht: Bereichsleiter wie Deér sind es, die Rationalisierungsvorgaben umsetzen, die konkrete Planungen für Umstrukturierungen treffen und dann für die Umsetzung verantwortlich zeichnen. Sie sind es, die Entlassungen verfügen und deren Position gefährdet ist, sobald die bereichsspezifischen Zahlen, d.h. vor allem die Relation zwischen Kosten, Umsatz, Gewinn und Ergebnis nicht mehr stimmen oder nicht den Vorgaben entsprechen. Und sie sind es auch, die – der Fall Deér zeigt auch dies – in einem solchen Fall binnen weniger Tage ersetzt werden. Die ›hire-and-fire-Mentalität‹ eines sich beschleunigenden Kapitalismus unter den Bedingungen der Globalisierung betrifft eben nicht nur die vermeintlich Kleinen im Gefüge, sondern hat auch in den Büros der Top Dogs aus sicheren Sesseln Schleuderstühle werden lassen. Insofern nimmt WIDMER nicht den ›normalen‹ Arbeitslosen in den Blick, dessen Arbeitslosigkeit als Auswirkung einer Managemententscheidung zu sehen ist, sondern wendet sich jenen zu, deren Arbeitsplatzverlust einem Sturz gleichkommt. Schließlich werden die Top Dogs immer nur von noch härteren, effizienteren, schneller handelnden und vielleicht noch skrupelloseren Top Dogs entlassen – und ein solches Szenario ist als modernisierte Überarbeitung der klassischen Königsdramen zu lesen.

Allerdings fallen die Top Dogs auf den ersten Blick weicher als die Under Dogs: WIDMERS Figuren landen nicht in der Bodenlosigkeit des ökonomischen Abseits, sondern werden unter erheblichen Aufwendungen ihrer ehemaligen Arbeitgeber ins Outplacement-Center geschickt. Das erlaubt ihnen auch, einen auf Erwerbstätigkeit ausgerichteten Tagesablauf zumindest im Status der Fassade aufrechtzuerhalten. Sie sind umgeben von Therapeuten und Marktbeobachtern, die auf ihre schnelle Vermittlung in ein anderes Unternehmen spezialisiert sind – und genau dafür ihr Honorar beziehen. Je effektiver, d. h. nach der Logik der Ökonomie: je schneller und kostenneutraler ein entlassener Manager wieder vermittelt werden kann, desto größer ist die Reputation des Outplacement-Centers. Insoweit sind auch diese Einrichtungen Teil der globalisierten Ökonomie geworden. Sie existieren zwar nur, um von den Brüchen in den Biografien anderer zu leben, aber sie existieren gut – und organisieren sich ihrerseits nach denselben Spielregeln der Unternehmen, von denen sie ihre Klienten geschickt bekommen. Frau Wrage, Repräsentantin und Beraterin der ›New Challenge Company NCC‹ funktioniert genauso wie ihre Klienten vormals funktioniert haben – und bedient sich sogar einer vergleichbaren Sprache:

> Herr Deér, die NCC ist eins der größten Outplacement-Unternehmen am Markt, Lizenzträger der ›Myer Myer Boswell‹ in New York. Das sichert uns einen Marktvorsprung im Know-how und, wichtiger noch, eine einzigartige internationale Vernetzung. (9)

Im Outplacement-Center werden die entlassenen Manager nicht nur auf ihre Eignung in anderen beruflichen Kontexten vorbereitet, sondern auch mit therapeutischen Maßnahmen dazu veranlasst, sich mit sich selbst auseinander zu setzen und im Rahmen solcher Selbstkonfrontationen verschüttete Seiten in sich zu reaktivieren. Insoweit finden sich auch Introspektionen, die zum einen Ansichten auf Psychogramme von Gescheiteren erlauben, die aber daneben auch erhellende Einsichten in das Selbstverständnis und das Selbstbild des Managements vermitteln. Denn die Figuren in WIDMERS TOP DOGS stellen nicht nur Individuen dar, sondern sie repräsentieren in persona den Wandel vom Unternehmer zum Manager, der nicht mehr wie ein Patron dem Unternehmen vorsteht und es als Persönlichkeit führt, sondern im entpersönlichten innerbetrieblichen Gefüge auf der Basis von Zahlen und Daten Entscheidungen trifft, ohne diejenigen zu kennen, die von diesen Entscheidungen betroffen sind.

Damit wird im Stück auch die Rolle des einzelnen Managers thematisiert, die er im arbeitsteiligen System einnimmt. Denn es sind letztlich Rollen, die Top Dogs sind ebenso sehr Top Dogs, wie sie Top Dogs spielen. Dies wird daran deutlich, wie sehr sie ihre Inszenierungen auch nach der Entlassung im Outplacement-Center weiterpflegen. Selbst wenn der Inszenierung nichts Reales mehr gegenübersteht, sie bleiben in ihren Rollenhaltungen und rollengebundenen Verhaltensweisen verhaftet. Diese zeigen sich in der Inszenierung der Oberfläche, etwa der Kleidung und der Körpersprache, ebenso wie in der Sprache, die WIDMER in der »Schlacht der Wörter« (Szene 3) in völliger Verselbstständigung inszeniert.

Letztlich bleibt jene **anthropologische Skepsis**[70] zu konzedieren, die eine Veränderung des Verhaltens und der Verhältnisse verhindert. Beide Aspekte werden im Laufe der Handlung zunehmend erkennbar: Die Figuren sind Rollenspieler, die einen gemeinsamen Basistext besitzen, der als common sense der Ökonomie zu gelten hat. Von dieser Rollenlogik können sie sich nicht distanzieren; damit sind ihre jeweiligen Verhaltensdispositionen reduziert – und als Folge dessen werden sich auch die Verhältnisse nicht ändern können.

2.2 Handlungsabfolge/Handlungsgliederung

Das Stück Top Dogs ist in 12 Szenen gegliedert, die wie isolierte Einzeleindrücke aus dem Outplacement-Center nacheinander auf der Bühne gespielt werden, die aber gleichwohl kompositorisch hochgradig aufeinander bezogen sind und einen dramatischen Kreislauf nachzeichnen. Die Szenen sind in Umfang und Funktion deutlich unterscheidbar. So werden in einzelnen Szenen monologisch oder dialogisch Teile der Managertherapien dargestellt, andere Szenen dagegen sind als Pausenfüller konzipiert und stellen vom Autor markierte Sollbruchstellen dar. Letzteres erklärt sich aus der Inszenierungsplanung für die Zürcher Uraufführung. Die einzelnen Szenen werden nicht auf einer räumlich fixierten Bühne gespielt, die sich vom Zuschauerraum abgrenzt, sondern das Publikum sitzt auf Tribünen, die zu einzelnen Szenen umpositioniert werden. Während nun insgesamt **acht ebenfalls als Top Dogs gekleidete Hilfskräfte** (6) die Tribünen verschieben, wird das Spiel nicht unterbrochen, sondern Zwischenszenen gespielt, die gemäß Regieanweisungen **auch gestrichen werden [können]** (48). Jede Szene ist in der Druckfassung mit einer Überschrift versehen, die entweder inhaltlich oder funktional auf das jeweils Gespielte Bezug nimmt.

Zu Beginn des Stücks ist die Rollenverteilung klar: sechs ehemalige Manager – fünf männliche Figuren (Bihler, Müller, Krause, Neuenschwander und Tschudi) sowie die weibliche Figur (Jenkins) – befinden sich bereits unterschiedlich lange als Klienten im Outplacement-Center, ein Neuzugang (Herr Deér) ist in diese Gruppe zu integrieren. Eine weitere Figur (Frau Wrage) ist Beraterin und tritt als Repräsentantin des Unternehmens auf. Im Verlauf der Szenen werden nun unterschiedliche Therapieformen gezeigt, bei denen die einzelnen Figuren veränderte Rollen wahrnehmen. Damit wird die anfängliche Rollenverteilung variiert: Zum Teil agieren die Manager in Rollenspielen, indem sie in andere Rollen aus dem Umfeld ihres vormaligen Berufsalltags schlüpfen, mal übernehmen sie auch die Rolle von Therapeuten und fallen dann völlig aus der Klientenrolle heraus. Diese Variabilität der Rollen führt in letzter Konsequenz dazu, dass die Grenzen zwischen Klienten und Therapeuten verschwimmen, allerdings ermöglicht gerade dies teils sehr detaillierte Einblicke in die Funktionsweisen von Menschen, denn auch in veränderten Rollen offenbaren sie Momente, die auf ihre Sozialisationsprozesse, auf ihre Handlungsprogrammatik sowie auf ihre vielschichtigen innerpsychischen Befindlichkeiten rückschließen lassen.

Zu Anfang der 1. Szene – »Gipfelkonferenz« (7–19) – treten die Top Dogs auf die Bühne. Zu ihnen gesellt sich Deér, der seinen ersten Kontakt mit einem Outplacement-Center hat. Nachdem sich alle Beteiligten vorgestellt haben, nennen sie die Zahl der Monate, die sie bereits im Center verbracht haben, ohne dass Deér diese Information entschlüsseln könnte. Der weitere Verlauf der Szene besteht aus dem Gespräch Deérs mit Wrage, die sich als Mitarbeiterin des Centers zu erkennen gibt. Im Verlauf des Dialogs wird deutlich, dass Deér den Vorgang seiner Entlassung verdrängt haben muss. Zwar ist ihm bewusst, dass ein anderer seinen Schreibtisch in Beschlag genommen hat, aber dass er damit entlassen worden ist, hat er nicht realisiert. Wrage konfrontiert ihn gegen Ende der Szene massiv mit dieser Tatsache: ›**Das ist mein Büro!**‹ – ›**Sie haben kein Büro mehr!**‹ (18). Nachdem im Kontaktgespräch zwischen Deér und Wrage die Grundprinzipien der NCC-Tätigkeiten vermittelt worden sind, beendet Wrage das Gespräch mit der Ankündigung **Wir fangen jetzt an, Herr Deér.** (19).

In der 2. Szene – »Heute sind wieder die Churchills gefragt« (19–24) – findet ein erster Einblick in die therapeutische Arbeit des NCC statt. In einem Rollenspiel übernimmt Bihler die Rolle des Chefs, der seinen Untergebenen Tschudi entlassen will. Tschudi reagiert hierauf sehr emotional und verliert die Beherrschung. In diesem Moment kippt das Rollenspiel; Bihler fällt aus seiner Rolle und gibt zu erkennen, dass er selbst von seinem Vorgesetzten mit denselben Worten und in demselben Duktus entlassen worden ist, die er nun nachgespielt hat: **So hat der mit mir geredet. Wörtlich so.** (22) Tschudi verlässt ebenfalls seine Rolle und solidarisiert sich mit Bihler, der im Outplacement-Center ja als Schicksalsgenosse auf Augenhöhe fungiert und nicht in einer hierarchischen Position auftritt.

Bei der »Schlacht der Wörter« (3. Szene, 24–29) befinden sich alle acht Darsteller auf der Bühne. Nacheinander sprechen die Figuren insgesamt 123 Begriffe aus der Ökonomie, die allesamt als Fachtermini des Managements innerhalb eines sprachlichen und zugleich sozialen Handlungssystems fungieren. Sie bedienen sich jener Sprache und jener Begriffe, die ihnen während ihrer Top Dogs-Zeit selbstverständlich und geläufig waren. Viele der Begriffe sind Anglizismen, die ursprünglich aus dem amerikanischen Wirtschaftsjargon stammen. Zusammen mit den deutschsprachigen Begriffen, welche meist Komposita, ohne jede syntaktische Einbettung sind, ergibt sich eine Litanei der Managersprache, die sich aus ökonomischem, psychologischem und betriebswirtschaftlichem Vokabular speist. Die pure Aufzählung wird dadurch, dass die sprechenden Figuren aus dem zur Sprache gehörenden Handlungssystem ausgeschieden sind, völlig sinnentleert. Der umfangreiche Fundus wird zu einem sprachlichen Schuttplatz der Floskeln, die wie am Fließband nacheinander, unsystematisch und ohne jeden Bezug zueinander produziert und hervorgebracht werden. Den Worten steht im Outplacement-Center nichts ihnen Entsprechendes gegenüber: keine Bedeutung, kein Inhalt, keine Handlungsoption, keine Konsequenz. Die acht Figuren sind allenfalls noch Aufsager ihrer früher gelernten Hochglanzsprache, die sie nutzten, um ihre eigenen unternehmerischen Entscheidungen und Handlungen zu benennen und um ihrer Handlungslogik eine Sprache zu geben. Indem nun nichts als die nackte Sprache übrig bleibt, offenbart dieser Management-Soziolekt sowohl seine Lächerlichkeit als auch seine Wirkungslosigkeit. Außerhalb eines definierten Handlungsraums (Management-Etage) und ohne definierte Position der Sprechenden (Manager) bleiben technokratische, kalte Begrifflichkeiten wie nutzloser Sprachmüll zurück.

Die umfangreiche 4. Szene – »Camp« (29–47) – zeigt einen anderen Teil der Therapie. War in der 2. Szene ein dialogorientiertes Rollenspiel das Mittel der Wahl, so zeigen sich nun gruppentherapeutische Ansätze, denn alle Figuren haben sich im Halbkreis versammelt, **wie sie das schon oft getan haben** (29). In dieser Therapiesitzung übernimmt Jenkins die Rolle der Psychologin, die zugleich Aufgaben moderiert. Der Szene gliedert sich in zehn einzelne Sequenzen, in denen teils monologisch, teils dialogisch Vergangenheitsbewältigung geübt wird. Zunächst stellen vier Klienten dar, dass sie im Wesentlichen mit ihrer Entlassung emotional, psychisch und sozial nicht überfordert gewesen seien.

Als Erster berichtet Müller (4.1 – »Der erste Fall«) in einem Monolog über seine Berufsbiografie und die Details seiner Entlassung. Er stellt sich dabei als robust und belastbar dar. Den anderen gibt er zu verstehen, dass er seine Entlassung wie seinen Beruf zuvor geschäftsmäßig und professionell abgewickelt, dass er Entlassungsverhandlungen geführt habe und dass seine Frau viel mehr unter der Situation seiner plötzlichen Arbeitslosigkeit zu leiden hatte als er.

Anschließend stellt Wrage (4.2 – »Der zweite Fall«) kurz ihren Fall vor. Dabei hebt sie hervor, dass die Kündigung ihr einen dreiwöchigen Urlaubsaufenthalt ermöglicht habe, für den sie ansonsten niemals Zeit gehabt hätte. Diese Karibikreise nutzt Wrage nicht nur, um sich über den Jobverlust zu trösten, sondern auch um den damit verbundenen Einschnitt ins Leben schönzureden. Auffällig ist die unvollständige Syntax, derer sich Wrage bedient, gerade so, als ob sie entgegen ihrer Beteuerungen noch immer in einer gewissen Kurzatmigkeit und zumindest partiellen Sprachlosigkeit angesichts ihrer Entlassung gefangen sei.

Danach ist Neuenschwander an der Reihe (4.3 – »Der dritte Fall«). Er berichtet von zunehmenden Aggressionen, die bei den verpflichtenden Tennis-Meetings seiner Kollegen zu Tage traten. Weiterhin erzählt er, dass er sich am Tag seiner Entlassung einen Porsche 911 gekauft habe. Während seine Frau ihn mittlerweile verlassen hat, steht ihm der Porsche immer noch zur Verfügung. Über seine Frau verliert Neuenschwander ganze zwei Halbsätze; der Porsche dagegen, den er ausführlich mit einem Golf vergleicht, beherrscht im Vergleich dazu etwa ein Viertel seines Textes in diesem Monolog.

Ebenfalls in einem abgeklärtem Duktus erzählt Tschudi (4.4 – »Der vierte Fall«) von seiner Karriere, die im Rahmen der Internationalisierung seines Konzerns ihr Ende fand. In klaren, strukturierten Sätzen legt er den Vorgang seiner Entlassung dar; in ähnlicher Knapp- und Klarheit gibt er zu Protokoll: **Was soll ich sonst noch sagen? Ah ja, die Familie. Die Familie gibt mir viel.** (34)

Der fünfte Fall ist Krause (4.5 – »Sie sind entlassen, Krause!«). Er zeigt sich angeschlagen, kämpft gegen die Tränen an und wird mehrfach von der Psychologin Jenkins zum Weiterreden ermuntert. In Krauses Schilderung wird deutlich, wie sehr er von der Entlassung getroffen wurde. In Folge des Jobverlusts verließ ihn seine Frau und nahm die Kinder mit, sogar psychosomatische Reaktionen und Depressionen mit Suizidabsichten plagten ihn. Jenkins fordert ihn zum Rollen- und Perspektivenwechsel auf und weist ihm die Aufgabe zu, als Chef nun Bihler, der Krause spielt, zu entlassen. Nun offenbart Krause ein völlig anderes Verhalten. Krause äußert sich als Chef über die von Bihler vorgespielte Krause'sche Weinerlichkeit verächtlich und – so die Regieanweisung – **ahmt ihn angewidert nach** (39). Wie auf Knopfdruck verändern sich Gestik und Mimik, Sprache und Tonfall. Als Entlasser findet Krause zurück in die Sicherheit der Chefrolle, als Entlassener wechselt er in die Opferrolle. Diesem Rollenspiel schließt sich die

»Manöverkritik« (4.6) an. In dem von Jenkins moderierten Gespräch zeigen die anderen, dass sie inzwischen auch den psychologisch gefärbten Therapeutenjargon trefflich beherrschen. Erst als Müller aus dieser Sprache herausfällt – **Also ich kann Herrn Krause schon ein Stück weit verstehen, wenn ihm das etwas an die Nieren ging, der Verlust der Position.** (43) –, unterbrechen sie ihr geschäftiges Plappern vorübergehend.

Nach der Manöverkritik kippt die Therapierunde. Die vier, die zuvor überwiegend in Gelassenheit von ihrer Entlassung berichteten, ergreifen erneut das Wort um die noch nicht angesprochenen Seiten ihrer Befindlichkeiten und Empfindungen an- und auszusprechen. Tschudi setzt zu einem Monolog an (4.7 – »Der vierte Fall«). Nachdem er in seiner ersten Einlassung kühl und überlegt gewirkt hat, gibt er nun zu, dass seine Entlassung ihn zutiefst gedemütigt hat. Er berichtet von seinen Strategien um sich und seiner Familie gegenüber den Schein zu wahren: Statt ins Büro ist er tagtäglich ins Kino gegangen. Aber seine Frau hatte das Schauspiel bereits durchschaut, bevor er ihr die Wahrheit gesagt hat. Auch Wrage (4.8 – »Der zweite Fall«) gibt nun zu, **vorhin etwas verkürzt erzählt** (45) zu haben. Nun stellt sie die Karibikreise als Horrortrip dar, weil sie dort drei Wochen alleine mit sich und ohne Aufgabe war, eine Situation durchlebte, der sie schlicht nicht gewachsen war. Neuenschwander ergänzt (4.9 – »Der dritte Fall«), dass er, seit er ohne Job ist und seine Frau ihn verließ, mit seinem neuen Porsche keinen Kilometer gefahren sei. Und Müller schließlich (4.10 – »Der erste Fall«) konkretisiert, dass seine Frau unter seiner Arbeitslosigkeit zusammengebrochen ist und in die Psychiatrie eingeliefert werden musste.

Während also im ersten Teil dieser Szene die geschäftsmäßige Haltung zur eigenen Entlassung zur Schau gestellt worden ist, offenbaren die Figuren in den abschließenden Sequenzen ihre Getroffenheit und ihre Verletzungen. Diese Gefühle haben sie durch den Verlust des Arbeitsplatzes und daraus resultierend in Bezug auf ihre Selbstdefinition, ihr Selbstwertgefühl, ihren sozialen und ökonomischen Status und auch in Bezug auf den nunmehr deutlich werdenden Zerfall von Familienstrukturen erlitten. Dabei zeigt sich jedoch, dass nach der Entlassung die Verwerfungen zutage traten, die bereits zuvor virulent waren: So ist etwa das Zerfallen von Ehe- und Familienbeziehungen kein unmittelbares Ergebnis der Arbeitslosigkeit, sondern ein hierdurch begünstigter Prozess, dessen Ursprünge bereits länger zurückliegen und der nicht zuletzt durch die Verhaltens- und Denkschemata der ehemaligen Manager eingeleitet worden ist. Indem nun auch die unbequemen Teile der Biografien zur Sprache kommen, wurde ein Schritt in therapeutischer Absicht geleistet: Die Entlassenen gestehen sich selbst und den anderen gegenüber diese Verletzungen als Verletzungen ein, suchen und finden teilweise eine Sprache, um ihre Kränkungen und Demütigungen zu formulieren und stellen sich so der Konfrontation mit sich selbst.

Nach dieser in Bezug auf die Bühneninteraktion eher statischen Szene setzt ein erster Tribünenumbau ein, der von einer Zwischenszene – »Gangübungen 1« (48–49) – begleitet wird. Bei diesen Gangübungen coacht Tschudi den neu hinzugetretenen Deér. Ausgehend von einigen Schritten im **Ist-Zustand** (48) soll Deér sich durch bewusste Veränderung der Körperhaltung sowohl die **Ausstrahlung** nach außen als auch ein verändertes **Lebensgefühl** (48) erarbeiten. Während Deér versucht Tschudis Anweisungen umzusetzen, agiert dieser im Stil eines Motivationstrainers, der durch einen monologischen Redefluss den Zuhörer begeistern und insoweit auch infiltrieren will.

Eine weitere Therapieform wird in der 6. Szene – »Blöde Kuh« (50–57) – gezeigt. Diesmal wird eine Paartherapie simuliert, bei der Müller die Rolle des Psychologen einnimmt, während Neuenschwander und Jenkins als Ehepaar agieren. Nach einer längeren Einleitung durch Müller, der die Ausgangssituation einer problembelasteten Ehe in psychologischer Überformung verdeutlicht, sollen die Partner im Dialog sich und ihre Erwartungshaltungen bzw. Enttäuschungen formulieren. Dabei wechseln Neuenschwander und Jenkins wiederholt die Ebenen: Mal folgen sie Müllers Anweisung und simulieren Alltagsdialoge, mal kommentieren sie diese aus der Therapiesituation heraus, ziehen sich auf eine Metaebene zurück und reden nicht miteinander, sondern mit Müller. Zwischenzeitlich wechseln die Eheleute-Darsteller Perspektive und Rolle und setzen ihren Dialog fort.

Mit der 7. Szene – »Gangübungen 2« (57–59) – schließt sich eine weitere Zwischenszene an. Nun ist Deér in der Rolle des Lehrers, während Tschudi seine Körperhaltung korrigieren soll.

In der 8. Szene – »Die Träume« (59–71) – treten alle Darsteller nacheinander auf und berichten in Monologen von ihren persönlichen Träumen, Visionen oder Wunschvorstellungen. Zunächst träumt Krause (8.1 – »Menschliche Beziehungen«) davon, durch mehr Zeit zu veränderten Verhaltensweisen anderer Menschen gegenüber zu gelangen. Als Entschuldigungsgestus schickt er voran: **Das geht echt verloren in einer Arbeitsbeziehung, daß hinter jedem Projekt immer auch ein Mensch steht. Mit seinen Freuden, mit seinen Leiden.** (59) Krause gesteht sich ein, dass die Berufswelt mit ihren so genannten Sachzwängen zu einer reduzierenden Wahrnehmung des Menschen führt und dass die maßgebliche Bezugsgröße im Management eben nicht der Mensch, sondern die Zahl ist. In seinem vermeintlich philanthropisch orientierten Traum sieht Krause sich als helfender Mensch, der seine Nächstenliebe bislang allein durch Internet-Chats kanalisierte und sich so in medial vermittelter Distanz nicht aktiv auf die

Bedürfnisse anderer Menschen einlassen musste. **Hat irgendwie das Rote Kreuz abgelöst, das Internet.** (61) Krause erträumt sich dagegen eine Rolle als Gutmensch, relativiert dies jedoch gleich wieder in den Konjunktiv, indem er Begegnungen im Internet als **ungeheure menschliche Bereicherung** (60) darstellt. Tschudi (8.2 – »Der Glanz der hohen Zahl«) träumt nur von dimensional außerhalb der Vorstellungskraft liegenden Zahlen, die als astronomische Geschäftsdaten assoziiert werden können. Ohne weiteren Kommentar bezieht er einzig durch ein abschließendes **Ja** (62) eine Position zu diesen Zahlen. Deér visioniert ein Leben, in dem er völlig andere berufliche Kontexte realisiert (8.3 – »Tierwärter«). Er fantasiert von einer Existenz als Gorillapfleger. Auch wenn er bewusst von seiner Manager-Position abrückt, so sucht er dennoch die Gefahr dabei, denn obwohl er das Alphatier sein will, weiß er um die Gefahren innerhalb einer Gorillagruppe, die von Rangkämpfen ausgehen. Insoweit ist sein Traum im Wesentlichen die Fortsetzung seines Berufslebens unter anderen Vorzeichen.

Ihre Rolle als Frau im *big business* nimmt Wrage (8.4 – »Waffen der Frau«) zum Ausgangspunkt ihres Traums. Sie blickt zurück und gesteht, dass sie ihre körperliche Wirkung auf ihrem Weg nach oben eingesetzt hat. Und sie stellt sich vor, dass sie als Frau eine bessere Managerin ist, als Männer es je sein können. Dabei kommentiert sie die so genannte höhere soziale Kompetenz von Frauen in zynischer Weise, indem sie die Vorteile eines weiblichen Unternehmensmanagements so pointiert: **Die Anti-Personen-Minen zum Beispiel, eindeutig auch betriebsintern umstritten, wenn wir die in ein Krisengebiet liefern wollen, die werden eindeutig humaner, wenn eine Frau die verkauft.** (65)

Jenkins dagegen (8.5 – »Büro aus Glas«) sieht eine glanzvolle Karriere vor sich, die sich über Statussymbole wie das eigene Imperium, ein Penthouse-Büro in New York, einen eigenen Chauffeur und Ähnliches definiert. Zudem träumt sie davon, ihre Mutter durch den erreichten Status zu beeindrucken, um ihr zu demonstrieren, dass sie es im Berufsleben doch zu etwas gebracht hat und die Mutter so zu einer Entschuldigung für mangelndes Zutrauen zu bewegen. Jenkins träumt daher den Traum persönlicher Genugtuung für erlittene Mangelerfahrungen. Auch Bihler will in seinem Traum beeindruckend sein (8.6 – »Honeymoon-Suite«). Er stellt sich vor, Zeit zu haben, um seine Frau mit allem erdenklichen Luxus zu verwöhnen und damit zugleich sein distanziertes und fast herzloses Verhältnis zu seiner Frau – **Sie ist mir immer ein super Kumpel gewesen.** (67) – abzubitten. Allerdings setzt er bei seinem Traumvorhaben ausschließlich auf materiellen Luxus, eine emotionale Nähe zu seiner Frau ist nicht Bestandteil des Traums. Müller (8.7 – »Bergwanderung«) träumt eine Gewalt- und Rachefantasie. Er will seinen Chef bei einer Bergtour in den

Tod stoßen und erfreut sich an der Fantasievorstellung des physischen Zerfalls seines Chefs. Neuenschwanders Traum (8.8 – »Mundharmonika«) hat keinen Text. Stattdessen hat seine Sequenz eine Regieanweisung: **Neuenschwander spielt auf einer Mundharmonika Teile aus Mozarts Kleiner Nachmusik. Oder etwas Ähnliches.** (71)

Zwischen den Träumen und den sich anschließenden Märchenmonologen ist zum Umbau der Tribünen erneut eine Zwischenszene eingeschaltet. In dieser 9. Szene – »Gangübungen 3« (71) erfolgt erneut ein Rollenwechsel; Tschudi ist wieder der Trainer, während Deér geht. Die drei Zwischenszenen sind durch Regieanweisungen miteinander verbunden. Bei der ersten Gangübung ist vermerkt, dass sich alle drei vom ›Normalen‹ zum **Grotesken** (48) steigern sollen. Nun, beim Grotesken angekommen, soll Deér **ungelenk, starr** und **wie ein Vollidiot** (71) gehen, während Tschudi genau diese grotesken Körperbewegungen unter der Aufforderung **Jetzt möchte ich, daß Sie mir Ihre Seele zeigen** (71) als gelungen lobt. Die körperliche Verkrampfung in einer ungelenken, marionettenhaften Haltung sieht der Coach als adäquate Haltung, die zum einen die Seele spiegelt und zum anderen auf die berufliche Reintegration vorbereitet. Durch diese Kombination erhält selbst die kurze Zwischenszene einen Stellenwert im dramaturgischen Figurenkonzept von TOP DOGS.

Mit Rückgriff auf Märchenmotive und -textteile ermöglicht die 10. Szene – »Die Märchen« (72–75) – ähnlich wie die vorausgegangenen Träume introspektive Blicke auf die einzelnen Figuren. Darüber hinaus werden die ausgewählten Märchen im ökonomischen Diskurs mit einer zusätzlichen Bedeutung aufgeladen, indem die Märchenfiguren und -handlungen nicht allein als erinnerte Texte der Kindheit und kollektivsymbolisch angereicherte Manifestationen erinnerter Gegenwelten dargestellt werden, sondern die Aspekte von Handel, Tauschbeziehungen und ökonomischen Potenzfantasien einbezogen werden. So erhalten die paraphrasierten Märchenteile zuzüglich der jeweiligen sparsamen, aber identifizierbaren Kommentierungen durch die Figuren ihren Aktualitätsgehalt innerhalb einer Therapiesituation im Outplacement-Center. Zunächst (10.1) stellt Neuenschwander das Märchen vom **Hans im Glück** (72) vor. Neuenschwanders Hans arbeitete **sieben Jahre in irgend ner Firma, im Angestelltenverhältnis** (72), bevor er nach seiner selbst betriebenen Kündigung mit einem **Klumpen Gold** (72) abgefunden wird, den er dann zum Ausgangspunkt diverser Tauschhandel macht. Sein ökonomisches Scheitern bei gleichzeitigem Gewinn persönlichen Glücks kommentiert Neuenschwander aus der Sicht des betriebswirtschaftlichen Denkens: **Wahnsinn. Minimal hunderttausend Mille im Brunnen, und glücklich.** (72)

Müller erzählt (10.2) das **Märchen von den Vätern und Söhnen** (72).

Dabei wird die Tradierung von berufsspezifischem Handlungswissen in einer spezialisierten, arbeitsteiligen Gesellschaft von je einer (Zieh-)Vaterfigur auf die Generation der Söhne herausgestellt. In diesem Zusammenhang erscheinen hinter den Märchenstrukturen diejenigen Unternehmensstrukturen, die ein allmähliches Aufsteigen eines Junior-Managers an die Unternehmensspitze als Initiationsvorgang manifestieren. Das unumstößliche Grundgesetz des ökonomischen Erfolgs ist dabei in der Müller'schen Märchenversion die Übernahme und Variation des Initiationswissens. **Und so weiter, bis ans Ende aller Tage.** (73)

Das Märchen »Der Fischer und seine Frau« (10.3) wird von Krause ohne erkennbare Zwischenkommentierung in gekürzter Form vorgetragen. Hier kommentiert allein die erzählende Figur: Ein gescheiterter Manager, der Aufstieg und Fall am eigenen Leib erlebt hat, erzählt seine eigene Geschichte, gespiegelt an der nimmersatten Fischersfrau Ilsebill. Bihler schließlich (10.4) stellt seine »Utopie vom Menschen« vor. In diesem Entwurf, der in der Tradition der klassischen Utopie als Zukunfts- und Gegenvorstellung steht, fügt Bihler jedoch lediglich Versatzstücke aus allen möglichen Utopien aneinander: Gleichberechtigung der Geschlechter, friedliche Koexistenz der Menschen, ökologisch verantwortetes Wirtschaften und dergleichen mehr bleiben eine zukunftsleere Vorstellung Bihlers. Da eine Utopie jedoch nicht nur Zielformeln aufstellt, sondern auch den Weg dorthin skizziert, ist Bihlers Utopie eine Mogelpackung. Diese Utopie in der Märchenreihe zeigt, dass Bihlers floskelhafte Visionen ebenso ›realistisch‹ sind wie sprechende Frösche oder Prinzessinnen werdende Bauerstöchter. Mit dieser Utopie als Abschluss der Märchenszene dekuvriert Bihler seine Unfähigkeit zu einer wirklichen Utopie. Es handelt sich mehr oder weniger um beliebige Fragmente, deren utopischer Gehalt durch den Ort des Vortrags, die vortragende Person und die Umstände, die beide zusammengeführt hat, auf einen Nullpunkt abschmilzt.

Die 11. Szene – »Exerzierfeld« (76–84) – wird eingeleitet durch japanische Kampfübungen, die nicht nur der körperlichen Ertüchtigung dienen, sondern auch der Erstarkung der inneren Abwehrfähigkeit und damit letztlich dem Aufbau von Selbstwertgefühl. Indem die Regieanweisung **Ritualisierte Aggression** (76) vorgibt, wird zugleich auf Ritualisierung und Aggressivität im ›big business‹ rekurriert. Und vor dem Hintergrund der bisherigen Einlassungen aller Figuren sind genau diese beiden Begriffe geeignet um die an sozialdarwinistische Mechanismen erinnernden Vorgänge in den Managementetagen zu fassen. Während die Figuren ihre Kampfübungen ausführen, setzt die Textsequenz 11.1 – »Die große Klage« – ein. Diese ist ein Konglomerat aus **Firmennamen, Bibelsätze[n], Anrufungen, Zahlen** (76), die teils nacheinander, teils überlappend von einzelnen Figuren gesprochen

werden. Widmer gibt in den Regieanweisungen auch gleich eine Deutungs-
richtung an: **Ein pathetisches Flehen zu den Göttern unserer Tage.** (76) Es
werden die ›global players‹ angerufen und Zitate aus der *Johannes-Apoka-*
lypse zu einer Textcollage vermengt, die die direkte Nähe und Folgerichtig-
keit von international agierenden Multis und der Zerstörung der Erde in den
biblischen Bildern der Apokalypse aufzeigt.

Die abschließende 12. Szene – »Abschied« (84–86) – schließt sich
bruchlos der Klage an, es ist eine **jähe Verwandlung** (84) der Akteure hin zu
einer aufgeräumten, optimistischen Stimmung zu beobachten. In un-
mittelbarem Anschluss an den Klagegestus der Vorszene entlässt Wrage,
nun wieder wie zu Beginn in der Rolle der Beraterin, Jenkins aus dem Out-
placemant-Center in eine neue berufliche Zukunft. Jenkins muss ähnliche
Mobilität beweisen wie das Kapital, das rund um den Globus geschickt
wird: Ihr ist ein neuer Job in Südkorea vermittelt worden. Verabschiedet
von den anderen, die sich zu der nun einsetzenden Fernbeziehung zwischen Jenkins und ihrem Mann äußern und hervortun, lässt sich Jenkins
wieder in die Managerpflicht nehmen und verlässt mit den Worten **Dann**
will ich mal. (86) die Bühne und das Outplacement-Center. Die anderen
bleiben zurück. **Die Szene ist der Beginn des Abends.** (86)

Mit der Aufnahme eines neuen Klienten beginnend und mit der Verabschiedung eines erfolgreich vermittelten Klienten endend, zeichnen die
12 Szenen des Dramas einen Kreislauf nach, der durch die Verweigerung
von Wirklichkeitswahrnehmung, therapeutische Selbstbespiegelung und
Selbstreflexion, den Aufbau von Vorstellungen und Erwartungen und
schließlich die Rückkehr in die Chefetage gekennzeichnet ist. Dabei wird
hinreichend deutlich, dass das Outplacement-Center so etwas wie die insti-
tutionalisierte ›Endstation Sehnsucht‹ ist. Wer dort ankommt, fühlt sich
gescheitert und ist nach den im Berufsleben geltenden Gesetzen des ›hire
and fire‹ ja auch gescheitert. Doch wird das Ausscheiden aus dem Trai-
ningscamp als Wiedervermittelter auch nicht als erstrebenswerte Alternative verstanden, denn – soviel haben die Selbsterkundungen der Entlassenen verdeutlicht – das Leben da draußen in den globalisierten
Unternehmen ist zwar einerseits das Leben der Top Dogs, aber es ist in den
Worten Bihlers noch mehr und anderes: **Business, das ist Krieg. Blut und**
Tränen. (22)

2.3   Ort und Zeit der Handlung

Auch wenn und weil der Ort der Handlung eher angedeutet bleibt – es handelt sich um die Räume der Züricher Outplacemant-Agentur ›New Challenge Company NCC‹ (8) –, so ist nicht die konkrete Lokalisierbarkeit des
Ortes entscheidend. Dies wurde nicht zuletzt in der Uraufführung dadurch

unterstrichen, dass es kein Bühnenbild gab, mit dessen Hilfe der Ort visualisiert werden konnte. Die Räumlichkeiten des Centers könnten an jedem beliebigen Wirtschaftsstandort in der globalisierten Welt angesiedelt sein, also weltweit.

Entscheidend für die Markierung des Ortes ist die Lokalisierung auf einer Landkarte der Wahrnehmung der Klienten. Denn auf einer solchen imaginären Karte ist das NCC-Büro ein besonderer Ort, der über die Befindlichkeiten seiner Klienten und deren Funktionszuschreibung an eben diesen Ort definiert wird. Aus dieser Sicht ist der Ort dann beschreibbar. Zunächst ist das Büro für die entlassenen Manager ein Asyl, in dem sie in der Situation des akuten Schocks aufgefangen werden. Dort finden sie nach ihrer plötzlichen Entlassung Kommunikation mit Menschen, die ihre Lebenslage teilen. So können sie täglich erfahren, dass sie nicht die Einzigen sind, die von der abrupten Entlassung betroffen sind. Nach dem Wegbrechen des beruflich-sozialen Kontextes und in mehreren Fällen auch des familiären Kontextes ist das Büro ein Ort, an dem sich neue soziale und vielleicht auch quasi-familiäre Strukturen etablieren können. Zudem bietet das Center eine Dienstleistungsstruktur, die an den verlorenen beruflichen Kontext erinnert. So stellt Wrage dar:

> Wie im Konkreten läuft also unsere gemeinsame Arbeit ab? Wir stellen unseren Klienten hier eine Infrastruktur zur Verfügung, ähnlich der, die sie von ihrem frühern Arbeitgeber her gewöhnt sind. Computer, Fax, Telefon, Sekretariat für alle Schreibarbeiten, Fachliteratur, Kaffeemaschine und und und. Stellensuche ist ein Full-time-Job. (13)

Indem möglichst authentische Geschäftsbedingungen simuliert werden, soll die Jobsuche selbst als Job begreifbar gemacht werden.

Das NCC-Büro ist außerdem auch ein therapeutischer Ort, an dem die Klienten – offenkundig erstmals – in die Situation versetzt werden, sich mit sich selbst befassen zu müssen. In unterschiedlichen therapeutischen Kontexten (Rollenspiel, Traumwerkstatt, Einzel-, Partner- und Gruppengesprächen) erleben sie die Konfrontation mit sich selbst und erfahren so neue Ziele für ihren Alltag. Nicht das rationale Entscheiden auf der Basis von Unternehmensdaten, sondern das soziale Interagieren auf der Basis reflektierten Verhaltens soll Handlungsziel werden. Und so ist das Bemühen der Figuren zu erkennen, die neue Handlungslogik, die im Outplacement-Center herrscht, anzunehmen und zu realisieren. Allerdings passt dies nicht zu ihren jahrelang ausgeübten Verhaltens- und Denkweisen, sodass sie sich in dem neuen Spiel bewegen wie in einer nicht passenden (Ver-)Kleidung. Trotzdem ist durch ihr ungebrochenes Mittun an den therapeutischen Maßnahmen ablesbar, dass sie mindestens bemüht sind, sich den Spielregeln unterzuordnen. Denn das haben sie schließlich gelernt und bis zu ihrer Entlassung auch praktiziert: fraglose Teilnahme an einem Spiel, dessen Regeln sich ihnen nicht vollends erschließen, in dem sie aber eine wichtige Funktion einnehmen. Insoweit ist das Center strukturell mit ihren vormaligen Büros vergleichbar. In beiden sozialen Handlungsräumen hatten und haben sie zu funktionieren und die Regeln nicht in Frage zu stellen. Und genauso verhalten sie sich im NCC-Büro, das für sie funktional an die Stelle ihrer alten Büros getreten ist. Die Figuren äußern hieran kaum Kritik; allein Neuenschwander zeigt im Kontext einer Therapiesitzung Unmut und verlangt nach messbaren Ergebnissen der Aktivitäten des Outplacement-Centers: **Wie weit bringt das was, dieses Im-Kreis-Hocken hier, da muß doch was rauskommen dabei, meßbar.** (42) Diese ungehaltene Reaktion, die ein Ergebnis einfordert, ist als Rückfall in die berufliche Realität vor der Entlassung zu verstehen; Neuenschwander fällt hier aus der Klientenrolle zurück in berufliche Verhaltensmuster.

Insgesamt ist die von den Figuren durchlaufene Anpassungs- bzw. Integrationsphase besonders bemerkenswert. Am Beispiel Deérs, der zu Beginn des Stücks neu hinzukommt, wird exemplifiziert, dass die Manager ihre eigene Entlassung nicht wahrgenommen haben, sich dieser Realität schlicht verschließen. Aber eben weil die strukturellen Bedingungen im Outplacement-Center vergleichbar sind mit denen des Berufslebens, lässt sich Deér auf die ihm anfangs unvertraute Umgebung ein und integriert sich schnellstmöglich. Er nimmt, wie vor ihm wohl die anderen, das NCC-Büro als seine aktuelle quasi-berufliche Umgebung wahr und an, in der er seinen Part zu übernehmen hat. Nach dem Moment der Schockrealisierung agiert auch Deér dem Ort angemessen.

Also ist der Ort vor allem als Ersatzort für berufliche und daraus abgeleitet für soziale Zusammenhänge gekennzeichnet, der mit diesen strukturelle Parallelen aufweist. Dazu tritt die Funktion des Büros als Ort der Hoffnung, die alle darin sehen, wieder in einen adäquaten Beruf zurückkehren zu können. Das ist schließlich das Ziel des Outplacement-Centers, die Klienten wieder in Lohn und Brot zu bringen. Inwieweit sich die Figuren dieser Hoffnung aber tatsächlich hingeben, ist fraglich. Denn sie sind zu sehr mit Rückblick und Nabelschau befasst, als dass sie sich über Zukunftspläne Gedanken machen könnten. Auch beim Abschied von Jenkins bleiben die Reaktionen der anderen zwar freundlich, aber doch eher verhalten. Daher kann in gewissem Umfang festgestellt werden, dass das Outplacement-Center einen ›Klinikeffekt‹ ausgelöst hat: Innerhalb des Schutzraumes fühlen sich die Akteure auf gesichertem Terrain, das sie außerhalb – ihre Erfahrung hat sie dies gelehrt – keinesfalls erwarten und vorfinden können. Das NCC-Büro ist daher zwar aus Sicht der Betreiber eine Durchlaufstation, aus Sicht der Klienten aber eher ein Rückzugsort.

Das Outplacement-Center definiert sich über seine Innenstruktur, die sich deutlich von der Geschäftswelt draußen abgrenzt. Insofern kann von einem Binnenort gesprochen werden, der erst durch die Abgrenzung von anderen Außenorten (Büros und Wohnungen der Manager) seine Funktionalität erhält. Die Logik, die Sozialstruktur und die Handlungsanleitungen des Outplacement-Centers gelten nur an diesem Ort, der seinen Klienten die Möglichkeit zur Abkapselung und zur Distanzierung von der Außenwelt, d. h. von der Geschäftswelt, einräumt.

Ähnlich verhält es sich mit der Zeit: Auch hier ist der konkrete Rahmen nebensächlich; die Handlungszeit wird vor allem durch die Abgrenzung des aktuellen Moments von einer Vergangenheit, die es aufzuarbeiten gilt, und von einer Zukunft, die in höchstem Maße unsicher und bedrohlich ist, geprägt. Insofern lässt sich von einem Binnenort und von einer Binnenzeit sprechen, da die Figuren in jeder Hinsicht in völligem Kontrast zu ihren vormaligen, sie prägenden beruflichen Zusammenhängen stehen. Ausgehend von ihrem aktuellen Hier und Jetzt im NCC-Büro nähern sie sich den Orten und Zeiten ihrer unterbrochenen bzw. abgeschlossenen Managerexistenz so, als brächen sie auf zu einer Expeditionsreise in ferne Welten. Dabei funktioniert die Handlungslogik des Outplacement-Centers gerade nur durch diesen Kontrast zu einer abgeschlossenen Zeitspanne und zu nicht mehr zugänglichen Orten. Binnenort und Binnenzeit beschreiben den Handlungsrahmen der Figuren im Drama und charakterisieren das Outplacement-Center als eine Insel inmitten einer verwildernden ökonomisch orientierten Gesellschaft.

3   Figuren im Kontext der Szenenanalysen

3.1   Management als Trivialmythos

Zur Annäherung an das Figureninventar in *Top Dogs* ist ein Rückgriff auf einen Topos hilfreich, der das gesamte Werk Widmers begleitet. Bereits in den frühen Prosawerken gestaltete Widmer das Konzept vom *trivialen Mythos*.

> Der Begriff des ›(trivialen) Mythos‹ taucht bei Widmer schon 1970 in dem gleichnamigen Essay auf, und triviale Mythen sind bis heute fester Bestandteil seiner Arbeiten geblieben. Trivialmythen, so definiert Widmer, ›sind starre, auf weniges reduzierte Abziehbilder von dem, was wir Wirklichkeit nennen. Der (triviale) Mythos ist eindimensional und unreflektiert, er zeigt nur eine schöne Oberfläche. Er will von Veränderungen nichts wissen, er hält am Status quo fest. Er ist reaktionär, und das ist auch das einzige, was an ihm irgendwie politisch aussieht.‹ Trivialmythen decken die Realität ab, ohne sie jedoch ganz zuzuschütten. Sie steuern unsere Sicht und reduzieren den Kosmos auf einfache Sachverhalte: Da sind die Trapper selbst unter Trappern einsam, und gute Taschendiebe werden nach wie vor im Balkan ausgebildet.[71]

Nach diesem Verständnis funktionieren auch die Figuren in *Top Dogs* als Trivialmythen. Denn im kollektiven Bewusstsein bestehen relativ fixierte Vorstellungsbilder von Managern und damit von Wirtschaftsprozessen, die diese verkörpern. Solche Bilder werden von Nachrichten und Berichterstattungen gespeist, vor allem durch die Massenmedien, die immer dann Ökonomie und das ökonomische Personal zum Thema machen, wenn es entweder herausragend positive oder negative Unternehmensdaten zu verkünden gilt. Oder es werden Skandale um Unternehmen oder Manager vermeldet. Damit wird der Aktionsradius des Managements jedoch in verkürzter Sicht dargestellt.

Dies gilt in gleicher Weise für die Berichterstattung zu ökonomischen Themen wie der Globalisierung und ihrer Folgen. Auch hierbei greift die mediale Berichterstattung zu mehr oder weniger variationsarmen Bildern, wie etwa zu dem vom Manager, dem die Hände angesichts der globalisierten Wirtschaftsstrukturen gebunden sind. Es wird ein Bild der Managerpersönlichkeit gezeichnet, das in holzschnittartiger Vereinfachung sowohl die Persönlichkeitsstruktur als auch das (berufliche) Handlungsfeld reduziert. Aber im Sinne Widmers sind es gerade diese vereinfachenden Bilder, die sich als Trivialmythen verselbstständigen.

Als nahezu stilbildendes Beispiel dafür ist der Auftritt des ehemaligen

Vorstandsvorsitzenden der Deutschen Bank, Hilmar Kopper, 1999 vor der versammelten Presse zu nennen. Kopper hatte bei dieser Pressekonferenz die Skandalpleite um den Bauunternehmer Schneider zu rechtfertigen, der nicht zuletzt aufgrund erheblicher Kreditzusagen der Deutschen Bank den Skandal erst auslöste. Kopper bezeichnete die millionenschweren Verluste seines Hauses als **Peanuts**. Hieraus wurde nicht nur eine gängige Redewendung, sondern der Auftritt Koppers stand auch in der öffentlichen Wahrnehmung repräsentativ für einen (Bank-)Manager, der durch das tägliche Jonglieren mit großen Zahlen vollkommen den Bezug zur Realität verloren hat – dies wog in der öffentlichen Bewertung angesichts der hohen Arbeitslosenzahlen umso schwerer. Der sich hier abzeichnende Trivialmythos wirkt zum einen im öffentlichen Bewusstsein nachhaltig weiter und prägt gerade daher das Bild des abgehobenen, datenorientierten, instinktlosen Managers. Hier setzt nun WIDMER an:

> Trivialmythen sind Bestandteile unserer Alltagssprache, unseres Denkens, und somit meist schwer auszumachen; trotzdem gelingt es Widmer immer wieder, Mythen zu isolieren und sie spielerisch in seine Texte einzubauen. [...] So bringt Widmer Trivialmythen in ungewohnte Zusammenhänge, oder er füllt die unterschlagenen Prädikate auf und reißt sie so aus ihrer Eindeutigkeit.[72]

Eben dieses Verfahren wendet der Autor auf sein Figureninventar in *Top Dogs* an. Er löst die als Trivialmythos lesbaren Kontexte der Managerfiguren auf, indem er diese als Arbeitslose darstellt. Durch den plötzlichen und unvorhergesehenen Verlust des Arbeitsplatzes wechselt das Personal aus der Wirtschaftselite auf die Seite der Masse von Arbeitslosen. Insoweit liegt ein Vergleich der gefeuerten Top Dogs mit denjenigen vor, die auf Grund ihrer vormaligen Entscheidungen ihre Anstellung verloren haben. Aber WIDMER macht das entlassene Spitzenpersonal nicht der Masse der Arbeitslosen gleich, sondern zeigt es im Auffangbecken der Outplacement-Agentur. Indem die Manager aber ohne Büro und damit ohne Funktion und ohne Macht gleichsam ihrer Berufsrolle entkleidet dastehen, ist der triviale Mythos des knallharten, effizienzorientierten Managers zerstört. Im dramatischen Geschehen auf der Bühne wird dem Zuschauer der Blick auf das gewährt, was dann noch übrig bleibt. Und das ist wenig und viel zugleich: Indem WIDMER Figuren auf die Bühne stellt, die schlagartig ihrer beruflichen Existenz und damit zugleich der Grundlagen ihrer Selbstdefinition entrissen sind, ermöglicht er präzise und differenzierte Psychogramme, Einblicke in (Selbst-)Konfrontationen und unterschiedlich verlaufende Reflexionsprozesse. Hier ist auch die diskutierte Frage nach der Lächerlichkeit der Figuren zu beantworten. Als Trivialmythos allein dargestellt, wäre ein entlassener Entlasser tatsächlich ein ideales Objekt für Spott und Hohn.

Aber indem WIDMER mit der Destruktion des Trivialmythos nicht endet, sondern hier erst die Darstellung der Figuren beginnt, schützt er sie vor allzu plumper Belächelung. Dadurch wird dem Zuschauer nicht der Trivialmythos in festigender Weise vor Augen geführt, die Figuren sind vielmehr Anlass auch zu einer Revision der vereinfachten Wahrnehmung von Management und Ökonomie. Weil WIDMER die entlassenen Top Dogs mit Persönlichkeit auflädt, d. h. ihnen Verletzbarkeit sowie sozialen und psychischen Kontext gibt, reichert er seine Figuren mit Nuancen an, die sie im Status des Trivialmythos nicht besitzen, und entwickelt sie deshalb weiter. Aber auch das Gegenteil wird vermieden: Die Figurenkonzeption stellt keine Einladung zur Empathie dar, vielmehr nimmt WIDMER den sezierenden Blick auf einen Trivialmythos des ausgehenden 20. Jahrhunderts vor. Die Auseinandersetzung der Zuschauer mit den Figuren wird dabei nicht gesteuert, die Figuren bleiben, was sie sind: Sie sind aus dem Kontext gefallene Figuren, die selbst die Spielregeln des Fallens mitformuliert haben; sie sind Opfer eines Systems, dem sie mit aller Kraft gedient haben, und daher bleiben sie in der Opferrolle steril, kein Mitleid erzeugend. Sie zeigen die Verwurzelung in diesem System, das sie auch nach der Entlassung noch steuert.

Dennoch: Die Figuren durchlaufen nicht einen karthartischen Prozess, der sie am Ende als geläuterte, als von ihrem sozialen Gewissen angetriebene Figuren entlassen würde, letztlich werden auf der Bühne nicht einmal ›Häutungen‹ gezeigt, die eine Veränderung in der Persönlichkeit oder im Verhalten der Figuren erkennen ließen. Im Fortgang des Stücks wird immer mehr erkennbar, dass die entlassenen Manager Rollenspieler sind und bleiben; trotz der wiederholten Rollenwechsel bleibt die Managerrolle die leitende, die alles Verhalten, Denken und Fühlen bestimmt. Die therapeutischen Anstrengungen im Outplacement-Center weisen eine doppelte Zielrichtung auf: Zum einen sollen die Klienten auf die Weitervermittlung vorbereitet werden und zum anderen sollen sie – so zumindest das erklärte, aber oberflächliche Ziel – lernen, mit sich selbst einen Dialog zu führen, der nicht durch Terminkalender und Börsenkurse überlagert ist. Während das erste Ziel allein schon durch die materielle Ausstattung sowie die im Hintergrund ablaufenden Vermittlungsanstrengungen gewährleistet ist, steht das zweite Ziel im Mittelpunkt des dramatischen Geschehens. Hier offenbaren die einzelnen Figuren die Determinanten ihres Denkens und Verhaltens und zeigen durchaus unterschiedliche Wege, sowohl mit der Arbeitslosigkeit als auch mit sich selbst zu Recht zu kommen. Doch trotz dieser Differenzen sind sie im Kern, was sie vor Eintritt in die Outplacement-Agentur waren: Manager – oder demaskierter: Manager-(Rollen-)Spieler.

3.2   Kennzeichen: Flexibilität

Die Zuordnung einzelner Figuren zu verschiedenen Bewältigungsversuchen wird nun dadurch erschwert, dass die Figuren keine durchgängigen Rollenidentitäten besitzen. Vielmehr sind die Figuren durch flexible Rollen gekennzeichnet: Mal sind sie Klienten, dann übernehmen sie die Therapeutenrolle, sie begeben sich in Rollenspielen in die Identität anderer Klienten, dann wieder sind sie Einzelfiguren oder treten schließlich in den dramatischen Chor ein. Diese flexible Übernahme der Berater-, Psychologen- und Therapeutenrollen durch die – vermeintlichen – Klienten zeigt zunächst das postmoderne Theaterspiel, das WIDMER mit Figuren wie Zuschauern treibt. Doch hinter diesem Spiel wird der sich wiederholt vollziehende Rollenwechsel genutzt, um dramaturgisch umzusetzen, was den Figuren und dem von ihnen vertretenen Ökonomiekonzept zentral ist: Flexibilität. Dies ist eine Kernkompetenz des Managementpersonals ebenso wie ein Kennzeichen des Systems, in das dieses Personal eingebunden ist. Und die Figuren im Outplacement-Center erweisen sich in der Gegenwart wie in den Rückblicken als ausgesprochen flexibel; allerdings ist Flexibilität keine Eigenschaft, die uneingeschränkt positiv zu bewerten ist. Flexibilität kann sich übergangslos sowohl in Rückgratlosigkeit verwandeln als auch in Konturlosigkeit und steht damit als euphemistische Sprechblase für Beliebigkeit.

Und genau dies kennzeichnet alle Figuren in TOP DOGS unterschiedlich intensiv. Sie sind Stellvertreter einer Gesellschaft, die Flexibilität als Wert an sich über alles erhebt und dabei einige Missverständnisse dieser Eigenschaft evoziert, fordert und tradiert. Flexibilität scheint die Religion der ökonomischen Klasse zu sein, denn die Figuren haben nicht nur allesamt Flexibilität bis zur Gesichtslosigkeit betrieben, sie beherrschen auch ihr Vokabular. Die »Schlacht der Wörter« (Szene 3) listet unkommentiert Begriffe aus der ökonomischen Fachsprache auf; vermieden wird dabei der Begriff der Flexibilität – und doch ist er als Hintergrundfolie den anderen Wörtern inhärent. Beliebig aus der »Schlacht der Wörter« herausgegriffen, erweisen sich die dort geschrieenen und/oder gebeteten Begriffe als Konkretisierungen von Flexibilität: ›**Anforderungsprofil**‹ – ›**Marketingstrategie**‹ – ›**Umstrukturierung**‹ – ›**Mitarbeiterzufriedenheit**‹ – ›**Optimierung**‹ – ›**Job-sharing**‹ (25). Diese und alle anderen Wörter bzw. Worthülsen, gleich welchem Teilgebiet der Betriebswirtschaft sie entnommen sind, zeigen allesamt, welche Voraussetzungen Menschen mitbringen müssen, die sich in dieses System integrieren wollen: Sie müssen flexibel sein. Das System selbst ist ohnehin flexibel, denn hinter der Globalisierung der Wirtschaft verbirgt sich nichts anderes als die Flexibilität der Produktionsstandorte, der Warenpalette, der Werbung, des Kapitalflusses und letztlich die Flexibilität des Mitarbeitereinsatzes.

Menschen werden damit zu doppelter Flexibilität genötigt: Zum einen ist Flexibilität eine Art Persönlichkeitsmerkmal, das wie eine Initiationsbedingung vorausgesetzt wird, zum anderen werden die Menschen durch den Eintritt in den ökonomischen Elite-Kontext selbst Teile eines flexiblen Spiels, das ihnen Funktionen, Rollen und Orte in scheinbarer Beliebigkeit zuweist. Dies gilt für die Rolle des **Projektleiters** (30), der **Finanzanalystin** (31), des Freizeitkulturmanagers (32), des Börsenspekulanten (34), des Catering-Managers (8) ebenso wie für die Rolle des Outplacement-Center-Klienten. Flexibel zu sein bedeutet für den einzelnen Angehörigen des Managements, schnell und angemessen auf Situationen reagieren zu können und so Vorgaben adäquat umzusetzen. Dabei wird nicht vor der eigenen Berufstätigkeit Halt gemacht. So sind auch die Entlassung, der Aufenthalt im Outplacement-Center und die anschließende Wiedereingliederung – wohin auch immer – Anforderungen, die an die entlassenen Top Dogs im Rahmen der Flexibilitätserwartungen gestellt werden. Diese Flexibilität findet im Drama ihre Entsprechung dadurch, dass die Figuren ausgesprochen flexibel mal Klient und mal Therapeut sind. Sie haben internalisiert, dass sie die jeweilige Rolle vollständig, und das heißt inhaltlich, performativ und sprachlich, auszufüllen haben.

Ein besonders markantes Beispiel für die perfekte, also flexible, Rollenanpassung ist Wrage, die in der 1. Szene in jeder Hinsicht überzeugend als **Beraterin der NCC** (8) auftritt und den neu hinzugekommenen Deér in die dort herrschenden Spielregeln einweist und die im therapeutischen Camp ihre Geschichte als **Finanzanalystin bei der Chase Manhattan** (31) erzählt und damit selbst als Klientin auftritt. In beiden Fällen beherrscht Wrage souverän ihre Rolle und ihre Sprache; in beiden Fällen erfüllt sie die an sie gestellte Erwartung der Flexibilität. Ähnliches gilt auch für andere Figuren, etwa für Jenkins, die in der 4. Szene als Psychologin in vergleichbarer Weise agiert (28), oder Müller, der als Therapeut eine Gesprächstherapie leitet (50).

Im Übrigen ist der variable Bühnenraum – in der Zürcher Uraufführung – als äußere, Raum gewordene Manifestation des Flexibilitätsgedankens zu sehen. Da kein festes Bühnenbild eingerichtet ist und auch die Standorte der Zuschauertribünen und damit die Abmessungen des Spielfeldes während der Aufführung verändert werden, wird die Flexibilitätsthematik in der Raumnutzung gespiegelt. Hierdurch wird es dem Zuschauer ermöglicht, seinen Blick auf das Spielgeschehen zu richten und so seinen eigenen perspektivischen Standpunkt vor dem Hintergrund der jeweiligen Rollenspiele auf der Bühne zu verändern und ebenfalls anzupassen. Damit ist mit einer Aufgabe des statischen Raumkonzepts der Spielort Theater selbst zu einer Metapher geworden.

3.3 Rollenwechsel

Weil die Figuren während des Dramas keine für die Dauer des Stücks fixierten Rollen einnehmen, ist es wenig ertragreich, die einzelnen Figuren auf ihre charakteristischen Kennzeichen hin zu befragen. Aufschlussreicher ist eine Betrachtung der einzelnen Rollensegmente, die von den Figuren im Wechsel übernommen und vorgestellt werden. Dabei unterscheiden sich die Rollen hinsichtlich ihrer Aktualitätsbedeutung. Das Rollensegment *Manager* wurde in der ›Vorzeit‹ der Berufstätigkeit realisiert, die entsprechenden (Selbst-)Kennzeichnungen lassen sich durch Äußerungen sowie durch in den Therapieformen gespielte oder reflektierte Handlungen erschließen. Die Rollensegmente *Klient* und *Therapeut* werden dagegen in der ›Echtzeit‹ der Handlung eingenommen, dies gilt auch für die Rollenspiele innerhalb der Klientenrolle.

Wenn im Kontext der analytischen Erschließung der Figuren wiederholt der Rollenbegriff genutzt wird, so ist dies im soziologischen Sinn zu verstehen. In Anbindung an die grundlegenden rollentheoretischen Überlegungen von Talcot Parsons (strukturfunktionalistischer Ansatz) und George Herbert Mead (symbolischer Interaktionismus) sowie der Weiterentwicklung durch Lothar Krappmann lassen sich hierbei folgende, für den texterschließenden Zusammenhang relevanten Aussagen festhalten: Soziales Verhalten wird über die Rolle eines Menschen begründbar. Dabei fließen in das Verhalten, das aus einer jeweiligen Rolle resultiert, sowohl die Erwartungen einer konkreten Bezugsgruppe an den Rollenträger als auch die Rechte und Pflichten, die aus der Rolle erwachsen sind, ein. In einem traditionellen Rollenkonzept ist also vor allem die Erwartungshaltung der Bezugsgruppe für konkretes Verhalten leitend. Die Verhaltensnorm orientiert sich dabei an den Muss-Erwartungen, die für keinen Rollenträger frei zu bestimmen sind. Soll-Erwartungen gehen über die stärker bindenden Muss-Erwartungen hinaus; Kann-Erwartungen schließlich stehen darüber. Die sozial erfolgte Aushandlung über Erwartungen an einen Rollenträger regeln die Verbindlichkeiten und sind damit für soziale Interaktion wesentlich.

Da jeder Mensch nun unterschiedliche Rollen wahrnimmt, sind Rollenkonflikte unumgänglich; hier ist soziale Kompetenz zur sach- und situationsangemessenen Entscheidung von Rollenkonflikten notwendig. Rollensegmente stellen Ausschnitte aus einer Rolle dar, die durch die Erwartungen einer bestimmten Bezugsgruppe bestimmt werden. Für den in *Top Dogs* dargestellten Fall der Manager bedeutet dies, dass sie die Erwartungen aus dem ökonomischen Bezugssystem, also die Anforderungen ihrer Unternehmen an ihre Persönlichkeit, ihre Leistungsbereitschaft und ihr Engagement, als zu befriedigende Erwartungen verinnerlicht haben. Dabei sind diese Rollenbindungen derart automatisiert, dass jeder erforderte Rollenwechsel in ein anderes Rollensegment oder erst recht in eine andere Rolle nur unzureichend geleistet werden kann. Denken, Handeln und Sprache scheinen durch die Berufsrolle und die damit verbundenen Erwartungen festgelegt. Damit erfolgt die Wahrnehmung des sozialen Systems durch die Manager in reduktionistischer Weise: Sie sehen sich als Handelnde unter den Prämissen der Normen und Werte ihrer Unternehmen und damit der sich beschleunigt globalisierenden Wirtschaft.

Mit dem Interaktionstheoretiker Krappmann, der sich auf Mead stützt, lässt sich beschreiben, dass die im Stück gezeigten Figuren ein eklatantes Defizit an Rollendistanz aufweisen – damit können Bihler, Krause und die anderen die notwendige Anpassung an unterschiedliche soziale Situationen nicht leisten. Wichtig ist in diesem Zusammenhang, dass Rollendistanz in der Interaktionstheorie als Kennzeichen von Flexibilität aufgefasst wird, die zur Interaktion in sozialen Situationen notwendig ist. Und gerade Flexibilität ist ja gleichsam die Summenformel der Erwartungen, die an die Rollenträger der Managerrolle gestellt wird. Hier deutet sich ein Handlungsparadoxon an: Die Notwendigkeit der allzeitigen Erwartung an die eigene Flexibilität in der Berufsrolle führt offenkundig dazu, dass dieselbe Flexibilität in anderen Rollen erschwert, wenn nicht sogar verhindert wird. Aber gerade Rollendistanz sowie die Fähigkeit zur empathischen Annäherung an andere Rollen bzw. Rollenträger sind Voraussetzungen für gelingende soziale Interaktion und Kommunikation. Zudem wird in der Interaktionstheorie darauf verwiesen, dass Ambiguitätstoleranz notwendigerweise aufzubauen ist, um an den Widersprüchen sowohl innerhalb des sozialen Systems als auch beim Abgleich unterschiedlicher Erwartungen nicht zu leiden. Im Rahmen des Sozialisationsprozesses erwirbt ein Mensch nun die genannten Fähigkeiten und prägt seine Identität aus. Dabei umfasst der Sozialisationsprozess neben der familialen und der schulischen Sozialisation ausdrücklich auch die berufliche Sozialisation, die für die Figuren in TOP DOGS die entscheidende Sozialisationsinstanz war.

Es ist offenkundig, dass in Bezug auf die Figuren von der Prägung durch den beruflichen Zusammenhang als leitendes soziales System gesprochen werden kann. Schließlich haben alle Figuren, die mittleren Alters sind, viele Jahre in ihre Karrieren investiert. Ohne entsprechende Bemühungen würde keine von ihnen das Top-Dogs-Niveau erreicht haben. Hieraus ist abzuleiten, dass sie andere soziale Zusammenhänge dem beruflichen weitestgehend untergeordnet haben – die Figuren benennen dies auch etwa bei der Schilderung ihrer Biografien im »Camp« (29 ff.). Gerade dort, aber auch in zahlreichen anderen Sequenzen zeigt sich die Übermacht der beruflichen Rolle, der Managerrolle. Weil diese im Rahmen der Karriereorientierung selbst gewählte und gewollte Rollenfixierung so dominant ist, zeigen die Figuren Defizite in den anderen (nach der Interaktionstheorie notwendigen) Fähigkeiten, die weitgehend verschüttet sind. Aus diesem Grund kann beim rollenspielhaften Wechsel zwischen Manager und Klient etwa auch nicht von einem Rollenwechsel gesprochen werden, denn hierfür wäre ein Repertoire an Handlungsoptionen und personalen Dispositionen erforderlich, über das die Manager nicht oder allenfalls in Ansätzen verfügen. Stattdessen ist von Rollensegmenten die Rede, die aus der Managerrolle abgeleitet werden. Wie im Einzelnen zu zeigen sein wird, bleiben die Manager Manager, auch wenn sie etwa die Therapeutenrolle einzunehmen versuchen. In der auf der Bühne gezeigten sozialen Interaktion ist in Bezug auf Sprache, Handlung, Denken und Selbstinszenierung immer wieder die Berufsrolle als Manager, verbunden mit Erwartungen, Verhaltensaspekten und Selbstwahrnehmungen, durchgängig dominant.

3.4 Rollenspiele

Ein zweiter Aspekt in Bezug auf das Rollenspielen ist hervorzuheben. Der Charakter des Rollenspiels folgt nicht nur der literarischen Gattung des Dramas, sondern ist zudem als Antwort WIDMERS auf die gesellschaftlichen Rollenspiele der 1980er- und vor allem der 1990er-Jahre zu sehen. Der Ausgang des 20. Jahrhunderts wurde neben anderem durch die Betonung des Inszenierungsaspekts geprägt. Inszenierungen und damit die Gestaltung von Rollenoberflächen sind keinesfalls dem Theater vorbehalten, sondern werden in unterschiedlichen kulturellen wie außerkulturellen Bereichen praktiziert. Wer nur noch Rollen spielt, inszeniert lediglich eine Oberfläche, die nichts mehr verbirgt.

Solche Rollenspiele sind in der Kultur wie den Subkulturen des ausgehenden 20. Jahrhunderts, man denke an Inszenierungen in Mode, Fernsehen, Film, Musik oder Literatur[73], zum Regelfall geworden. Rollenspiele um Geschlecht (Androgynität), Alter (Jugendwahn), Status (Turnschuhe und Maßanzug) und Ähnliches ver-rücken eindeutige Identifizierungen. Vielfach weiß man nicht mehr, wofür eine Inszenierung eigentlich stehen soll und was sie ausdrücken will. Die Inszenierung der Rolle ist zum Ereignis, zum *event*, geworden; die Rolle dagegen verliert hinter der Inszenierung an Bedeutung.

Wie eine dramaturgische Umsetzung seiner Grazer Poetikvorlesung lässt WIDMER in TOP DOGS Figurenrollen auf der Bühne erscheinen, die wie DIE SECHSTE PUPPE IM BAUCH DER FÜNFTEN PUPPE IM BAUCH DER

VIERTEN PUPPE (1991) erscheinen oder verschwinden. Die jeweils aktuelle Oberfläche ist diejenige, die den Anspruch auf Authentizität erhebt; dabei ist sie nur eine – vorübergehende – Oberfläche. Insoweit erweist sich die flexible Rollenhaltung jeder Figur als postmodernes Kennzeichen. Aus dieser Perspektive darf der Begriff der Flexibilität als ein Merkmal im Konzert postmoderner poetologischer Verfahren gelten, das gleichberechtigt neben den Verfahren der Simulation, der Montage oder des Zitats stehen kann.[74] Wie im WIDMERS poetologischem Bild von der Matrioschka erscheinen in *TOP DOGS* neue Figuren in den bzw. aus den Figuren selbst, die allerdings immer wieder sie selbst sind, auch wenn der Maßstab, das heißt das Rollensegment, verschoben ist.

Ob als NCC-Beraterin, ob als Finanzberaterin oder ob als entlassene Finanzberaterin – immer ist Wrage sich selbst gleich, jede dieser Rollen spielt und beherrscht sie mit gleicher Überzeugungskraft und Präzision. So kann davon gesprochen werden, dass die Figuren in ihren jeweiligen Rollen vor allem durch ein Maximum an Selbstähnlichkeit ausgewiesen sind.[75] Vielleicht ist hierin im Gegensatz zur Flexibilität ein Moment der Geradlinigkeit und der Konstanz zu sehen. Während die Rollenerwartungen und Rollenkontexte hochgradig verschieden sind und entsprechendes rollengemäßes Agieren erfordern, offenbaren sich die Figuren jenseits ihrer immer smarten, immer angepassten Oberflächen als doch deutlicher konturierbar, als auf den ersten Blick angesichts permanenter Flexibilitätserwartungen zu vermuten ist. In einem solchen Sinne sind die permanenten Rollenspiele als Beiträge zur Fragmentarisierung des (postmodernen) Subjekts zu sehen: Das Auseinanderfallen der unterschiedlichen Rollen und damit einhergehend der unterschiedlichen Rollenerwartungen sowie Rollenhaltungen begründen eine nur noch über die Summe der Fragmente identifizierbare Identität. Damit tritt der Mensch **als fragmentarisiertes Wesen in Erscheinung, das in der Zeit seiner Existenz – verstanden als Zwischenzeit eines Nicht-Mehr und eines Noch-Nicht – einer ursprünglichen Ganzheit verlustig gegangen oder ihr noch nicht wieder teilhaftig geworden ist.**[76] Die Manager simulierten zwar unterschiedliche Rollen, allerdings gelingt es ihnen prototypisch nicht, die Fragmente zu einem geschlossenen Selbstbild zu fügen. Der Selbsterkenntniswert von Rollenspielen ist hier eher begrenzt.

Die Outplacement-Agentur selbst ist ein Ort der Simulation einer Management-Etage und mithin eine Imitation. Hier wird zwar die notwendige Infrastruktur bereitgestellt, zudem sind Kollegen in vergleichbarer beruflicher Situation – nur mit verändertem Vorzeichen – anwesend, schließlich stehen die Entlassenen wie im Beruf in gewisser Konkurrenz zueinander, denn jeder will das Klassenziel schnellstmöglich erreichen und wieder in einen authentischen und nicht nur simulierten beruflichen Zusammenhang weitervermittelt werden. Ein Stück weit herrschen die den Figuren vertrauten Riten und Gesetze auch hier. In der Simulation können sich die Figuren annähernd so bewegen wie in der realen Entsprechung ihrer ehemaligen Büros. Da nun aber das Wesen der Simulation darin beruht, auf etwas wie auch immer geartetes Authentisches zu rekurrieren, bemerken die Figuren offenbar die Differenz zur Simulation nur gelegentlich. Weil sie nicht in einer Anpassung erfordernden Umgebung situiert sind, sondern eben in der Simulation ihrer vertrauten Umgebung, verhalten sie sich auch wie zuvor. Entsprechend können sie wegen des simulativen Charakters der Outplacement-Agentur ihre Rollenstereotype beibehalten, diese weiterhin nutzen und die verschiedenen Rollensegmente als solche füllen.

3.5 Rollensegmente

3.5.1 Rollensegment Manager (1. Szene/2. Szene)

Selbstverständnis: Solidarität mit dem System (1. Szene)

In der ersten Texthälfte treten die Figuren als Manager auf, erst ab Szene 4.6 (»Manöverkritik«) wird das bislang zur Schau gestellte berufliche (Selbst-) Verständnis um psychosoziale Nebenwirkungen angereichert. Der zweite Teil wird dominiert von Reflexionen, Wünschen, Träumen und der apokalyptischen großen Klage am Schluss des Stücks.

Zunächst erlaubt Deér einen Einblick in die Funktionsweisen eines Managers. Obwohl er bereits Klient des NCC ist, hat er den Rollenwechsel, den seine Entlassung nach sich zieht, noch nicht realisiert. Entsprechend ist sein Auftreten ganz durch die Managerrolle geprägt. So formuliert er sein Anliegen im Kontaktgespräch mit Wrage in der Diktion, die er als Repräsentant seines Unternehmens, der Swissair, einzunehmen gewohnt war:

> Die oberste Etage hat mich gebeten, mit Ihnen Kontakt aufzunehmen. Wir hatten ein ausführliches Gespräch. War gut und intensiv. Doch. Haben nochmals die ganzen Probleme durchgesprochen, wie mein Arbeitsbereich im Catering genauer definiert werden könnte. Und ich soll mich bei Ihnen kundig machen, inwieweit irgendein Synergieeffekt zwischen meiner und ihrer Arbeit herstellbar ist. (8)

Deér verortet sich eindeutig innerhalb einer Hierarchie. Zum einen ist er selbst Befehlsempfänger einer nicht näher bezeichneten Führungselite, die hinter der metaphorischen Verschleierung **die oberste Etage** (8) anonym und gesichtslos bleibt; zum anderen sieht er seinen Auftrag klar durch den Effizienzgedanken bestimmt. Das Gespräch mit Wrage soll ergebnisorientiert verlaufen und das Ziel ist ihm vorgegeben. So formuliert er im letzten Satz nicht nur das Ziel sondern auch seine soziale Position, sodass ihn sein Gegenüber einordnen kann.

Sprachlich geschieht dies über eher negativ besetzte Signale: Deér lässt keinen Zweifel daran, dass er geschickt worden ist ([…] **ich soll mich bei Ihnen kundig machen** […]), dass der Gesprächsanlass nicht seinem Duktus entspricht. Im fortlaufenden Gespräch nutzt Deér jede Gelegenheit, seine Weisungskompetenz und damit seine hierarchische Position zu Recht zu rücken: **Ich sage meinen Mitarbeitern immer** […] (9). Sein Selbst- und Rollenverständnis wird dann durch die Konfrontation mit dem Thema Arbeitslosigkeit deutlich. Brüsk reagiert er auf Wrages Hinweis, dass die anderen, denen er sich anfangs freundlich vorgestellt hat, entlassen worden sind. DEÉR *nimmt die anderen wie neu wahr; als hätten sie die Lepra* **Die da, die stehen alle auf der Straße?** (10) Sprach er zuvor von sich als **Ich** (8, 9), zieht er sich nach der Konfrontation mit der Gruppe (**Die da**, 10) zurück auf das solidarisierende **Wir** (10), mit dem er sein Unternehmen und sich zu einer sicheren Allianz verschweißt und in der Gegenüberstellung mit den Arbeitslosen seine unverbrüchliche Zusammengehörigkeit mit seinem Arbeitgeber ausdrückt. Durch den Einbezug in dieses ›Wir‹ nimmt Deér seine Verortung als Manager vor. Er drückt dabei seine Loyalität seinem Arbeitgeber gegenüber aus, aber mehr noch überspielt er seine eigene Unsicherheit, indem er sein Managerbewusstsein gleichsam in die Firma einspeist, von der er ein Teil ist. – Ironischerweise ist Deér ja zum Zeitpunkt dieser psychosemantischen Manöver bereits entlassen worden und seine sprachlichen Bemühungen sind in besonderer Weise als Ausdruck der Verdrängung und der Hoffnung auf Rückkehr in den ›Schoß‹ der Swissair zu sehen.

Doch bevor er sich dem Unvermeintlichen stellen muss, gibt er noch ›Kostproben‹, die für das Rollensegment kennzeichnend sind. Der Manager stellt sein Handeln, besonders wenn es zu Lasten anderer geht, als unausweichliche Konsequenz des ökonomischen Systems dar; zugleich ist die Entlassung anderer eine Belastung für ihn, die ein Manager aber aushalten muss:

> **Mußte ja selber Mitarbeiter entlassen. Als wir das Catering auslagerten, neunzehnzweiundneunzig, haben wir mehr als tausend Stellen abgebaut. Gute Leute, waren zum Teil seit Jahren dabei gewesen. Ist ein menschliches Problem, so was. Andererseits, im Kader, das ist einfach im Anforderungsprofil, so was wegstecken zu können. (11)**

Abermals sind das Personalpronomen sowie sein anfängliches Fehlen verräterisch. Deér spricht seine Kompetenz an, Mitarbeiter entlassen zu können, verweigert aber die Selbstbezeichnung mittels Personalpronomen; dagegen stellt er die Entlassungen in den Kontext einer Unternehmensentscheidung, die durch den Firmenplural **wir** kaschiert ist. Weiterhin ist an Deérs Statement bezeichnend, dass die Fähigkeit zur Verdrängung der menschlichen Dimension von Unternehmensentscheidungen und -handlungen als Anforderung formuliert ist. Indem WIDMER die Figur Deér dies so banalisierend sagen lässt, rekurriert er auf den zugrunde liegenden Trivialmythos: Manager sind so. Die Figur Deér fungiert als Personifizierung dieses trivialen Mythos, der seinerseits nichts weiter als die Spiegelung von Voreinstellungen und Vorurteilen ist. Dieser Mythos wird durch den wiederholten Solidarisierungsplural und durch Formulierungen im Stil der *corporate identity* weiter reaktiviert: Nachdem Wrage ihm zweifelsfrei verdeutlicht hat, dass auch er zu den Entlassenen zählt, wird Deér gesprächiger, beschwört die Einheit der Swissair, zu der er sich so zählt und zugehörig fühlt (14), greift auf die glanzvolle Geschichte des Unternehmens zurück (15) und unternimmt schließlich, nachdem er sich selbst munitioniert hat, in völliger Verkennung der Realitäten einen Angriff auf Wrage: **Ich MUSS nicht mit Ihnen zusammenarbeiten.** (17) Die Kombination aus Phrase und Drohgebärde bleibt noch auf der Ebene des Trivialmythos stehen, eben weil sich in Deérs Aussagen vor allem sinnlos gewordene Phrasen finden.

Auch Deérs abschließende Distanzbekundungen zeugen vom Gegenteil; sie sind wütende Äußerungen, die keinesfalls das aussagen, was sie aussagen sollen. Deér ist zu sehr getroffen und verletzt, als dass er eine distanzierende Haltung einnehmen könnte. **Wenn ich den Einkauf nicht mehr mache, wenn das diese Pfeife von der SAS macht, dann werden die ja sehen. Smörrebröd auf Fernostflügen. Sie werden sehen. Die haben doch keine Ahnung. Also mir ist das egal. Scheißegal.** (18) Und auch der trotzige *showdown* bleibt auf dieser Ebene verhaftet, denn noch wird der Kern des Mythos durch die Entlassung des Managers nicht in einen unerwarteten Zusammenhang gestellt. Auch wenn der Handlungsort bereits eine Irritation des Trivialmythos darstellt, so ist die einführende Szene noch nicht dessen Überwindung oder gar dessen Destruktion.

Das sieht in der 2. Szene schon anders aus; diese Szene ist eine Schlüsselszene des im Drama dargestellten Management- und damit Wirtschaftsverständnis. In dieser Szene wird das Rollensegment Manager punktgenau angesteuert und ausgeleuchtet. Die 2. Szene legt an, was in der 4. Szene aufgegriffen werden wird: wie die Manager auf ihre Entlassung reagieren. Ihnen

erscheint ihr berufliches Scheitern kaum glaublich, wie ein Versehen; sie reagieren den Gesetzen des Marktes entsprechend mit vermeintlicher ›Coolness‹ und zeigen ihre Betroffenheit mit pathologischen Reaktionen, die als Symptome des Schmerzes über eine verdrängte Kränkung anzusehen sind.[77]

Agieren in der Hierarchie (2. Szene)

Zunächst stellen zu Beginn der 2. Szene Bihler und Tschudi ein Rollenspiel dar, in dem Bihler als Chef die Entlassung Tschudis simuliert. Jetzt wird mit dem Trivialmythos endgültig gebrochen – und zwar gleich doppelt. Zunächst ist das Rollenspiel, in dem zwei entlassene Manager die Entlassung mit zweifach simulierten Rollen initieren, als Bruch zu sehen. Dazu kommt, dass Bihler im Verlauf des Spiels aus der Rolle fällt und eine weinerliche Haltung einnimmt. Beides trägt dazu bei, den trivialen Mythos vom vernunftgeleiteten Manager endgültig zu überwinden und an seiner Stelle die Hilflosigkeit der entlassenen Manager offenkundig werden zu lassen. Im Rollenspiel werden an Tschudi die Konsequenzen der Redimensionierung des Managements (19) durchexerziert, das er selbst mit vorgenommen hat; die Ironie, dass er seinen eigenen Arbeitsplatz mit zur Disposition gestellt hat, wird vom Chef Bihler allerdings als persönliches Versagen interpretiert:

> Ich habe jetzt von jedem meiner Mitarbeiter auf der mittleren und höheren Managementebene eine Leistungsanalyse erstellen lassen. Kinley und Finley, Sie haben sich ja mit den Herren unterhalten. Die sind zum Schluß gekommen, daß Sie sich zu sehr auf Ihren Lorbeeren ausruhen, Tschudi. Natürlich haben Sie Leistung erbracht. Selbstverständlich. Aber Lorbeeren gehören auf den Kopf, in die Suppe vielleicht, aber nicht unter den Hintern. Ich muß mich auf den Ersten Dritten von Ihnen trennen. (20)

Das simulierte Entlassungsgespräch ist in jeder Hinsicht hierarchisch strukturiert. Bihler, in der Chefrolle, hat die meisten Redeanteile, während Tschudi, als der Entlassene, kaum einen Satz zu Ende spricht und in seinen Halbsätzen sowohl über seine Erschütterung berichtet wie er auch versucht, seinen Marktwert zu retten: **Einer in meinem Alter hat ein Knowhow, das nicht so leicht […]** (21) – oder: **Wie wollen Sie die laufenden Projekte mit Leuten, die keine Ahnung […]** (21). Hierin äußert sich ein Stück des Selbstverständnisses: Tschudi, der Manager, dessen Rationalisierungsgebaren andere den Arbeitsplatz kostet, ist aufgrund dieser Verhaltensweise von der eigenen Effektivität und – daraus resultierend – von der eigenen Unersetzbarkeit derart überzeugt, dass ihn die Nachricht von seiner Entlassung vollkommen unerwartet trifft.

Aber auch Bihler in seiner Chefrolle äußert sich in entlarvender Weise. Für das höhere Management ist das mittlere Management allenfalls unter Aspekten der Kosten-Nutzen-Struktur relevant. Als Gründe für Tschudis Entlassung bringt er die Standardfloskeln vor, die er teilweise phrasenhaft formuliert. Und hinter jedem dieser Argumente verbirgt sich mehr oder weniger kaschiert die Absicht der Gewinnmaximierung. Entlassen werden müsse, so Bihler, wegen konjunktureller Probleme, verbunden mit Umsatzrückgang (**Es ist vorbei mit den fetten Jahren.** 20); wegen personeller Überbesetzung, verbunden mit zu hohen Personalkosten (**Jetzt sitzen wir mit einem Überhang an Managern da.** 20); wegen der globalisierten Unternehmensstruktur, verbunden mit Kostendruck aus den billiger produzierenden Standorten (**Wir müssen ein *GLOBAL PLAYER* sein, oder die Konkurrenz dreht uns die Luft ab.** 20). Bihler trägt sein Fazit vor, das die Sichtweise des leitenden Managements zusammenfasst: **Die Schweiz ist keine Insel der Seligen mehr. Jetzt bläst auch bei uns ein kalter Wind.** (20) Indem sich Bihler dieser Floskel angesichts einer Entlassungssituation bedient, zeigt er seine emotionale Distanz – und offenbart zugleich ein Persönlichkeitsdefizit, das ihm als Mitglied des höheren Managements nicht nachweisbar sein darf. Denn zu den Profilanforderungen zählt die emotionale Intelligenz. Dass hier jedoch ein Widerspruch zwischen Anforderung und beruflicher Realität vorliegt, hat WIDMER in seiner Züricher Schauspielhaus-Rede dargestellt:

> Es gibt den IQ zwar noch, den Intelligenzquotienten, aber sein junger Bruder, der Emotional Quotient, hat ihm den Rang abgelaufen. Manager und Managerinnen müssen nun nicht mehr nur leistungsfähig, fachlich kompetent, durchsetzungsfähig und belastbar sein, nein, sie müssen auch über eine Emotionalität verfügen, die den Bedürfnissen ihrer Arbeit angemessen ist. Zärtlich aber gnadenlos, Verständnis aber beinhart, so etwa.[78]

Auffällig ist, dass sich Bihler als Chef durchgängig jener luftblasenartigen Sprachbilder bedient, die zum einen zwar sprachliches Gemeingut geworden sind, zum anderen aber auch deshalb vollkommen unkonturiert sind und schon gar nicht zur Begründung einer Entlassung eines konkreten Mitarbeiters nützlich sind. Bemerkenswert ist zudem der wiederholte Gebrauch des Personalpronomens **wir**; erneut wird dadurch ein Rücktreten der Person hinter die Funktion und hinter das Unternehmen sichtbar. Der ›Entlasser‹ delegiert zugleich einen erheblichen Teil der Verantwortung auf ein namenlos bleibendes, anonymes ›Wir‹ und versucht so zwischen dem Ursprung und dem Überbringer der Entlassungsbotschaft zu trennen.

Insofern ist hier nicht vom solidarisierenden, sondern vom strategischen ›Wir‹ zu reden, das genutzt wird, um die eigene Angreifbarkeit bereits im Vorfeld zu eliminieren. Dieses ›Wir‹ soll keine solidarische Beziehung zwischen Sprecher und Hörer aufbauen oder stabilisieren, im Gegenteil, zwischen beiden steht der trennende Schreibtisch. Dieses ›Wir‹ stellt den Sprecher in eine Gemeinschaft mit den Entscheidungsträgern des Unternehmens – und diese Gemeinschaft tritt in ihrer gesamten Autorität auf. Gleichzeitig ist diese Methode aber keine Strategie, sondern ein Taschenspielertrick, mit dem die personalisierte Verantwortung in einem Unternehmen verschoben wird. Auch Angehörige der obersten Managementebenen nutzen dieses strategische ›Wir‹, obwohl es zu ihren Aufgaben zählt, Verantwortung zu übernehmen und dafür auch einzustehen.

Indem Tschudi sich nun mit solchen Phrasen, dargebracht in der Maske des strategischen ›Wir‹, abspeisen lassen muss, wird ihm unabweisbar vor Augen geführt, dass er keinesfalls eine herausgehobene Position bekleidet(e), sondern austauschbar und auf reine Funktionalität reduziert ist. Und genau hier setzt Bihler an um Tschudi den endgültigen Stoß zu versetzen: **Da draußen sind Hunderte von solchen wie Sie einer sind. WHITE-COLLAR-Schrott. Die kriechen auf den Knien in mein Büro, nur um von mir einen Vertrag zu kriegen, für die Hälfte, ohne Sozialabgaben, ohne Alterssicherung.** (22)

Indem er Tschudi deutlichst abwertend als **White-Collar-Schrott** bezeichnet, nimmt er ihm nicht nur den Arbeitsplatz und damit den Lebensmittelpunkt, die Aufgabe, die Quelle des Selbstverständnisses sowie die Basis der materiellen, psychischen und sozialen Existenz; er nimmt ihm zugleich auch die Würde. Deshalb kippt an genau diesem Punkt die Szene, denn Tschudi schreit: **Sie sind ein Monster. Ein Monster sind Sie.** (22) Nach Tschudis Ausbruch fällt Bihler aus der Rolle und verlässt das therapeutische Arrangement des Rollenspiels, indem er aus der Chef- und Entlasserrolle in seine Rolle als entlassener Manager zurückkehrt. Bihler verdeutlicht, dass er sich im Rollenspiel so verhalten hat, wie sein Chef ihm gegenüber aufgetreten war. **So hat der mit mir geredet. Wörtlich so. Fast wörtlich.** (22) Das Nachspielen des als traumatisch erlebten Entlassungsgesprächs versetzt Bihler zunächst vollständig in Gestus, Habitus und Sprache in die Position des leitenden Managements; die sparsame Regieanweisung zu Beginn der Szene (**Chefpose**, 19) reicht aus, seine Haltung zu charakterisieren. Im Rollenspiel gibt er die menschliche Kälte und persönliche Missachtung wieder, die ihm selbst zuteil wurden. Barnett wertet Bihlers Rollenspiel als **powerful tool in the understanding and, more importantly, the experience of other perspectives, alternative ways of behaving** – und sieht in diesem Sinne die Rollenspiele als eine radikalisierte Form des Brecht'schen Lehrstücks an.[79]

Krieg der Manager (2. Szene)
Diese Szene offenbart auch den geringen Ertrag der therapeutischen Maßnahmen, denn ein Rollenspiel soll ja der Bewältigung dienen. Bei Bihler kehrt sich dieses Ansinnen ins Gegenteil um; er ist derart in den Spielregeln seines ehemaligen beruflichen Zusammenhangs gefangen, dass ihm auch das Rollenspiel nicht zu wirklicher Distanz verhelfen kann. Stattdessen wird hier der psychologisch erklärbare Mechanismus der Identifikation mit dem Aggressor wirksam, der dazu dient,

die Wahrnehmung einer Situation, in der man sich einer Bedrohung bzw. Aggression ausgesetzt fühlt, so zu verändern, daß man sich mit dem Angreifer innerlich solidarisiert, seine Vorwürfe gegen die eigene Person als berechtigt erlebt. Arbeitslose übernehmen häufig selbst die gesellschaftlichen Vorurteile gegenüber Arbeitslosen oder identifizieren sich mit der Haltung derer, die sie entlassen haben.[80]

In eben dieser Weise ist das als Rollenspiel getarnte Verhalten wohl eher als selbst entlarvend aufzufassen.

Nachdem Bihler sich in der gespielten Rolle wieder gefangen hat, nimmt er die Argumentationslogik der Entlassung auf und stellt seine Entlassung als persönliche Niederlage dar, die ihren Ursprung darin haben muss, dass sein Vorgesetzter nicht hinreichend von seinem Qualitäten – und das heißt hier: von seinem Killerinstinkt – erfahren habe. Bihler will sich denjenigen Anforderungen stellen, deren mangelhafte Ausprägung zu seiner Entlassung geführt haben. Hierzu entwickelt er eine Gewaltfantasie, mit der er seine Potenziale illustrieren will. **Wer sagt, wenn man mir einen Flammenwerfer gibt, daß ich das nicht kann? Gerade im asiatischen Markt. Die Asiaten, die haben auch keine Hemmungen. […] Draufhalten, einfach draufhalten. Dann rennen die wie die Fackeln.** (23)

Damit zeigt Bihler, wo sein persönlicher Feind sitzt: Zunächst ist es ihm nicht gelungen, seine Vorgesetzten von seiner Leistungsfähigkeit, von seiner Effizienz und von seiner Durchsetzungsfähigkeit hinreichend zu überzeugen. Außerdem ist es ihm nicht gelungen, sich in der globalisierten Ökonomie den rüder werdenden Spielregeln anzupassen; schließlich ist es ihm nicht gelungen, mehrere andere zu vernichten, um sich so selbst zu platzieren. Er macht sich in jeder denkbaren Hinsicht selbst verantwortlich für sein berufliches Scheitern. Er unternimmt nicht einmal den Versuch, die Spielregeln, das System, die menschenverachtende Logik oder die Haltung seiner Vorgesetzten als mögliche Ursachen für seine Entlassung zu befragen. Wenn Bihler in diesem therapeutischen Rollenspiel etwas gelernt hat, dann dieses: Für den Fall seiner Wiedervermittlung wird er noch härter, noch entschlossener und ohne jede ›Beißhemmung‹ agieren.

Daher versteht er Tschudis Ausbruch aus der Rolle als hohes Kompliment; er will das Monster sein oder werden, das Tschudi in ihm als Chef gesehen hat. Diese Titulierung ist keine Beschimpfung, sie ist Auszeichnung für Bihler. **Ja. Bin ich. Der Markt braucht heute Monster. Monster. Monster […]** (24). Das Lamm als Monster – Bihler hat Strategien nicht entwickelt um mit der erlittenen Schmach umzugehen, sondern er hat im Rollenspiel gelernt, seine Härte und Kälte in der ökonomisch begründeten Interaktion zu maximieren. Für eine Therapie ist dies ein kontraproduktives Ziel, aber für ein Outplacement-Center, das seine Erträge steigert, wenn möglichst viele Klienten erfolgreich wiedereingegliedert werden können, ist dies ein erwünschter Effekt. Damit wird zwar die therapeutische Methode pervertiert, aber was zählt, ist ja ohnehin nur das Ergebnis – nicht das gewählte Mittel. In diesem Sinn hat Bihler seine Lektion gelernt und ist auf dem Weg zurück auf den Markt einen großen Schritt weitergekommen.

Ausgehend von Bihlers Gewaltfantasie entwickelt sich ein weiterer zentraler Aspekt in dieser 2. Szene zum Selbstverständnis der Manager: es ist der durchgehend genutzte und gestaltete Vergleich zwischen Geschäft und Krieg. Dieser Vergleich wird von Bihler in der Chefrolle eingeführt als vorläufiger Abschluss einer ganzen Reihe von Formeln und Floskeln, die ansonsten im Wesentlichen auf die Geografie und die Meteorologie zurückgreifen (z. B. **Insel, kalter Wind bläst, Luft abdrehen, neues Klima**, 20). Dabei wird die Floskel vom **neuen Klima** (20) erweitert und erhält eine Wendung zur Lebensbedrohlichkeit, denn das Neue an diesem Klima liegt in seiner zunehmenden Härte und (Über-)Lebensfeindlichkeit ([…] **das ja schon weit härtere Burschen schier umbringt. Jüngere. 20 f.**). Hier lässt sich ein sozialdarwinistischer Zug im Denken des Managers ausmachen: Nur diejenigen haben auf dem Markt eine Chance zum Überleben, die der Härte seiner Spielregeln gewachsen sind. Damit ist vor allem die Generation der Jüngeren, der Nachwachsenden gemeint, die bereit sind, sich dieser Härte zu stellen. Aber dazu müssen sie die Älteren zunächst verdrängen. Und dieser Verdrängungskampf, der nicht nur eine Folge der Globalisierung und der Konjunkturentwicklung, sondern auch eine Folge des Generationskonfliktes ist, trägt die Züge eines Krieges.

Damit wird die Kriegsmetapher zur umfassendsten Metapher zur Kennzeichnung der ökonomischen Gegebenheiten am Ausgang des 20. Jahrhunderts, als *Top Dogs* uraufgeführt wurde. Nachdem der Krieg der Ideologien und der Wirtschaftsordnungen mit dem Zusammenbruch der sozialistischen Planwirtschaften zu Gunsten des Kapitalismus entschieden worden war, trat an diese Stelle ein Krieg zwischen Staaten, die nur noch Standorte sind, zwischen Unternehmen, die nur noch Profitmaximierer mit Blick auf den Shareholdervalue sind, zwischen Managern, die nur noch austauschbare Bilanzauswerter und Handlanger fortschreitender Rationalisierung sind – und der bis heute anhält. Wie sehr das Management dieses Kriegsdenken internalisiert hat, zeigt Bihler, der sich erstmals im Entlassungsgespräch nicht hinter dem strategischen ›Wir‹ versteckt, sondern ganz klar **ich** (21) sagt und dies auch genau so meint: **Im Krieg brauche ich andere Männer als im Frieden. Heute brauche ich Generäle, die als allererste in den Dschungel gehen.** (21) Und ein Vorbild ist ebenfalls schnell ausgemacht: **Churchill war im Frieden eine Niete. Aber im Krieg war er ein As. Heute sind wieder die Churchills gefragt.** (21) An dieser Stelle schließt die Argumentation.

Ein General, ein Churchill zu sein, ist von der Existenz und der Nutzung individueller Voraussetzungen abhängig. Nur wer den richtigen Instinkt mitbringt, wer schnell und effektiv entscheiden kann und damit Führungsqualität unter Beweis stellt, hat in den Managementetagen eine Überlebens- und damit eine Daseinsberechtigung. Entsprechend müssen sich die Entlassenen als ›Mängelwesen‹ kennzeichnen lassen. Sie bringen aufgrund ihrer defizitären Persönlichkeitsstruktur nicht die Fähigkeiten, Qualitäten und Qualifikationen mit, derer sich ihr Arbeitgeber Erfolg versprechend bedienen kann. Und entsprechend ist die eingetretene Arbeitslosigkeit dann eine Folge der persönlichen Fehleignung. Sämtliche Managerfiguren in TOP DOGS haben diese grundsätzliche Denkfigur verinnerlicht. Dieses Moment der Verinnerlichung der ökonomischen Strukturen, das letztlich im Wunsch aller Figuren gespiegelt ist, schnell wieder einen Posten und damit Position, Rolle und Status zurückzubekommen, beschreibt WIDMER als irrationales Moment.

> Immer, auch wenn längst alle Alarmglocken schrillen, findet sich noch einer, der sich, aufheulend vor Gier, doch noch ins Getümmel wirft. Und dadurch auch den letzten Rest von Rationalität über den Haufen rennt. Der Markt verhält sich irrational, weil die Menschen, die in ihm handeln, sich irrational verhalten. Sie können gar nicht anders handeln.[81]

Im Krieg überleben nur die Besten; entlassen zu werden bedeutet demnach, nicht zu den Besten zu zählen, dies bedeutet zudem eine persönliche Kränkung, die sich auch in sozialer Hinsicht auswirkt, weil sie nach außen hin als sichtbares Stigma die persönliche Niederlage signalisiert. Im Sinne dieses Mechanismus gesteht Tschudi bei der Gruppentherapie ein, seine Entlassung vor seiner Frau und vor seiner Familie verborgen und auch dem sozialen Umfeld gegenüber verheimlicht zu haben, indem er jeden Tag das Haus verlassen habe und statt ins Büro nun ganztägig ins Kino gegangen sei (44). Ebenso wie Krieg ein Gewaltszenario darstellt, nehmen die Entlassenen ihre Entlassung als einen Akt der Gewalt wahr.

Gewalt hat aber noch eine andere Seite: Der Erleidung steht die Ausübung von Gewalt gegenüber. Und auch hier offenbart die 2. Szene, wie im Denken des Managements Gewalt definiert ist. Gewalt tritt nämlich nicht innerbetrieblich auf. Damit fallen Rationalisierung und massenhafter Abbau von Arbeitsplätzen ebenso wenig unter den Gewaltbegriff wie die menschenverachtenden Züge im Umgang miteinander – die Simulation des Entlassungsgesprächs liefert Zeugnis hiervon. Gewalt – das sind die anderen; und zwar die anderen Akteure im Feld der Wirtschaft. Der Entlassene (Tschudi) nimmt zwar seinen Vorgesetzten (Bihler) als Gewaltausübenden wahr und fühlt sich als Opfer jüngerer, Karriere orientierter Nachfolger, die seinen Platz einnehmen wollen (21), aber der Entlasser sieht das Gewaltpotenzial an anderer Stelle. Die Konkurrenz auf den globalisierten Märkten ist für die Eskalation der Gewalt verantwortlich. Und ebenso wie jeder Manager um sein Überleben kämpfen muss, so müssen auch ganze Unternehmen ihre Marktpositionen erkämpfen und kämpfend erhalten. **Sie müssen mit dem Flammenwerfer in die Konkurrenz rein und die ausräuchern. Sonst sind SIE dran.** (21) An diesem Punkt sind sich Entlassener und Entlassender einig; im Text wird diese Übereinstimmung mit Hilfe des Rollenspiels sogar von einer Figur ausgesprochen. Bihler, der Chef, gibt das Feindbild und die Strategie vor. Der asiatische Markt ist die lebensbedrohende Konkurrenz, die Gewalt aufdrängt und die nur mit Gewalt (**Flammenwerfer**) zurückgedrängt werden kann. Bihler, der Entlassene, übernimmt diese Argumentationsstrategie nach seinem Zusammenbruch und nach der Rückkehr in die Rolle des Entlassenden:

> **Eine flache und transparente Führungsstruktur, schnelle Entscheidungsprozesse, und dann ein paar junge Spunde, die mit den Flammenwerfern. Die bearbeiten jetzt den asiatischen Raum. Rein in den Markt und ausräuchern. Manche kommen da natürlich im Leichensack zurück, eine Handvoll Kohle.** (22)

Das gesamte Management, gleich ob mittlere oder höhere Ebene, scheint sich auf diese Denkweise verständigt zu haben. Und eben weil dieses Denken in konkretes Handeln mündet, ist die Kriegsmetaphorik nicht nur rhetorische Figur, sondern Realität. Dies legt WIDMER auch in seiner Rede *DAS GELD, DIE ARBEIT, DIE ANGST, DAS GLÜCK* dar:

> **Militärisches Denken ist in der Neuen Ökonomie allgegenwärtig. Größere Firmen verfügen über Divisionen, und ihre Mitarbeiter arbeiten an der Front. Manager sind so etwas wie Söldner geworden, Troubleshooter, verdingen sich für möglichst viel Geld da, dann dort, und bleiben selten mehr als fünf Jahre.**[82]

Das archetypische Moment des Krieges eines jeden gegenüber jedem, das im Hobbes'schen **Der Mensch ist dem Menschen ein Wolf** seine Entsprechung findet, gilt demnach in der modernen Ökonomie ungebrochen. Das Element des Kriegerischen und der Gewalt als treibender Motor wirtschaftlichen Geschehens manifestiert sich dabei sowohl auf der Makroebene (Unternehmen ziehen gegen Unternehmen zu Felde) wie auf der Mikroebene (Positionskämpfe innerhalb eines Unternehmens). In seinen sämtlichen Rollen reproduziert Bihler daher dieselbe stereotype Fixierung auf den Markt als Ursprung der Gewalt. Der mehrfach angesprochene Flammenwerfer ist dabei das Instrument der Erfolgreichen, das den Kugelschreiber als Instrument der Berechnung und den Telefonhörer als Instrument der Kommunikation ersetzt. Mit dem Flammenwerfer, der – zynisch gesprochen – Fakten schafft, operieren die Generäle auf dem Feld des internationalen Marktes. Und die kürzeste Zusammenfassung dieses Zusammenhangs sprechen wiederum beide Bihlers aus. Bihler in der Chefrolle: **Business, das ist Krieg. Blut und Tränen. So ist das.** (22) Bihler in der Rolle des Entlassenen: **Der Markt, das ist ein Schlachtfeld. Der Handel ist Krieg. Blut und Tränen.** (22) WIDMER verweist mit diesem Zitat übrigens auf die berühmte Blut-, Schweiß- und Tränenrede von Churchill, die dieser im Mai 1940 als Premierminister im britischen Unterhaus gehalten hat.

Die Weiterführung der Kriegsmetaphorik erfolgt in *TOP DOGS* unmittelbar anschließend in der 3. Szene, der ›Schlacht der Wörter‹.

3.5.2 *Rollensegment Klient (1. Szene/4. Szene/6. Szene)*

Arbeitslosigkeit: Phasen der Wahrnehmung (1. Szene/4. Szene)
So wie es offenkundig innerbetriebliche Solidarität bzw. ein stillschweigendes Übereinkommen darüber gibt, dass der Markt als Schlachtfeld zu gelten und dort nur der Stärkere Überlebenschancen hat, so gibt es zwischen den Klienten im Outplacement-Center auch eine gewisse Solidarität, die sich aus der gemeinsamen Lebenslage ableiten lässt. Diese ist ausgerichtet an den ehemaligen Vorgesetzten, wie Tschudi im Anschluss an das Rollenspiel im Gespräch mit Bihler äußert: **Die sind wie die Säue. Da haben Sie ganz recht. So was wie ne Ethik, eine Moral, das war einmal. Die scheuen vor nichts zurück.** (23) Tschudi unternimmt hier mehrfache Abgrenzungen. Zunächst separiert er die heutige Zeit von einem Damals; in leicht romantisiert-verklärendem Rückblick stellt er das vormalige Wirtschaftsgeschehen als ein moralisches dar. Allerdings dürfte hier der Wunsch stärker als die Realität sein, denn schon in einer vorglobalisierten Zeit waren Unternehmen auf Marktanteile und Ertragskurven ausgerichtet. Und selbst in einer Zeit des beginnenden Unternehmertums, also in einer Zeit lange vor Tschudi, gab es zwar Unternehmerpersönlichkeiten, die durchaus die unternehmensförderlichen Auswirkungen von sozialen Einrichtungen zu nutzen wussten, aber ob daraus eine idealtypische Ergänzbarkeit von Moral und Ethik einerseits und Wirtschaft andererseits (re-)konstruiert werden darf, ist fraglich. Tschudi bleibt ja auch bei der nicht weiter kommentierten Aussage, die den Floskeln des Chef-Bihlers ganz ähnlich ist.

Die zweite Abgrenzung scheint gewichtiger: Tschudi grenzt sich und Bihler von den noch ins Marktgeschehen involvierten Managern ab, die unter dem Personalpronomen **Die** (23) eingestellt werden. Die ›Demarkationslinie‹, von der angesichts der Kriegsmetaphorik gesprochen werden darf, verläuft zwischen denen, die mit den erforderlichen Kriegerqualitäten ausgestattet sind und die in Folge dessen noch Teil des Markt-Krieges sind, und den Gefallenen. Letztere finden sich unvermittelt als Klienten im Outplacement-Center wieder.

Im Drama werden auf einer Oberflächenebene die verschiedenen Stufen gezeigt, die die Klienten durchlaufen. Diese Stufen werden nicht anhand einer Figur als geschlossener Prozess vorgeführt, sondern laufen zeitgleich und an unterschiedlichen Figuren exemplifiziert ab. Die Darstellung der zeitgleichen, aber unterschiedlich weit fortgeschrittenen Stadien wird dadurch plausibel, dass die entlassenen Manager keine statische Klienten-Gruppe bilden, sondern eine flüchtige Gruppe, der einerseits neue Mitglieder (Deér) zuwachsen und andererseits Mitglieder entwachsen (Jenkins). Zudem ermöglicht diese Darstellungsperspektive eine Inszenierung, die in relativ abgeschlossener Handlungszeit Einblicke in unterschiedliche psychische Befindlichkeiten ermöglicht, die wiederum von der Dauer des Aufenthalts im Outplacement-Center abhängen.

Die erste Phase des Daseins als Klient ist von erheblichen Anpassungsproblemen an diese neue Rolle gekennzeichnet. Die Figur Deér ermöglicht in der 1. Szene einen Einblick in diese Phase, die aus Sicht des Outplacement-Centers dem Kennenlernen und der Annäherung als Vorbereitung zur Eingliederung in die Gruppe dienen soll. Deér tritt bei seinem Erstkontakt in einer Weise auf, die seine verschobene Selbstwahrnehmung spiegelt. Er ist zwar entlassen worden, hat dies aber nicht realisiert und nimmt daher das Kontaktgespräch mit Wrage aus dieser, der Realität noch nicht angepassten Perspektive wahr. **Entlassen? – Hören Sie. Das hätte man mir gesagt. […] Wer? Wann? […] Aber das gibt es doch nicht, daß einer das nicht hört. Daß er entlassen worden ist.** (14) Insofern sind die kommunikativen Voraussetzungen dieser ersten Phase unterschiedlich: Während Wrage als Beraterin genau dieses Verhaltensmuster als typisches Muster kennt und zunächst professionell darauf reagiert, nimmt Deér eine Art Abwehrhaltung ein, mit der er eine Auseinandersetzung mit seiner Arbeitslosigkeit vermeiden will. So flüchtet er sich in lange Ausführungen über seinen ehemaligen Arbeitgeber und über seine Funktion im Unternehmen, obwohl Wrage ihn gerade unmissverständlich über den Zweck seines Aufenthalts im NCC-Büro aufgeklärt hat (14 ff.). Untrennbar verbunden mit der Verdrängung der eigenen Situation ist in der ersten Phase seine massive Abgrenzung von denen, die als arbeitslos identifiziert worden sind. Wiederholt reagiert Deér mit heftigem Abgrenzungswillen von der Gruppe und unterstreicht dies geradezu verbal stigmatisierend, indem er wiederholt die Gruppe als **Die da** (10, 11) anspricht und sich material, mental wie verbal von ihnen abgrenzt. Gleichsam als letzter Versuch, eine Distanz zwischen sich und den anderen arbeitslosen Top Dogs aufrecht zu erhalten, kommentiert Deér, sich eines vertraulichen Tonfalls bedienend (12), die Zukunftsaussichten der anderen aus seiner Sicht: **Denen da geb ich keine Chance. Zu alt, zu unbeweglich, zu teuer.** (12) Mit dieser Dreifachqualifizierung versucht er sich zu unterscheiden und zugleich seine Vorzüge darzustellen.

Deér personifiziert im Drama *Top Dogs* die erste Phase der Reaktionen auf die plötzlich eingetretene Arbeitslosigkeit, die durch Abwehrhaltung, Ausweichen vor der veränderten Realität, Festhalten am vorherigen Status sowie durch polarisierende Abgrenzung von anderen Mitbetroffenen gekennzeichnet ist. In dieser ersten Phase wird die Integration des Neuen in die Klientengruppe angebahnt, aber Deér zeigt deutliche Sperren gegenüber einer solchen Vereinnahmung. Insofern begegnen Gruppe wie Therapeutin dem Neuklienten zunächst dadurch, ihn mit seiner neuen Lebenssituation zu konfrontieren und so den sukzessiven Prozess der Selbstthematisierung zu eröffnen. In diesem Sinn gelingt das Gespräch mit Wrage, denn zum Schluss ist Deér abwesend, schweigt und registriert Wrages Ansprache nicht mehr. Deér ist nach langer Abwehr in der Realität angekommen und reagiert mit Rückzug ins Innere und kommunikativer Verweigerung (18 f.).

Die zweite Phase besteht im Wesentlichen aus unterschiedlichen Reaktions- und Verarbeitungsstrategien der Entlassenen auf ihre aktuelle Lebenssituation. In dieser Phase setzten unterschiedlich zugeschnittene und therapeutisch angelegte Kommunikationssituationen ein. Je nach Dauer der Anwesenheit und der therapeutischen Auseinandersetzung zeigen die Figuren in dieser Phase ein differentes Verhalten. Bihler etwa stellt einen Typus vor, der sich zunächst in seinen Chef, der ihn entlassen hat, hinein versetzt und dessen Auftritt nachspielt. Die Bewältigung der hierbei erlittenen Schmach kompensiert er durch perfekte Imitation, bis er unter dieser Rolle zusammenbricht und in weinerliches Selbstmitleid verfällt (22). Bihler schwankt noch erheblich bei seinen Verarbeitungsstrategien, denn nur kurze Zeit später flüchtet er sich in Gewaltfantasien, die ihm helfen sollen, seine Demütigung zu verarbeiten und ein gestärktes Selbstbild zu repräsentieren. Insofern pendelt er sein Verhalten zwischen selbstmitleidigem Jammern, Rollenübernahmen und eskapistischen Fantasien aus. Dieses Pendeln deutet an, dass er noch am Anfang der Auseinandersetzung und der notwendig gewordenen Selbst- und Neufindung steht. Tschudi hingegen geht in der 2. Szene bereits abgeklärter mit dem Rollenspiel um und ist bedeutend routinierter in der Lage, mit Bihlers Schwankungen umzugehen, ohne dabei selbst tangiert zu sein.

Die umfangreichsten und detailliertesten Einblicke in die zweite Phase der Klientenrolle beinhaltet die 4. Szene, in der fünf Klienten monologisch und reflektierend den anderen über ihre Reaktionen auf die Entlassung berichten. In dieser auf Gespräch und Gruppenanwesenheit aufbauenden Therapieform erzählen Müller, Wrage, Neuenschwander, Tschudi und Krause von ihren Reaktionen auf ihre jeweilige Entlassung. Durchgängig präsentieren sie sich dabei als dynamische Persönlichkeiten, die ihre jeweilige Entlassung weniger als schockhaften Lebenseinschnitt, sondern als Befreiung erfahren haben und die allenfalls auf einer sachlichen, aber nicht auf einer persönlichen Ebene von ihrer Entlassung tangiert worden sind. Mit Ausnahme von Krause zeigen die vier Klienten in außerberuflichen Lebenssegmenten (Urlaub, Familie oder Status- bzw. Luxussymbole) Alternativen zu ihrer Selbstdefinition auf. Alle werten die Entlassung als Einschnitt, negieren aber dessen Existenz und Bedrohlichkeit. Insofern erweisen sich die Klienten als noch in ihrer Berufsrolle gefangen, da sie als Manager auch nicht die persönliche Ebene in berufliche Kontexte implantiert haben. Krause hingegen scheint therapeutisch einen Schritt weiter zu sein. Er spielt den anderen nicht mehr die Rolle der gefestigten Persönlichkeit vor, sondern gibt offen und unumwunden zu, bis ins Mark getroffen worden zu sein.

> Ich hätte das nie gedacht, nie hätte ich das für möglich gehalten, eine Entlassung, was ist das denn schon? Du bist entlassen, na schön, Hunderttausende sind entlassen, das ist ja keine Schande. Du stehst auf der Straße, auf der stehen Millionen. Da fällst du weiter nicht auf. Dafür ist sie da, die Straße, irgendwo müssen die Entlassenen ja stehen. *Kämpft mit den Tränen.* [...] Hätt ich nie gedacht, daß ich so aus dem Leim gehe. (35)

Krause personifiziert insofern den Wendepunkt in der individuell durchlaufenen Klientenrolle, als dass er mit dem Selbstbetrug aufhört und sich in größtmöglicher realistischer Annäherung an seine tatsächliche Lebenslage befindet. Insoweit wird hier die Entfernung von den beruflichen Kontext als der **soziale Tod**[83] exemplifiziert. Krause spielt weder sich noch anderen eine Rolle vor, die eben nur Schauspiel wäre; er berichtet von den emotionalen Folgen seiner Entlassung, von selbstzerstörerischen Tendenzen, von Tränen, vom Zerfall seiner Familie bis hin zu suizidalen Gedanken (35 ff.). Im Prozess der Selbstthematisierung ist dies ein doppelter Wendepunkt. Zum einem öffnet Krause für seine Mitklienten den Weg, ebenfalls ihre gespielte Beherrschung aufzugeben; in der Folge ›beichten‹ auch Müller, Wrage, Neuenschwander und Tschudi ihre Verletzungen, Demütigungen sowie die psychischen und sozialen Folgen ihrer Arbeitslosigkeit. – Dies geschieht allerdings erst, nachdem als Wiederaufnahme der Kriegsmetaphorik alle Beteiligten, Klienten wie Therapeutin eine »Manöverkritik« (41) abgehalten haben, geradeso, als ob die vorherigen Bekenntnisse nur den Status des Manövers, also der Übung gehabt hätten. Zum anderen markiert Krauses Offenheit auch einen Wendepunkt seiner eigenen Bewältigung: Von Jenkins (in der Therapeutenrolle) zum Rollenwechsel aufgefordert, spielt Krause seinen Chef, der ihn – nun von Bihler gespielt – entlässt. Und nur wenige Augenblicke nach dem Moment der maximalen Selbstehrlichkeit geht Krause durch den Rollenwechsel zu einer arroganten, eiskalten Denk- und Handlungsweise über, mit der er den zu Entlassenden fortlaufend erniedrigt und demütigt.

> Ich kann Sie nicht ausstehen, Heinrich. Krause. Wie Sie dastehen mit Ihrem saublöden Babyface, tun so, als seien Sie ein Adler, Krause, dabei ist Ihre Nase ein einsames Erbstück von Ihrem Vater. DER war ein Adler, dem können Sie nie das Wasser reichen. Sie sind ein Kuckuck allenfalls, eine Ente sind Sie, ein Sittich. Ein Workaholic der dritten Art. Pathologisch. Die anderen Herren der Geschäftsleitung sehen rot, wenn Sie Ihren Namen nur schon hören. Haben Sie eigentlich keine Frau? […] Man könnte sich umbringen Ihretwegen. […] Sie sind ein Arschloch. Sie sind ein unerträgliches Arschloch, Krause. Schauen Sie mal in den Spiegel. Wenn ich Ihre Frau wäre, würde ich Ihnen noch gestern davonlaufen. Sie sind entlassen! (39–41)

Der Klient in der Rolle seines Feindes: Krause legt hier einen deutlichen Einblick in die Seelenlage beider frei. Als Gedemütigter weiß er bestens, welche Demütigungen besonders wirkungsvoll und erniedrigend sind. Dieses Erfahrungswissen wendet er in der Rolle als Vorgesetzter an und zieht nach und nach alle Register der Erniedrigung: Er vergleicht den Untergebenen mit dessen Vater und lässt den Vergleich zugunsten des Letzteren ausfallen; er diffamiert seine Körpermerkmale; er wirft dem Manager seine Arbeitsbesessenheit vor – ein besonders perfider Tiefschlag, denn wäre der Untergebene nicht vollends leistungsbereit, wäre er längst gefeuert; schließlich wirft er ihm sexuelles Versagen (40) vor und kränkt ihn auch in diesem intimen Bereich. Die Kränkungen beziehen sich auf die Rolle als Sohn, als Mitarbeiter, als Kollege und als Ehemann bzw. Liebhaber. Damit lässt der Vorgesetzte keine Gelegenheit aus, den Untergebenen zu diskreditieren.

Die bodenlose Dramatik, die sich in der Reihe von Kränkungen ausdrückt, wird aber perfiderweise von Krause selbst wieder außer Kraft gesetzt und zurück auf die Ebene des reinen Rollenspiels transferiert, indem er abschließend, fast unschuldig anmutend fragt: **Geht das so?** (41). Diese nur als rhetorische Frage zu qualifizierende Bemerkung – schließlich hat Krause als Entlassener eine vergleichbare Situation hinter sich gebracht und wiederholt hier eher Erfahrungen als dass er eine Situation frei und fiktiv gestaltet – wirft ihn oberflächlich in die Klientenrolle zurück. Tatsächlich aber zeigt diese Frage, dass auch Krause als der Fortgeschrittenste unter den Mitklienten sich noch lange nicht freigeschwommen hat von den Attitüden des Managements wie von den erlittenen Kränkungen. Beide dominieren die Figur, ihr Denken und Handeln und verhindern so eine wahrhaftige Aufarbeitung.

Entsprechend düster ist die Therapieprognose. Denn in der Manöverkritik im Anschluss an Krauses Vorspiel reden – besser: schwätzen – zwar die anderen fleißig mit, übernehmen dabei aber den formelhaften, an der Phrase orientierten Sprachstil, den sie in gleicher Weise mit anderen Worten als berufstypische Managersprache gepflegt haben: **Gerade die Fragen der privaten Emotionalität müßten in diesem Rahmen ja nicht so präzise angesprochen werden.** (42) Wrage demonstriert hier, dass sie nicht im Geringsten begriffen hat, warum sie sich in einer Gesprächstherapie befindet, die ja gerade das Ziel hat, verborgene Emotionen zu Tage zu fördern. Auch Neuenschwander erweist sich als Gefangener der Managerrolle: **Gibt es da Erfahrungswerte, wie lange man so Rollenspiele mitmachen muß?** [...] **Ich meine, bis da ein Resultat herauskommt?** [...] **Wie weit bringt das was, dieses Im-Kreis-Hocken hier, da muß doch was rauskommen dabei, messbar.** (42)

Der Rückfall zweier Figuren in das vortherapeutische Verhaltens- und Denkmuster zeigt, dass die zweite Phase, in der sich die Figuren befinden, nur vordergründig erfolgsorientiert ist. Zwar sind sie in der Lage, ihrer alten Profession folgend, maximale Flexibilität an den Tag zu legen, aber zu wirklichen Veränderungen sind sie nicht fähig. Das ist auch insofern nicht verwunderlich, weil schließlich das Outplacement-Center bei aller therapeutischer Ausrichtung ein anderes Ziel verfolgt: Die entlassenen Manager sollen wieder in den Markt vermittelt werden; davon hängt die monetäre Erfolgsbilanz und damit der Markterfolg der Einrichtung ab. Und entsprechend soll, kann und darf den Managern der Spiegel auch ein kleines Stück weit vors Gesicht gehalten werden. Anderenfalls wären sie kaum mehr vermittelbar, wenn ihnen alle notwendigen Berufskompetenzen wie Flexibilität, Entscheidungswille, Biss und Härte und dergleichen abhanden kämen. Insoweit ist die zweite Phase, egal ob in der zur Schau gestellten Professionalität oder in der später eingestandenen depressiven Reaktion auf die Entlassungen, hauptsächlich als Fortsetzung der eingefahrenen Strukturen angelegt. Der Klient ist der Manager und der Manager ist der Klient und allen therapeutischen Ansätzen zum Trotz oder gerade mit Hilfe ihres wohlkalkulierten Einsatzes soll zwischen beiden Rollen keine allzu große Diskrepanz aufbrechen.

Auch die dritte Phase, in der die Klienten ihre Träume formulieren oder Märchenvariationen erzählen, dient nur vordergründig der Aufarbeitungshilfe. Spätestens hier wird erkennbar, dass die im Stück exemplifizierten Phasen – wie im vorangegangenen Stadium bereits angelegt – eben nicht zur Bewältigung einer als problemhaft empfundenen Lebenslage beitragen, sondern diese Zielsetzung eben nur oberflächlich verfolgen. Tatsächlich werden bei den Klienten zunehmend Verhaltensmuster abgerufen, die dem eigentlichen Ziel des Outplacement-Center entsprechen. Denn diese Einrichtung ist nicht primär therapeutisch, sondern ein marktorientiertes, erfolgsabhängiges Unternehmen, das sein Dienstleistungsziel darin sieht, entlassene Manager wieder in den Beruf zurück zu vermitteln. Dies kann aber nur gelingen, wenn die Klienten die hierzu erforderlichen Persönlichkeitsmerkmale und Eigenschaften mitbringen – und das heißt: trotz aktueller Arbeitslosigkeit beibehalten und mindestens unterschwellig trainieren. Sie müssen flexibel und leistungsorientiert bleiben, sie müssen für den Wirtschafts-Krieg gerüstet, munitioniert und strategisch beschlagen bleiben, sonst haben sie keinen Marktwert mehr und das Outplacement-Center stünde vor einer negativen Leistungsbilanz, die vom Markt unmittelbar abgestraft würde. Insofern dienen die pseudo-therapeutischen Arrangements ebenso wie die Rollenwechsel und Rollenspiele letztlich einzig dem Ziel, wachsam und flexibel zu bleiben.

Simulation der Therapie statt Therapie (4. Szene/6. Szene)
Um dieses Ziel anzupeilen, werden die Klienten in quasi-therapeutische Kontexte eingebunden. Diese sind strukturell am Modell der Zukunftswerkstatt ausgerichtet, einer Methode, die der Zukunftsforscher Robert Jungk in den 1970er-Jahren entwickelt hat, um mit Gruppen konkrete Aspekte der Zukunft gestaltend anzugehen. Die Methode der Zukunftswerkstatt ist inzwischen im Übrigen nicht nur fester Bestandteil der schulischen wie außerschulischen Didaktik der politischen Bildung, sondern wird seit den 1980er-Jahren auch zunehmend von Unternehmen genutzt, um Zukunftsszenarien und hieraus folgend Unternehmensstrategien zu entwickeln. Insofern, so darf vermutet werden, wird den Top Dogs die Anlage einer Zukunftswerkstatt nicht unvertraut sein.

Die Zukunftswerkstatt geht immer von zwei Fragestellungen aus: Wie kann eine bessere Zukunft konkret aussehen? – Mit welchen Maßnahmen oder Wegen ist dies zu erreichen? Um diese Fragen zu beantworten ist eine Zukunftswerkstatt im Jungk'schen Sinne in eine Kritik- und Beschwerdephase (Kritik des Ist-Zustandes), eine Fantasie- und Utopiephase (Entwicklung positiver Gegenentwürfe), eine Realisierungs- und Praxisphase (Was von den Gegenentwürfen ist unter welchen Bedingungen mit welchen Mitteln erreichbar?) gegliedert.

Die Utopien und Märchen der entlassenen Top Dogs sind die Momente im Stück, die verdeutlichen, dass die vorausgegangenen Phasen wohl eher eine Inszenierung waren, die nicht zuletzt durch das Outplacement-Center intendiert wurde. Die Manager nutzen bestimmte therapeutische Versatzstücke und zudem auch den Orientierungsrahmen der Zukunftswerkstatt, doch sie nutzen beides nicht, um tatsächlich ihre Rollen zu klären und mithin ihre Persönlichkeiten zu vereindeutigen, sondern begreifen die Abläufe als Mittel zum Zweck der Fortsetzung ihrer alten Gepflogenheiten, Handlungs- und Denkweisen nach dem Wegbrechen der alten Inhalte. Dass dies durchaus einen zynischen Beigeschmack hat, wird deutlich, wenn man sich Robert Jungks Aussage zur Zielsetzung einer Zukunftswerkstatt vergegenwärtigt:

> Wollen wir menschlichere, lebendigere, produktivere Lebensumstände schaffen – und dies ist die große Aufgabe für die kommenden Jahrzehnte – dann ist das Erfinden, Durchdenken und experimentelle Durchspielen möglicher, wünschbarer, humaner Zukünfte von erstrangiger Bedeutung. Wir sollten Werkstätten und Probebühnen schaffen, in denen die ›Welt von morgen‹ in ersten Strichen skizziert, kritisiert, in verbesserter Form modelliert, abermals diskutiert und derart auf vielfache Weise dargestellt werden könnte. Ohne Furcht vor Interessenverbindungen, ohne Bindung an Routine und falsche Vorsichten, ohne jede ›Vernünftigkeit‹, die sich stets am schon Gewussten, schon Gekonnten ängstlich orientiert und so zur Unvernunft wird.[84]

All das, was Robert Jungk hier zu Beginn der 1970er-Jahre als positive Utopie mit dem Anspruch einer explizit sozial orientierten Lösungsmethode für gesellschaftliche Probleme und Schieflagen formuliert hat, ist gut 25 Jahre später von einer Realität eingeholt, die kaum noch Platz für die utopische Sprengkraft der Jungk'schen Gedanken bietet. Im Gegenteil: Die Aufgabe, die Jungk anspricht, das Gestalten von menschlicheren und lebendigeren Lebens- und damit auch Arbeitsumständen nämlich, ist angesichts der Zustände in globalisierten Unternehmen – ganz gleich auf welcher Ebene – gemessen an der Wirklichkeit, gründlich gescheitert. Und dem Einzelnen hilft da auch keine Therapie im Stil des Outplacement-Centers mehr. Die Utopien der entlassenen Manager sind Texte, denen zwar eine Entsprechung in den verborgenen, verdeckten Wünschen zur Seite steht, aber *in real live* bleiben die Texte nur Texte.

Die Elemente der Zukunftswerkstatt als Form der (eigenen) Zukunftsplanung ist in einem Outplacement-Center eine subtile, aber effektive Form des Personaltrainings. Durch die Variationen der einzelnen Phasen müssen sich die Klienten wechselnden Fragestellungen anpassen; durch die wiederholten Rollenwechsel und Rollenspiele müssen sie sich wiederholt auf Perspektivenübernahmen vorbereiten und diese dann auch durchführen. Insoweit ist die Klientenrolle eben auch nur eine Rolle, die Klienten sind und bleiben, was sie waren: Manager, nur vorübergehend ohne Anstellung. Und eine solche wiederzuerlangen, ist Aufgabe und Honorargegenstand der Outplacement-Agentur.

Das Ziel des Outplacement-Centers ist eindeutig und unabweisbar, dass jeder Klient die vierte Phase (»Abschied« 84) erreicht und nicht als geheilt, sondern als vermittelt entlassen werden kann. Und die vierte Phase einer

Zukunftswerkstatt ist darin zu sehen, die erkannten und als realisierbar eingeschätzten utopischen Potenziale mit Hilfe geeigneter Kooperationspartner und gesellschaftlicher Bündnisse zu realisieren. Im Outplacement-Center dagegen heißt dies schlicht Wiedereingliederung in eine als zwar verbesserungsfähig erkannte, aber verbesserungsresistente berufliche Umwelt. Somit entpuppt sich in der vierten Phase die Sinnhaftigkeit der vorausgegangenen Phasen; erst vom Ergebnis her lassen sich die Schritte dorthin in der Eindeutigkeit ihrer Zielorientierung erschließen. In Wrages Worten:

> Entscheidend für unsere erfolgreiche Arbeit ist, daß diese immer und in jedem Fall vom ehemaligen Arbeitgeber finanziert wird. Dabei berechnen wir ganz bewußt eine Pauschale und nicht etwa ein Honorar, das sich nach der Vermittlungsdauer richtet. Denn so haben auch WIR ein vitales Interesse daran, unsere Klienten schnell zu plazieren. Und optimal. (12)

Hier zeigt sich in aller Deutlichkeit, dass das Outplacement-Center nach denselben Spielregeln funktioniert wie die Unternehmen, die es finanzieren. Und da das Interesse kalkuliert und formuliert ist, dürfen die therapeutischen Methoden als solche bezweifelt werden; es geht eher darum, den entlassenen Top Dogs den Glauben an das System, das sie enttäuscht hat, zurückzugeben. **In der Imitation der ›therapeutischen‹ Sitzungen des Outplacement-Büros wird gezeigt, wie die moderne, meist englische Terminologie der neoliberalen Wirtschaftskonzeption als Fetisch eingesetzt wird […] und wie sich die Versehrungen der Psyche mittelbar artikulieren.**[85] Diese Imitation kann aber nur funktionieren, weil sich die Figuren ohne jedes Anpassungsproblem in den vorgeblich therapeutischen Zusammenhang einfügen können. Dies wiederum gelingt nur, weil sie dieselben Verhaltens- und Denkstrukturen anwenden (können, müssen), wie sie es in den Führungsetagen ihrer Unternehmen getan haben. Bis hin zur Sprache behalten sie diesen Gestus bei. Mithin kehrt die Zukunftswerkstatt zurück zu ihrem Ausgangspunkt und ist damit im Kern ad absurdum geführt. Nicht Verbesserung eines Stücks gesellschaftlicher Realität ist das Ergebnis, sondern Fortsetzung des Funktionierens, Wiederansetzen im Moment des Scheiterns und Rückkehr in die Mühlen der Selbstzerstörung. Kurz: Zurück in den Job.

Die Struktur der Zukunftswerkstatt wird in der Outplacement-Agentur genutzt, um den Klienten strukturell vertraute Situationen anzubieten; dabei geht die ursprüngliche Anlage dieser Methode zwar verloren, aber im Sinne einer marktgängigen und effizienten Planung von beruflicher Wiedereingliederung ist dies ein höchst geschickter Schachzug. Ausgehend von dieser Lesart kann rückgebunden werden an die in der Forschungsliteratur kontrovers diskutierte Frage nach dem utopischen Gehalt des WID-

MER'SCHEN Stücks. Angesichts des doch eher verheerenden Prozesses der Kommerzialisierung, der in Unternehmen ebenso wie in Unternehmens-›Reparatureinrichtungen‹ wie dem Outplacement-Center abläuft, kann beim besten Willen nicht mehr begründet davon gesprochen werden, dass TOP DOGS hauptsächlich durch ein **utopisches Sollen** charakterisiert sei, das ins **schmissige Kabarett**[86] hineinreiche. Vielmehr äußert sich hier der Gehalt einer **Warnutopie**[87], die anzeigt, dass Therapie und Ökonomie, dass Klienten und Manager sich offensichtlich so weit angenähert haben, dass die Grenzen verschwimmen.

Im Stück exemplifiziert Jenkins diese vierte, finale Phase, und sowohl ihre Reaktion als auch die der anderen Klienten wirft vom Ausgang des Stücks her ein bewertendes Licht auf die therapeutischen Ansätze der vorausgegangenen Phasen. Wrage verabschiedet Jenkins in die neue Stellung, die denkbar unattraktiv ist (eine Koordinationsaufgabe in einer südkoreanischen Provinzstadt, 84), aber das ist gleichgültig. **Nicht ganz das ursprünglich Geplante. Aber eine tolle Sache.** (84) Und später offenbart Wrage, worin das Tolle dieser Sache besteht: Jenkins hat es geschafft mit der **Karrierefortsetzung** (84). Damit fällt die Maske der Therapeutin, erkennbar wird das Gesicht der Managerin der New Challenge Company, deren Berufstätigkeit eben darin besteht, die Gescheiterten soweit zu stabilisieren, dass sie in den alten beruflichen Zusammenhang integrierbar sind. Und Jenkins' Abschiedsworte dokumentieren, wie umfassend dies gelungen ist; sie benutzt Vokabular und Sprachstil der Managerin, sie zeigt das flexible, opferbereite Denken und Handeln der alles in den Job investierenden, bis zur Selbstaufgabe integrationswilligen Arbeitskraft. Dies zeigt sie sowohl reflexiv in Bezug auf ihre Rolle und ihre Zeit im Outplacement-Center als auch prospektiv in Bezug auf ihre Rolle und ihre Zeit in Südkorea:

> Vielen Dank. Ihnen, Frau Wrage, Ihnen möchte ich als erste danken für die effiziente Unterstützung, die ich bei Ihnen finden durfte. Ihre Tips, Ihr kompetentes Coaching, Ihre Warmherzigkeit, die ganze Infrastruktur waren mir eine echte Hilfe. Zu Ihnen durfte ich ja auch kommen, wenn es mit dem positiven Denken mal nicht so klappte. […] Ich sehe der neuen Herausforderung mit Spannung und Freude entgegen. Asien, stand nie auf meinem Lebensplan. Muß ich ehrlich sagen. Aber ich bin ja jetzt auch in dem Alter, jung noch, aber nicht mehr ganz ganz jung … […] … wo man es noch einmal wissen will. Ich freue mich. Mein Mann bleibt ja hier, da muß ich jetzt mal allein meinen Mann stehen. (84 f.)

Hier spricht jemand, der die Klientenrolle hervorragend gespielt hat und problemlos nun wieder die Managerrolle einnimmt. Insoweit sind die Rollensegmente Manager und Klient kongruent und strukturell vergleichbar. In beiden Rollensegmenten übernehmen Figuren wie Jenkins, Krause und

Wrage Rollen, die sich über Funktionen definieren, und sie tun dies mit dem Anspruch, ihre Rollen perfekt auszufüllen. Ob die Rolle nun verlangt, eine Abteilung in einem Unternehmen zu restrukturieren oder ob die Rolle verlangt, Selbstreflexion vorzunehmen und positives Denken zu praktizieren – sie tun es.

3.5.3 *Rollensegment Therapeut (1. Szene/4. Szene/6. Szene/Zwischenszenen)*

Im Rollensegment der Therapeuten, Psychologen bzw. Berater, also des Outplacement-Center-Personals, sind die Figuren durchgängig durch ausgesprochene Professionalität gekennzeichnet. Sie haben eine klar umrissene Aufgabe und Funktion *innerhalb* der Gruppe, stehen aber mit professioneller Distanz *außerhalb* der Gruppe. Wrage etwa tritt in vollkommen abgeklärter Haltung Deér gegenüber. Sie versteht sich als Teil eines internationalen Unternehmens, das nicht produziert, sondern Dienstleister ist. Die New Challenge Company unterscheidet sich damit strukturell in nichts von Deérs ehemaligem Arbeitgeber, der Swissair. Beide sind international operierende Unternehmen, beide sind dem Diktat des Erfolgs und das heißt dem Diktat der schwarzen Zahlen unterworfen. Daher befinden sich Wrage und Deér auf Augenhöhe.

Wenn Wrage ausführt: **Wir haben Partner in zweiundzwanzig Ländern und können unsere Klienten all over the world vermitteln. Nach allen Ländern der EU, Kenia, Mexiko, Japan. Just name it.** (9), dann kann Deér mit dieser Aussage etwas anfangen; Worte und Sinn sind ihm vertraut. Ebenfalls im parataktischen Plural der corporate identity listet Wrage die Tätigkeiten auf, die angestrebt sind: **Wir federn den Schock der Entlassung ab. Wir erfassen Ihre Persönlichkeitsstruktur auf Grund von umfangreichen Tests. Wir trainieren das Vorstellungsgespräch. Bis hin zum Erscheinungsbild des Probanden.** (18) Wrage spult routiniert ihr Programm ab und beginnt auch unverzüglich mit der Arbeit, indem sie Deér auf dessen unpassende Krawatte hinweist (18 f.). Aber im Folgenden wird nichts von den Ankündigungen eingelöst. Keine umfangreichen Tests zur Erfassung der Persönlichkeit, keine Trainings von Vorstellungsgesprächen, und – von den Gangübungen und der Krawattenempfehlung abgesehen – auch keine Hinweise zur Verbesserung des Erscheinungsbildes. Stattdessen erfolgen moderierte Gruppen- und Gesprächstherapien, eine psychologisierende Lenkung der Klienten, die plötzlich Träume, Utopien und Märchen äußern, sowie chorartige Auftritte aller Klienten. Hier klaffen also Anspruch und Wirklichkeit erheblich auseinander.

In Bezug auf die Therapeutenrolle zeichnen sich die Figuren durch eine professionelle Rollenbeherrschung aus. Dies gilt für unterschiedliche Facetten der Therapeutenrolle, die einzelne Figuren im Verlauf des Dramas einnehmen. Wrages Funktion als Beraterin ist bereits analysiert worden. Ihre Rollenschattierung entspricht in jeder Hinsicht der gewohnten Managerrolle am ehesten. Dies zeigt der direkte Vergleich mit Wrages Selbstdarstellung ihrer beruflichen Aufgaben als Finanzanalystin: **Ich habe eigenständig die Firma bei road-shows und Analystenkonferenzen vertreten. Ich habe Vorträge gehalten, Panel-Gespräche geführt und Präsentationen durchgeführt. Ich würde sagen, überaus erfolgreich.** (31) Diese Beschreibung trifft auch auf ihren Auftritt als NCC-Repräsentantin in der 1. Szene zu. Auch dort vertritt sie die Firma eigenständig und übernimmt das Erstkontaktgespräch mit dem neuen Klienten Deér. Die Beraterfunktion innerhalb der Outplacement-Agentur gehört ja in der Tat zu einer Unternehmensberatung. Hier wie da werden Abläufe und Prozesse betrachtet, zergliedert, bewertet und mit Blick auf Ertragsmaximierung optimiert. Die Inhalte dieser Beratungsfunktion sind austauschbar; Finanztransaktionen oder Managertransaktionen – genau genommen handelt es sich immer um Waren, die hin und her geschoben werden. Die Managerin als Klientenberaterin: Hier treffen nicht unterschiedliche Bezugssysteme aufeinander, sondern zwei unmittelbar miteinander verbundene Teile eines Handlungssystems. In einer derart generierten Ökonomie wird der Mensch zur Ware, die, wie jede andere auch, auf Märkten gehandelt und bewertet wird. Für den Handel und die Bewertung dieser Ware sind ebenfalls Managementqualitäten gefragt.

Doch offenbart diese 1. Szene bei genauerer Betrachtung, dass es Risse in dieser Welt des allumfassenden Handels gibt und somit sich die Ware Mensch von Wirtschaftsgütern doch noch unterscheiden lässt. Solche Risse werden entlang der Kommunikation sichtbar. Zwar spult Wrage ihren Text souverän und unbeeindruckt ab, zwar reagiert Deér in erwartbarer Weise realitätsflüchtend bzw. verdrängend, dennoch wird sichtbar, dass die kompetente Personalberaterin Wrage ihren Gesprächspartner nicht erreichen kann. Wrage: **Sie müssen jetzt zu Ihren ureigensten Gefühlen finden, Herr Deér.** – Deér: **Tu ich, tu ich. Ich habe damals auch durchgedrückt, daß wir eine Arbeitsbereichsanalyse gemacht haben.** (16) Deér weicht unmittelbar aus, stellt sich nicht dem von Wrage ausgehenden kommunikativen Akt. Hier scheint mehr vorzuliegen als eine nachvollziehbare Schicksalssituation Deérs, die dessen Unaufmerksamkeit rechtfertigen könnte. Hier sind die kommunikativen Vorbedingungen bereits zu hinterfragen. Und dabei erweist sich Wrages Sprechen zwar als Kompetenz ausstrahlend, aber ihre Sprache kommt nicht über die Ebene der Floskel hinaus. Wrage verwechselt Professionalität mit Distanz – und führt so das Gegenteil eines Kontaktgesprächs.

Auch die abschließende Maßregelung des neu eingetretenen Klienten wegen der Farbe seiner Krawatte (18 f.) ist ein Hinweis darauf, dass Wrage hier nur die Beraterinnen-Rolle ausfüllt, aber keine wirkliche Beraterin ist. Sie beherrscht den Text, Mimik und Gestik und die Inszenierung der Oberfläche, wird dadurch aber nicht zu dem, was sie spielt. Zwischen der Rolle und ihrer Besetzung entsteht eine Kluft, die sich durch kommunikative Dissonanzen und die mangelnde Fähigkeit zur Empathie mit dem Gesprächspartner äußert. Hierin ist ein Hinweis auf die begrenzte Flexibilität der Managerrolle zu sehen, die wiederum in einem fehlerhaften und von Selbstüberschätzungen geprägten Selbstbild begründet ist. Managerin Wrage ist zwar in der Lage, in die Rolle von Beraterin Wrage zu schlüpfen und diese als Inszenierung auch tadellos zu beherrschen. Aber sie schafft es nicht, die spezifischen Erfordernisse der neuen Rolle zu personifizieren. Gleichzeitig unterliegt sie aber dem Wahn der allseitigen Flexibilität. Doch findet diese ihre Grenzen eben dort, wo für die Kommunikation mehr als Text- und Rollenbeherrschung erforderlich ist. Empathie und Einfühlung lassen sich nicht inszenieren, Beratung lässt sich nicht als Rolle abspulen und Therapie lässt sich nicht spielen.

Diese Rollendiskrepanzen treten bei Jenkins in der 4. Szene noch deutlicher zu Tage. Hier kann davon gesprochen werden, dass die einführende Regieanweisung **Jenkins ist die Psychologin** (29) das Groteske der Szene andeutet. Jenkins ist nicht die Psychologin, sie spielt sie nur und stößt dabei schnell an ihre Grenzen. Die Einführungsmoderation **Wenn ich bitten darf. Vielleicht Sie zuerst, Herr Müller?** (29) stellt keine Anforderungen an Jenkins. Hier kann sie noch routiniert auftreten und erscheinen. Doch nach Krauses Zusammenbruch, einer Situation, die in besonderer Weise psychologisches Gespür von der Leiterin einer gruppentherapeutischen Sitzung verlangt, reagiert Jenkins vollständig hilflos: **Herr Krause, wer wird denn gleich […]** (37). Sie ist nicht in der Lage, sachangemessen zu reagieren und die Kommunikation der Situation anzupassen. Stattdessen überlässt sie dem in seiner Rolle nun ebenfalls hilflosen Krause die Führung, der – darin ganz Manager – die Schwäche Jenkins' nutzt und sich mit Äußerungen über seine körperlichen Beschwerden in Szene setzt. Jenkins kommt dieser kommunikativen ›Katz-und-Maus‹-Situation nur mühsam nach. **Was ist denn jetzt?** (37) Hier zeigt sich kein professionelles Gesprächsmanagement, sondern mühsam kaschierte Hilflosigkeit. Jenkins steigert diese noch, in dem sie Krauses umfangreiche Schilderung seiner Hexenschussbeschwerden quasi überhört und eine Anordnung zu einem Rollenspiel trifft: **Herr Krause, versetzen Sie sich in die Lage Ihres Chefs […]** (37). Krause jedoch überhört sie schlicht, was sie in ihrer Position als Gesprächs- und Therapieleiterin vollständig demontiert. **Nur so ein Spiel, Herr Krause.** (37) Auch im Fortgang gelingt es ihr nur mühsam, die anderen im Rollenspiel zu halten.

Die Manöverkritik des Rollenspiels moderiert Jenkins dann wieder mit der anfänglichen Übersicht, die sie allerdings aus der Beherrschung der passenden Formeln und Floskeln bezieht. **Wir wollen jetzt alle gemeinsam, in Form einer Manöverkritik, das Material auswerten, das uns Herr Krause vorgelegt hat. […] Mein persönliches Feedback werde ich Ihnen später dann noch ausführlicher im persönlichen Gespräch.** (41) In diesen wenigen Worten zeigt sich Jenkins als Psychologin, die kommunikativ überfordert ist. Als Belege dienen: die fragwürdige Verwendung des Plurals (**wir**), die in Kombination des Verbs (**wollen**) unmotivierte Einführung der Kriegsmetaphorik (»**Manöverkritik**«) in die sensible therapeutische Situation, die Disqualifikation von Krauses Zusammenbruch (**Material**), die unvollständige Syntax (fehlendes Verb), der Anglizismus (**Feedback**) sowie die Fehleinschätzung der Kommunikationssituation (**später […] im persönlichen Gespräch** – ein solches wird gerade geführt). Diese Vielzahl von kommunikativen ›Pannen‹ erweist eindeutig, dass hier keine Psychologin am Werk ist. Vor allem die Nutzung des Managervokabulars behält Jenkins auch im Fortgang des Gesprächs bei. **Unsere betriebsinterne Statistik zeigt, daß sich auch Kandidaten Ihrer Altersgruppe optimal plazieren lassen.** (43) Diese Tendenz sowie die wiederholte Nutzung plumper Floskeln (**Sie müssen positiv denken! […] Ich denke, daß hat Ihnen sicher etwas gegeben.** 43) zeigen deutlich, dass Jenkins in der Rolle der Psychologin ebenso wie Wrage in der Rolle der Beraterin (1. Szene) parallel funktionieren. In beiden Fällen ist die nicht angepasste Kommunikation dafür verantwortlich, dass flexible Rollenübernahmen scheitern. Beide nähern sich einem Bild von Beraterin bzw. Psychologin an, das in der konkreten Erfüllung dann aber an kommunikativen Mängeln scheitert. So sehr wie Wrage als Beraterin eine Managerin bleibt, so bleibt Jenkins als Psychologin ebenfalls eine Managerin.

Tschudi und Deér übernehmen abwechselnd in den drei Gangübungen mal die Rolle des Lehrers und mal die Klientenrolle. Dass das Auftreten einer Person den ersten Eindruck prägt und ein sicherer Gang auf Selbstsicherheit schließen lässt, ist wohl eine Binsenweisheit. Insofern gilt auch für diese drei kleinen Zwischenszenen, dass der therapeutische Ansatz durchaus stimmig sein mag. Aber das, was dann im konkreten Vollzug daraus wird, ist in jeder Hinsicht kontraproduktiv. WIDMER nutzt hier selbst die Sollbruchstellen der Inszenierung. Immerhin können die Gangübungen laut Regieanweisungen wegfallen um die Grenzen der Flexibilität auszuleuchten.

Allerdings wird dies bei den Gangübungen erst im Verlauf der dritten Übung sichtbar. Dann inszeniert Deér, der dabei von Tschudi gelobt wird, seine Körperhaltung und den Gang als völlig starr wie eine Karikatur seiner selbst: **Deér geht wie ein Vollidiot.** (71) Der Trainer Tschudi bemerkt diese Fehlhaltung nicht einmal. Stattdessen plappert auch er im unvermeidlichen Business-Tonfall, der von pseudo-therapeutischen Floskeln durchzogen ist: **Jetzt möcht ich, daß Sie mir Ihre Seele zeigen. In der Firma muß man Biß zeigen.** (71) Körper, Seele, Firma – diese Trias deutet die Unterordnung des Einzelnen unter die Unternehmensinteressen an und mutet fast an japanisch-chinesische Arbeitsbedingungen. Tschudi unternimmt hierbei keinen Versuch, die Dominanz des Unternehmens zu kaschieren. Im Gegenteil, er definiert das Ziel der Gangübungen so: **Stellen Sie sich vor, daß Sie da an einem Faden am Himmel befestigt sind. Sehr gut, jetzt gehn Sie mal ein paar Schritte.** (48 f.) Anstelle des aufrechten Gangs soll hier die Marionetten-Situation geprobt, trainiert und verinnerlicht werden. In der rollenverkehrten Situation verdeutlicht Deér dies nochmals, indem er den Klienten Tschudi darauf hinweist: **Sie denken zu viel!** (58) Die Gangübungen offenbaren so ihren Charakter; es soll die Haltung geschult werden, aber nicht die Körperhaltung, sondern die innere Haltung des wieder einzugliedernden Managers. Diese ist, bei aller geforderten Flexibilität, durch die Fähigkeit, sich führen zu lassen sowie durch zielgerichtetes Denken gekennzeichnet – kurz: Der Manager muss sich in ein Unternehmen integrieren und funktionieren. Mit Blick auf die Gangübungen unternimmt Kammler eine Abgrenzung zur Brecht'schen Programmatik: **Widmers *Top Dogs* ähneln eher Kleists Marionetten als jenen ›richtig Gehenden‹, die sich Brecht als Zuschauer vorstellte. [...] Erst als perfekte Marionetten haben sie das Lernziel des ›richtigen Gehens‹ erreicht.**[88] Hier werden notwendige therapeutische Seelenübungen durch alberne und vordergründige Leibesübungen ersetzt.

Und abermals wird diese Wirtschafts- und Unternehmenslogik an der Outplacement-Agentur gespiegelt, die dadurch erneut als ein Teil der Wirtschaft erkennbar wird. Deér doziert in der Trainerrolle: **Herr Tschudi, Sie sind schon wieder zu spät. Ich möchte Sie darauf aufmerksam machen: Outplacement, das ist kein Wochenend-Workshop. Auch da gilt: Time is money.** (57) Selbst noch in die Pausenfüller ist das Credo der Wirtschaft eingeschrieben. Time is money – die Zeit der Arbeitslosigkeit hingegen, so lässt sich verlängern, ist unproduktive und damit nutzlose Zeit, die es im Sinne der Unternehmenseffizienz zu minimieren gilt. Die Arbeitslosigkeit wird damit zu einem Betriebsunfall verniedlicht, der vorgeblich durch Reparaturinstanzen wie das Outplacement-Center wieder behoben werden kann. Doch ist auch dies eine Perspektive, die den menschlichen Faktor nicht auf der Rechnung hat.

Eine weitere Variation dieses Verständnisses des Rollensegments Therapeut stellt WIDMER in der 6. Szene vor, in der unter Leitung des Psychologen Müller die Figuren Neuenschwander und Jenkins (hier mit dem Rollenspiel angepassten Namen Neuenschwander-Jenkins) eine Paartherapie absolvieren. In einem nur als Parodie aufzufassenden Tonfall, einer Mischung aus Selbstgefälligkeit, Besserwisserei und hohler Floskel, beginnt Müller das Gespräch wortreich und salbungsvoll. Einsprengsel, die psychologische Versiertheit darstellen sollen, reichern seinen Text an. **Danke, daß Sie heute auch dabei sind, Frau Neuenschwander-Jenkins. Ich weiß, daß Sie Ihrem Gatten den unabdingbaren emotionalen Halt geben, damit er seinen Alltag unbelastet angehen kann. Eine Frau ist ja sozusagen die Tankstelle, wo der Mann seine Batterien wieder aufladen kann, um es mal so zu formulieren.** (50)

In diesem Tonfall plätschert die Moderation dahin, dann fordert Müller seine Klienten zu einem Rollenspiel auf und setzt ein Fanal seiner psychologischen Unfähigkeit. Nachdem das Paar mit dem Rollenspiel begonnen hat, unterbricht er: **Halt, das habe ich vergessen. Sie drehen die Rollen um. Tun wir immer. Wir haben damit sehr produktive Erfahrungen gemacht.** (51) Wieder fällt die Vermischung unterschiedlicher sprachlicher Ebenen (**Wir**, produktiv [= ökonomisches Vokabular]) auf; erneut zeigt sich der Psychologe in der konkreten Situation überfordert. Abermals wird nur Therapie gespielt. Ungeachtet der dilettantischen Gesprächsführung von Müller behalten die beiden Rollenspieler ihre Rollen konsequent bei. Auch das zwischenzeitliche Verlassen der Rollen für Nebenbemerkungen zeigt die Konsequenz der Rollenspieler. Müller aber spielt im Fortgang des Gesprächs keine Rolle mehr, er wird zum Beobachter des sich verselbstständigenden Dialogs zwischen den beiden, die ein Ehepaar spielen und dessen fiktive Probleme lebhaft zur Sprache bringen.

Soweit die Figuren im Stück TOP DOGS das Rollensegment der Therapeuten übernehmen, geschieht dies mit großem Engagement. Wrage, Jenkins, Tschudi, Deér und auch Müller mühen sich nach Kräften, diese Rolle für sich zu besetzen. Doch ebenso grandios wie ihr Bemühen ist ihr Scheitern. Immer wieder offenbart sich in Sprache und Denken das Manager-Ich, das jeden therapeutischen Versuch sofort unterbindet. Zudem erweist sich die Unfähigkeit zur empathischen und situationsangepassten Kommunikation als Hindernis in einem möglichen therapeutischen Prozess. Die Therapie wird daher nur imitiert[89] bzw. simuliert und damit nur gespielt.

3.5.4 Rollensegment Rollenspiel

Insofern sind die Figuren nicht nur in den therapeutisch arrangierten Sequenzen Rollenspieler, sondern ebenso in den unterschiedlichen Rollensegmenten, die sie im Stück TOP DOGS einnehmen. In allen Rollensegmenten – Manager, Klient, Therapeut – funktionieren die Figuren nach einer gemeinsamen Handlungslogik. Diese ist durch die Gesetze des Krieges und des Dschungels (21) definiert. Strategie ist die oberste Verhaltensmaxime, denn ohne eine Strategie lässt sich nicht planvoll handeln. Und weil diese Strategie in allen Rollensegmenten weitgehend identisch ist, haben die Figuren auch keine Anpassungsprobleme. Jede Rolle ist ihnen auf den Leib geschneidert, solange sie nicht die Grundgesetze des Wirtschaftsdschungels in Frage stellt. Dabei geht es allen zunächst ums reine Überleben. Jenkins hat es dieser Logik zufolge am Ende des Stücks ›geschafft‹: Sie kehrt zurück aus der simulierten in die tatsächliche Managementrolle. Dafür nimmt sie eine Trennung von ihrem Mann und eine Umsiedlung ans andere Ende der Welt in Kauf. Und die anderen Figuren, die zurückbleiben, befinden sich dort, wo sie sich zu Beginn des Stücks waren.

Allein dies – belegbar mit der sparsamen Regieanweisung nach dem letzten Wort: **Alle sehen ihr nach. Die Szene ist der Beginn des Abends.** (86) – ist deutliches Indiz für die eigentliche Zielausrichtung des Phasenprozesses. Jede Figur wird solange mit unterschiedlichen quasi-therapeutischen und kommunikationsintensiven Rollenspielen und Rollenwechseln zu tun haben, bis sie schlussendlich wieder vollwertiges Mitglied der Managementkaste werden kann. Hier ist es unerheblich, ob auf dem Weg dahin Selbstklärungsprozesse initiiert und Bewältigungsstrategien gegen erlittene Schmach entwickelt werden. Einzig und alleine ist wichtig, das Manager-Ich am Leben zu erhalten. Rollenspiele und Rollenwechsel tragen so dazu bei, die Konzentration weg vom Figuren-Ich zu lenken und auf dieses Manager-Ich – oder besser: Managerrollen-Ich – zu fokussieren. Dies wiederum bedeutet, dass die strikte Trennung zwischen Geschäfts- und Gefühlswelt aufrecht erhalten werden muss. Für die vortreffliche Funktionsweise dieses Mechanismus ist Krause ein erkenntnisreiches Beispiel: Er übernimmt nach einem Rollenwechsel die Chefrolle und soll sich selbst entlassen. Die sprachliche Härte und die Reihung der Erniedrigungen, die er wie auf Knopfdruck von sich geben kann (38 ff.), zeigen, dass sein Manager-Ich allzeit bereit ist und in Sekunden durch einen simplen Rollenwechsel aktiviert werden kann.

Die wiederholten Rollenwechsel markieren aber ebenso eindeutig die Grenzen der Rollenspieler. Bei aller Flexibilität gelingt es ihnen nicht, sich von ihrer Leitrolle als Manager freizumachen; die gescheiterten Versuche mit der Therapeutenrolle belegen dies. Und hier ist WIDMERS Auseinandersetzung mit dem Manager als Trivialmythos anzusetzen. Das trivialmythisch dominierte Bild vom Manager als dem uneingeschränkt flexiblen Typus, der allzeit zur Übernahme von Verantwortung drängt und diese dann auch tragen kann, wird in seiner Gültigkeit destruiert. Stattdessen werden Managerfiguren präsentiert, die durch sehr eindimensionales Denken und eine Fixierung allein auf Optimalisierung und Ertragsmaximierung gekennzeichnet sind und die zwar glauben, weitreichende Flexibilität zu besitzen und dies auch durch Rollenübernahmen dokumentieren – hierbei jedoch nur Beispiele für ihr Scheitern aufgrund von Selbstüberschätzung abgeben.

Durch die wiederholten Rollenspiele und die damit verbundenen Rollenwechsel wird in TOP DOGS ein dramaturgisches Konzept realisiert, das die Figuren von ihren Rollen ablöst. Nicht zuletzt die Tatsache, dass die Figuren keine eigenen Namen erhalten, sondern die Namen der sie verkörpernden Schauspieler tragen – dies führt im Übrigen dazu, dass in unterschiedlichen Aufführungen auch unterschiedliche Namensvergaben stattfinden –, deutet an, dass nicht die Figuren relevant sind, sondern ihre Rollen.

> Die Inkonsistenz der Charaktere [...] tendiert im Verlauf des Stückes zu deren Auflösung durch permanenten Rollentausch. Nicht sie sind das Entscheidende, sondern die Ideologeme, die sozialen Stereotypen, die sie im dialogischen Wechselspiel verkörpern. Sie sind potentielle Täter und zugleich Opfer in einem System, dessen einziger Imperativ ›Produzieren‹ lautet.[90]

Im Mittelpunkt steht das postmoderne Spiel als Karikatur und als Simulation der sozialen Tätigkeit. Nicht Figuren und nicht durch sie exemplifiziert auf die Bühne gebrachte Persönlichkeitsstrukturen sind im Sinne einer Kohärenz intendiert, sondern die Rollenwechsel beleuchten die Fragmente und Versatzstücke einzelner Rollen, die für eine globalisiert-ökonomisch ausgerichtete nachindustrielle Gesellschaft prägend sind. Hierbei wird vor allem ein zentraler Widerspruch sichtbar: Einerseits offenbaren die Figuren in den unterschiedlichen Rollensegmenten den maßlosen Glauben an die eigene Flexibilität als Ausdruck höchster Professionalität und Integration in das System. Andererseits sind sie hilflose, verstörte und an der eigenen Fehlwahrnehmung Leidende, die in dysfunktionalen sozialen Kontexten gefangen sind. Sie erleiden eine fortwährende Reihung von Kränkungen, aber auch von Selbsttäuschungen, die sie in ihrer Kommunikationsfähigkeit einschränkt und damit letztlich in ihrer Humanität.

3.6 Weitere Motive

3.6.1 *Träume (8. Szene)*

Träume, zumal wenn es Tag- oder Wunschträume sind, können eine Möglichkeit eröffnen, sich aus den Bezügen des Alltags zu befreien. Sie sollten Horizonte öffnen können und dem Unwahrscheinlichen, vielleicht gar Unmöglichen Sprache und Bilder geben. Aber offenbar haben die Figuren in

Top Dogs im Rahmen ihrer beruflichen Rollensozialisation derart gründliche (Selbst-)Konditionierungsprozesse durchlaufen, dass sie sich selbst im Erträumen von alternativen Lebensmodellen nicht von ihren Rollenschemata distanzieren können. Dabei zeigen die Figuren unterschiedliche Grade der Rollenbindung, aber ihre Träume sind entweder Ausdruck ihrer Fixierung auf das ökonomische System oder sie laufen mindestens darauf hinaus. Gleichwohl werden in den Träumen der 8. Szene nicht nur die Konditionierungen der Manager deutlich, sondern es treten daneben auch Fragmente latenter Wünsche bzw. Ängste zu Tage. Die Figuren erlauben in den Träumen Inneneinsichten in die psychischen Verfasstheiten von Menschen, deren Fragilität und deren utopisches Potenzial durch die Pragmatik einer gesellschaftlichen, sozialen und ökonomischen Realität überlagert, nicht aber vollends zerstört worden ist.

Dass die Figuren im Outplacement-Center ihre Träume verbalisieren und in Anwesenheit der anderen auch formulieren und damit veröffentlichen, ist nicht erstaunlich, denn das Aussprechen und Deuten von Träumen zählt zum Inventar der Tiefenpsychologie. Im Stück ist allerdings die Kontextualisierung der durch Sigmund Freud begründeten Traumdeutung in einem psychologisch-therapeutischen Zusammenhang bemerkenswert. Während zuvor auf der Basis von Rollenwechseln und Rollenspielen in den quasi-therapeutischen Sitzungen immer die Rollensegmente Klient und Therapeut miteinander interagiert haben, tritt nun eine Figur nach der anderen auf und berichtet in monologischer Struktur vom jeweiligen Traum. Alle anderen Figuren sind dabei zwar anwesend, bleiben aber wortlos. Insofern bleiben die Träume unkommentiert stehen; es findet keine psychologisch verbrämte Auseinandersetzung mit den Träumen im Bühnengeschehen statt. In dem Maße, in dem der Autor seine Figuren schweigen lässt, liegt es am Zuschauer, die Träume aufzunehmen und eigene Deutungszugänge zu entwickeln.

Mit den Träumen in *Top Dogs* ist auch die Traum-Deutung (wieder) im Theater angekommen: Zur exemplarischen Darlegung in seinem 1900 erschienenen Werk *Traumdeutung* hat Freud die Dramenfiguren ausgewählt, die die enge Verquickung von Handeln und verborgenen Mustern des Unbewussten repräsentieren. Freud hat hierzu die Dramen *König Ödipus* von Sophokles und *Hamlet* von William Shakespeare analysiert. Er hat dramatische Texte bzw. dramatisierte Figurenkonstellationen ausgesucht, um an ihnen Konflikte aufzuspüren und zu interpretieren. In dieser, als Grundlagenwerk Freuds geltenden Schrift, fasst er seine mehrjährige Beschäftigung mit einigen hundert ausgewerteten eigenen und fremden Träumen zusammen. Dabei nimmt Freud erstmals sowohl Träume als auch Fantasien und freie Assoziationen als Ausgangspunkt für eine systematische Interpretation unbewusster Vorgänge der Psyche. Freud übersetzt den Traum als eine verschlüsselte Botschaft des Unbewussten.

Die Traumanalyse nach Freud geht davon aus, dass jeder Mensch selbst in der Lage ist, die momentane Bedeutung eines Traumes für sich zu erkennen. Insofern sind Träume dazu geeignet, zu einem gegebenen Zeitpunkt über sich selbst etwas zu erfahren. Die Traumdeutung ist ein Vorgang, der nicht durch einen externen Experten vollständig geleistet wird, sondern bildet allenfalls – so auch im Verständnis des Freud-Schülers C. G. Jung – eine Gesprächsgrundlage, auf deren Basis der Träumende mit sich selbst ins Gespräch kommt. Dementsprechend ist es einerseits nicht erstaunlich, dass sich in Top Dogs während und nach der Traumvorstellung keine andere Figur einschaltet und ein quasi-therapeutisches Gespräch führt, weil so der Träumende allein auf sich zurückgeworfen bleibt. Andererseits zeigten die Figuren in den vorangehenden Szenen keine Scheu, trotz unvollkommener Übernahme eines anderen Rollensegments zu dilettieren. Indem Widmer aber jede Figur mit dem eigenen Traum allein lässt, verweist er ohne eingeschaltete Fremdinstanz den Trauminhalt und damit auch den Traumgehalt allein in die Zuständigkeit des Träumenden. Dadurch wird der Symbolgehalt des Geträumten in seiner Wirkung unterstützt. Dies wiederum bedeutet vor allem eines: Die Rollenfixierung der träumenden Manager tritt in unübersehbarer Weise zu Tage.

Die Aufgabe der Psychoanalyse im Zusammenhang mit der Traumdeutung, nämlich das Aufspüren unbewusster Wünsche und Ängste im Traum, wird auf der Bühne nicht geleistet. Insofern bleibt auch dieses therapeutische Versatzstück – wie bereits die anderen zuvor – als therapeutischer Ansatz unvollkommen. Damit fehlt den Figuren im Stück die erforderliche Unterstützungsstruktur bzw. Hilfe, die notwendig wäre, um ihnen wirkungsvolle Bewältigungsmechanismen für ihre aktuelle Lebenssituation zukommen zu lassen. Und erneut erweist sich das Outplacement-Center nicht als Ort fundierter therapeutischer Lebenshilfe, sondern hier wird erkennbar, dass Therapie lediglich simuliert wird. Für keine Figur ist das notwendige Angebot der angeleiteten Traumdeutung vorrätig. Diese Auseinandersetzung muss nach Freud dazu dienen, Vorgänge im Träumenden anzustoßen, um durch Analyse die verdrängten und unbewussten Wünsche des latenten Trauminhalts in einen bewusstseinsfähigen manifesten Trauminhalt zu übersetzen und auf diese Weise gleichsam das Bilderrätsel zu dechiffrieren.

Nach Freud greift ein Traum zwar durch den so genannten Tagesrest aktuelle Erlebnisse, also bewusstes Material, auf, aber nach seinem Verständnis ist ein Traum vorwiegend ein seelisches Produkt, das von äußeren Reizen relativ unabhängig Wünsche und Ängste des Träumenden repräsentiert. Solche Wünsche bilden gleichsam eine Vorstufe des Traums und später dessen Zentrum. Im Unbewussten werden die Traumgedanken durch die Traumarbeit dann umgestaltet. Diese Umgestaltung verläuft unter Nutzung verschiedener Mechanismen. Diese sind beispielsweise

- die Projektion (Übertragung eigener Problemlagen auf andere Personen),
- die Regression (Bilder werden aus Gedanken erzeugt; im Traum wird eine plastische Situation geschaffen, die auf das Wesentliche reduziert wird, dabei gehen Beziehungen zwischen einzelnen Traumgedanken verloren),
- die Verdichtung (zwischen den Traumgedanken werden Gemeinsamkeiten herangezogen oder neu geschaffen),
- die Verschiebung (nebensächliche Aspekte des Traumgedankens werden aufgewertet, dagegen erscheinen wichtige Aspekte nebensächlich; daher wirkt ein Traum im Wachzustand verfremdet bzw. fremd),
- die sekundäre Bearbeitung (hierbei werden im Traum Lücken geschlossen, sodass eine oberflächliche Logik erkennbar wird),
- oder die Symboldarstellung (hierbei werden latente Traumgedanken unmittelbar in manifeste Traumsequenzen bzw. -elemente übersetzt).

Eine oneirologische Annäherung an einen Traum versucht nun gerade diese Mechanismen mit Hilfe vorwiegend von Assoziationen zu überwinden und den latenten Trauminhalt zu bestimmen. Auch C. G. Jung geht in Anlehnung an Freud von einer Kontinuität des Wach- und Traumbewusstseins aus, wonach ein Traum eine hochgradig unmittelbare Verarbeitung einer inneren Wirklichkeit ist.

Vor diesem Hintergrund sollen die Träume der 8. Szene als latente Trauminhalte verstanden werden, die auf unbewusste Wünsche bzw. Ängste rekurrieren. Allerdings ist davon auszugehen, dass die Figuren die erforderliche Traumdeutung nicht leisten – im Stück findet sich kein impliziter Hinweise hierauf, explizite Hinweise sind ohnehin nicht vorgesehen. Insofern sind die Träume zwar Ansatzpunkte, die dazu beitragen könnten, den träumenden Figuren bei der Bewältigung ihrer schockartigen Entlassung und Arbeitslosigkeit zu helfen um aus ihnen selbst Lebensalternativen zu entwickeln, aber diese Ansatzpunkte bleiben allesamt ungenutzt, da die erforderliche Hilfestellung versagt bleibt. Es ist daher umso tragischer, dass die Figuren zwar Entwicklungspotenziale offenbaren, diese aber ohne Effekt verhallen und so letztlich Einblicke in innere Wirklichkeiten, in zerrissene und verstörte Persönlichkeitswüsten bleiben. Jedes der Traumthemen wäre es wert, im Sinne einer Entwicklungsprognose verfolgt zu werden, aber keines wird genutzt. Auffällig ist – die Einzelanalyse wird dies zeigen –, dass zwei Themenkomplexe sich in unterschiedlicher Akzentuierung durch die Träume hindurch verfolgen lassen: Wiederholt wird die Kriegsmetaphorik aufgegriffen und das Geschlechterverhältnis ist ein zweites traumbestimmendes Thema.

Krause stellt **Menschliche Beziehungen** (59) in seinem Traum vor, die um die Pole Egoismus versus Altruismus angelegt sind. In totaler Abgrenzung zu seinem beruflichen Ist-Zustand erträumt sich Krause die Zuwendung zu Menschen – allerdings im schützenden und distanzerhaltenden Konjunktiv: **Ich würd mich ungeheuer gerne gerade auch mal dem menschlichen Leiden stellen, mit vollem Engagement, nicht nur so nebenbei, jetzt wo ich Zeit dafür habe.** (59 f.) Seine Vision von Zuwendung zum hilfsbedürftigen Nächsten scheint die christlichen Dimensionen der Caritas aufzuweisen, doch sieht sich Krause in seinem Traum nicht in der Rolle der aufopfernden Florence Nightingale, bei welcher die bis zur Selbstaufgabe gehende Milderung der Leiden anderer im Mittelpunkt stand, sondern als Henri Dunant (60), den Gründer des Internationalen Roten Kreuzes. Dunant trieb, ausgehend von dem beobachteten Grauen auf dem Schlachtfeld von Solferino, die Gründung einer effektiven Hilfsorganisation voran. Krauses Selbstvision ist die des Managers unter dem scheinbaren Vorzeichen der Nächstenliebe: Doch die Dunant-Fantasie lässt ihn als Helfer in Nadelstreifen erscheinen, der, geleitet vom Effizienzgedanken, die Hilfe organisiert, plant, perfektioniert, (re-)strukturiert und so weiter und damit das Leiden der Menschen und dessen Linderung in einer postindustriellen Dienstleistungsgesellschaft verwaltet. Gerade dieser Rekurs auf Dunant ist wie eine ›Besudelung‹ eines weiteren Nationalheiligtums der Schweiz anzusehen; denn immerhin hat das 1863 gegründete ›Rote Kreuz‹ seinen Sitz in Genf und besitzt als sein Symbol die farblich invertierte Schweizer Flagge (rotes Kreuz auf weißem Grund). Zudem entspricht es dem Selbstverständnis beider – der Schweiz wie des Roten Kreuzes –, dass die Neutralität das höchste Gut darstellt, das als handlungsleitende Maxime stets präsent ist.

So werden die menschlichen Beziehungen, die Krause sich erträumt, schnell wieder entmenschlicht und zu Zahlenkolonnen transferiert. Hier zeigen sich Krauses Traummechanismen. Er nutzt etwa die Regression, wenn er aus dem virtuellen Krieg (**Der Handel ist Krieg.** 22) ein reales Kriegsszenario als Traumhintergrund gestaltet, das er dann durch Verschiebung – in diesem Fall durch die eingewobenen Hilfeleistungen – der Folgen seiner Grausamkeiten zu entledigen versucht. Krause bezieht sich auf den existenziellen Antagonismus von Leben und Sterben, wenn er, der ewige Manager, die an Zynismus kaum zu überbietende Summenformel seines Traumwunsches formuliert: **So was tät ich fürs Leben gern mal, diesen Ärmsten der Armen das Sterben erleichtern.** (60) Indem der physische

Tod eines anderen der Aufwertung seines Lebens diente, offenbar Krause hier, dass nicht der Altruismus, sondern reiner Egoismus die Triebfeder seines Traumes ist.

Außerdem kann Krause nicht leugnen, dass seine Hilfsbereitschaft strikt an die fortgeschrittenen Möglichkeiten des ausgehenden 20. Jahrhunderts gebunden ist, denn dem Kriegsszenario aus der Mitte des 19. Jahrhunderts steht nun ausgerechnet das Internet gegenüber. **Ein ungeheuerliches menschliches Leiden war das damals, das gibts heute gar nicht mehr, so was. Die ganze Hardware im Eimer, einfach alles, Kutschen, Geschütze, Panzer, Feldküchen, im Schneematsch abgesoffen. Da blieb dann nur noch der Mensch übrig.** (60) Zunächst zeigt sich Krause hier von seiner ignoranten Seite, die auf eine höchst selektive Weltwahrnehmung verweist. Denn Kriegs- und Bürgerkriegs-Schauplätze menschlichen Leidens sind auch im späten 20. Jahrhundert weltweit anzutreffen – die Beispiele dafür sind Legion. Doch hat Krause sich der Vorstellung hingegeben, dass reale Kriegstote und -verwundete ein anachronistisches Bild seien, während heute das Internet der virtuelle Ort des Kriegs sei. Krause rekurriert hier in gefährlicher Weise auf das Internet als Ort einer weltumspannenden Simulation realer Ereignisse; er nimmt die Bilder der Kriege statt die Kriege selbst zur Kenntnis und geht davon aus, dass die Oberfläche der Bilder auch zugleich die Oberfläche der operativen Hilfe sei. Krause entpuppt sich hier weniger als Technikfreak, sondern als jemand, der es gewohnt ist, in seinem Büro die Welt auf den Computerbildschirm zu holen und diese Oberfläche allein zum Ausgangspunkt seiner Entscheidungen und seines Handelns zu machen.

Und so stellt er sich auch seinen Hilfstraum vor. Ohne Unterbrechung schwenkt er vom Kriegsschauplatz Solferino zum Internet über. **Im Internet, gut, du kannst nicht eigentlich das Leiden deines Nächsten lindern, das ist schwierig heut, das ist fast unmöglich heutzutage. Hab ich gestern abend gemacht. Hatte zuerst einen aus Bosnien dran, aber irgendwie, ich weiß nicht, Australien fasziniert mich mehr.** (60) Mit dem Mechanismus der sekundären Bearbeitung fügt sich in Krauses Traum das Nichtfügbare zusammen. Der Internetchat mit einem Bosnier, dessen Hilfebedürftigkeit oder, dahinter sich verbergend, dessen Traumatisierung durch den realen Krieg im ehemaligen Jugoslawien nicht weiter ausgeführt wird, ist in der Darstellung Krauses gleichbedeutend mit dem ›Lindern des Leidens dieses Nächsten‹. Im Brustton der Überzeugung betont er dies explizit: **Hab ich gestern abend gemacht.** (60)

Ebenso aberwitzig ist die Zuwendung zu einem anderen Schauplatz, der beileibe nicht zu den internationalen Krisenherden zählt: Australien. In Krauses Traum gehen verschiedene Traummechanismen Hand in Hand.

Dabei kommt eine Sequenz heraus, die für Krause eine offenbare Logik aufweist, die jedoch in der Betrachtung von außen befremdlich ist. Erst Krauses abschließende Einlassung trägt ein wenig dazu bei, dieses Befremden auf seine Ursache zurückzuführen, denn Krauses Beschäftigung mit dem Internet ist eine riesige Flucht vor allen ungelösten Konflikten. Dabei nutzt er die Verschiebung eigener Konflikte auf imaginäre Konflikte anderer, die lediglich als apersonale und virtuelle Kommunikationspartner im Netz manifest werden. **Hat irgendwie das Rote Kreuz abgelöst, das Internet. Da kannst du tagelang rumsurfen ohne irgendwas von dem ganzen Blutbad da überall mitzukriegen.** (61) Die Differenz zwischen *on screen* und *in real live* ist in Krauses Traum aufgehoben. Die realen Bedrohungen der realen Welt, gleich ob Krauses Entlassung oder auf anderer Ebene die realen Kriege, reduzieren sich auf die Fläche des Bildschirms und werden damit beherrschbar – und wiederum ist die Managementlogik angepeilt, die davon zehrt, jede Situation adäquat zu beherrschen.

Im Status des Symbolcharakters deutet Krause in seinem Traum zudem die Beherrschbarkeit unmittelbarer Gefahren an, wenn er in die Internetchat-Suchmaske als fiktive Hobbys **Bungy-Jumping** und **Gleitfliegen** (61) eingibt. Mit diesen Risikosportarten zeigt sich Krause den selbst gewählten Herausforderungen gewachsen – und er erhält zudem noch soziale Bestätigung im virtuellen Raum für seine mutige und risikoorientierte Freizeitgestaltung. **Sie ahnen nicht, was ich da für ein Feedback habe.** (61) Die Selbstinszenierung in der virtuellen Welt bündelt einen ›Traum-Krause‹, der über alle diejenigen Fähigkeiten verfügt, die ihm beste Karrierechancen in der Management- und Geschäftswelt versprechen. Und genau hier ist dann doch eine traumgebundene Repräsentation eines Wunsches – oder unter umgekehrten Vorzeichen: einer Angst – zu sehen. Fraglich bleibt allerdings, ob die Differenz zwischen Bewusstsein und Unbewusstsein hier überhaupt zu markieren ist, denn der Wunsch nach beruflichem Erfolg auf der Basis selbst zugeschriebener Fähigkeiten äußert sich ja nicht nur in Krauses Traum, sondern war realer Bestandteil seiner beruflichen Rolle.

Tschudi ist in seinem Traum dem **Glanz der hohen Zahl** (61) verfallen. Er spricht sieben unvorstellbar hohe Zahlen nacheinander aus, die seine traumhafte Fixierung auf die hohen Geschäftszahlen ansprechen. Die berufliche Fixierung auf Aktienkurse, Unternehmenswerte, shareholder value und Umsatzbilanzen findet im Traum ihre Entsprechung, nur ist sie hier endgültig jeden Zusammenhangs entkleidet. Es bleiben nackte Zahlen übrig, die nicht nur Glanz, sondern für Tschudi in gewisser Weise Erotik ausstrahlen möchten – jedoch eine kalte Erotik. Weder Waren noch Dienstleistungen, weder Menschen als Produzenten noch als Konsumenten sind in der traumhaften Reduktion relevant, allein die Zahl ist Motivation und

Ziel. Das abschließende **Ja.** (61) erhält dabei den Charakter einer Selbstbestätigung. Nach einer traumstrategischen Verschiebung bleiben einzig die Zahlen übrig, die als Symbole von Unternehmenserfolg in den Ertragsstatistiken ebenso himmelstürmend stehen, wie die Bürohochhäuser als ihre realen Entsprechungen in der realen Topografie der internationalen Geschäftsmetropolen, die zum symbolischen Schauplatz für den späteren Traum von Jenkins werden (65).

Deér stellt einen Traum vor, der ebenso wie Krauses Traum scheitert. Sein Traum ist anfangs von einem Leben in völlig anderen beruflichen Kontexten bestimmt: **Manchmal denke ich, ich will überhaupt nie mehr zurück ins Management. Aus. Was völlig anderes machen. Tierwärter. Einmal das Fell eines Gorillas kraulen. Lebendes Fell.** (62) Mit diesem ›Traumberuf‹ stellt sich Deér auf den ersten Blick in einen völlig anderen Zusammenhang jenseits der Geschäftswelt. Und doch treten in Deérs Schilderungen seines Berufstraums erstaunliche Analogien zu seiner soeben unterbrochenen beruflichen Karriere auf. Er sieht sich ungefragt als das **Alphatier** (62), das trotz dieser ranghöchsten sozialen Position innerhalb der Gruppe gefährdet ist, nämlich genau dann, **wenn du einem Weibchen zu nahe kommst mit deinem Schlauch** (62). Diese Sexualisierung deutet Deérs Omni-Potenz-Fantasie an, die dadurch gekennzeichnet ist, dass er sich bewusst und gezielt durch sein Verhalten, obwohl in Führungsposition, einer Gefahr aussetzt, die unter drastischen Umständen Existenz bedrohend verlaufen kann.

Diese gesuchte Nähe zur Gefahr ist jedoch strukturell vergleichbar mit der Berufsrolle des Managers, der sich – die durchlaufende Kriegsmetaphorik belegt es eindrucksvoll – ja auch ständig der Gefahr aussetzt, sich und sein Unternehmen durch eine Entscheidung zu gefährden. Selbst wenn oder gerade weil solche Entscheidungen nicht zufällig, sondern kalkuliert herbeigeführt werden, sind sie in den Kontext der Kriegshandlungen einzusortieren. Deér will im Gorillakäfig operieren wie ein General, der als Erster in den Dschungel geht (21) und so seinen Führungsanspruch auf dem Markt wie auf dem Schlachtfeld täglich erneut machtvoll demonstriert. Auch Deér kann seine berufliche Sozialisation nicht einmal im Traum abstreifen. Dabei nimmt er diese Einschränkung in keiner Weise wahr, im Gegenteil: **Ich glaube, nirgendwo fühlt man sich so frei wie im Zoo.** (62) Innerhalb eines definierten Bereichs, in dem Deér die Spielregeln kennt und anwenden kann, will er sich dem kalkulierten Risiko aussetzen, will durch seine Präsenz und durch seinen fordernden Auftritt seinen Anspruch auf die Führungsrolle verdeutlichen. Außerhalb dieser Zonen hingegen ist er unsicher, zaghaft und angreifbar. Deshalb dient sein Traum vor allem der ›Ausweitung der Kampfzone‹, die nicht allein mit dem symbolhaften Ort (Zoo) abgeschlossen ist. Er will auch seine Ehe, die eindeutig außerhalb der Demarkation positioniert ist, dort hineinverlegen und so seinen Operations-, Macht- und Einflussbereich vergrößern. Hierzu dient im Traum ein weiteres Symbol: Deér will seiner Frau einen Mantel aus Gorillafell schenken (63). Mit dieser Veränderung der Oberfläche rückt die Ehefrau hinein in den Bereich, den Deér durch seine Inszenierung dominieren kann. Insoweit zeigt Deérs Traum, welche prägende Rolle der Wunsch nach Macht bzw. nach immer mehr Macht hat – und wie angstbesetzt im Gegenzug Machtverlust ist.

Macht ist auch das Thema in Wrages Traum, indem es um Waffen (64) sowie die »Waffen der Frau« (63) geht. Der Traum befasst sich mit der Aufarbeitung einer weiteren berufsbezogenen Kränkung, die Wrage offenbar wiederholt mehr oder weniger explizit erfahren hat und die auf der Tatsache beruht, dass sie es als Frau in besonderer Weise schwer hat, sich in der männerdominierten Welt der Wirtschaft und des *big business* zu behaupten. So beginnt ihre Traumschilderung mit einem trotzigen Statement: **Waffen. Nicht nur Männer können mit Waffen umgehen. Das schaffen die Frauen auch: draufhalten, fies sein, den Gegner aus dem Weg räumen. Oh ja.** (63) Dabei bleibt zunächst völlig unbestimmt, wie der Begriff der Waffen hier kontextualisiert ist. Wrage spricht von den Waffen einer Frau, die sie stets im Sinne ihrer Karriere eingesetzt habe. Dann schwenkt ihre Rede bruchlos zu Kriegswaffen über. **Von Panzerfäusten versteh ich mehr als alle Männer hienieden.** (64) Nach diesem Einschub kehrt die Traumschilderung zurück zum Geschlechterverhältnis im Management und stellt den Verstand als spezifische Waffe der Frau (64) dar.

Die Doppelkodierung der Waffenmetapher wird im Rahmen einer Traumerzählung nochmals mit Symbolcharakter aufgeladen. Dabei bildet Wrage ein Assoziationsdreieck, dessen Ecken über die Begriffe Macht – Erotik – Krieg aufgespannt werden. Das wiederholt im Stück aufleuchtende Credo der Manager, das die Wirtschaft mit Krieg gleichsetzt, wird dabei thematisiert. So wie Rüstungsgüter und Waffen in reale Kriegsgebiete geliefert werden, so sieht sich Wrage selbst in symbolhafter Lesart auf dem ökonomische Schlachtfeld. Die Beschreibung ihres Auftritts bei einer Konferenz, bei der sie ihre weiblichen Reize wirkungsvoll in Szene gesetzt hat, verweist auf die hochgradige Kontrolle, die Wrage in diesem Moment über das gesamte Szenario ausübt. Damit gewinnt ihr offenkundig geplanter Auftritt etwas von einem Schlachtplan, den sie sachangemessen und erfolgversprechend gezielt eingesetzt hat.

Sie bedient dabei die Ebene der unterschwelligen Erotik, die eigentlich aus dem Feld der Zahlen, Daten und Vernunft ausgegrenzt ist, gleichwohl aber angesteuert werden kann. In ihrem Traum nutzt Wrage nun die Technik der Überblendung und lädt das ebenso martialische wie phallische Symbol der Panzerfaust mit einer an regressive Mechanismen erinnernden Bildhaftigkeit an. Damit trifft sie eine traumhaft symbolische Aussage über ihr Selbstbild, das von der Planhaftigkeit des eigenen Vorgehens ebenso geprägt ist wie von der Überzeugung der eigenen Gefährlichkeit und der Überlegenheit gegenüber den männlichen Gegnern. Indem sie als Frau das phallische Symbol (Panzerfaust) besser zu beherrschen glaubt als ihre männlichen Geschäftspartner, die sie als Gegner begreift, legt Wrage in ihrer Traumdarstellung Zeugnis von ihrer selbstvergewisserten Überlegenheit über die Männer ab. Zugleich verspottet sie die Männer, weil sie sich von derartigen Manövern täuschen lassen und ihren Plan nicht als Plan zu erkennen vermögen. Sie selbst ist diejenige, die alle Fäden in der Hand behält: **Da tu ich ihnen den Gefallen.** (64) In dieser Perspektive ist auch Wrages Traum als Allmachtsfantasie auszuweisen, die allerdings eine durchaus reale Entsprechung im Geschlechterverhältnis – oder besser: im Verhältnis der Geschlechtsrollen zueinander – im System der Wirtschaft hat.

Wrages Traum endet mit einem regelrechten Showdown, in dem sie die Überlegenheit der Frauen als Entscheidungsträger herausstellt. Dabei nimmt sie Bezug auf die zweite Kränkung, ihre Entlassung. Hierfür macht sie eine von ihr als typisch männlich angesehene Verhaltensweise verantwortlich, nach der Männer Nachfolger befürworten, die weniger klug sind als sie selbst (64). Darin sieht sie eine Tendenz zur Mittelmäßigkeit, als deren Opfer sie sich fühlt. Diese Sichtweise ermöglicht es ihr, eine Begründung für ihre Entlassung zu finden, die sie vor der Selbstzuschreibung der Ursachen schützt. Und aus dieser Haltung der wieder gewonnenen Stärke kann sie im Traum ihren Wunsch manifestieren: **Ich komme zurück. Und ich komme durchs Hauptportal zurück. Im Sonnenlicht. Spalier des Kaders. Teppich.** (65) Diese Haltung, die den Reintegrationsbemühungen der Outplacement-Agentur aufs Trefflichste entspricht, nimmt Wrage im Traum ein. Hier träumt sie sich in die Position der Stärke, die sie, so darf gefolgert werden, im Wachzustand nicht zu besetzen vermag. Insbesondere die Kränkungen, die ihr als Frau zugefügt worden sind, haben demnach ihre Wirkung nicht verfehlt und das Selbstbild Wrages zersetzt. Allein im Traum kann sie dies reparieren und entspricht hier ihrem Wunschbild.

Doch auch dies bleibt nicht ungebrochen. WIDMER lässt die Figur Wrage nicht von einer Überlegenheit der Frau in der Wirtschaft träumen, die von Humanität oder emotionaler Intelligenz geprägt wäre, sondern gerade von Härte und Skrupellosigkeit, die den Männern überlegen ist, sich aber auf weibliche Art kaschieren lässt. **Die Anti-Personen-Minen zum Beispiel, eindeutig auch betriebsintern umstritten, wenn wir die in ein Krisengebiet liefern wollen, die werden eindeutig humaner, wenn eine**

Frau die verkauft. (65) Dieser zynische Schlussmoment lässt Wrages Traum weit über das Ziel hinausschießen. Aber gerade dies kennzeichnet ihren Traum: Wrage verarbeitet ›Tagesreste‹, die mit Erfahrungen im Beruf, insbesondere was ihre Geschlechtszugehörigkeit in einer Männerdomäne betrifft, angereichert sind. Diese Tagesreste werden dann im Traum in ihr Gegenteil verkehrt; der Traum ist als Umkehrmodell der Wacherfahrung zu sehen. Indem sich Wrage in die Position der Macht hineinversetzt, gewinnt sie ein Gegenmodell zu ihrem Tagleben, in dem sie zuletzt im Moment ihrer Entlassung gescheitert ist. Der Traum eröffnet die Möglichkeit, die erlittenen Kränkungen zurückzuzahlen und sich selbst in eine Position der Überlegenheit zu versetzen. Insoweit handelt es sich hierbei um Traummechanismen, die zur Verarbeitung von negativ besetzten Tagesresten dienen und die wohl durch kollektive Erfahrungen abgesichert sein dürften.

Dies gilt auch für ein weiteres Thema in Wrages Traum. Hier muss sie nicht die sozialen Konventionen berücksichtigen und darf ungehindert ihre Bewertung der Konzernspitze, die sie entlassen hat, mitteilen. Die Männer an der Macht hält sie allesamt für ungeeignet und diese Einschätzung verallgemeinert sie. Auch darin ist ein Traumelement zu sehen, dass Tagesreste nicht differenziert, sondern stark schematisierend gespiegelt werden. Dann aber setzt Wrage dieser Einschätzung einen Topos gegenüber, der die aktuelle Männerdominanz als Auslaufmodell charakterisiert: **In zehn Jahren gibts Päpstinnen. Und Präsidentinnen von Amerika. Schwarz, arm, jüdisch, weiblich.** (65) Diese Adjektivreihung nimmt Bezug auf aktuelle minoritäre Qualitäten, aus deren heutiger Unterlegenheit zukünftige Überlegenheit folgen soll. Aber am Beispiel der Wrage'schen Selbsteinschätzung in Sachen Anti-Personen-Minen zeigt WIDMER, dass eine simple Umkehrung aktueller Minoritäten nicht ausreicht um künftiges Führungspotenzial und -personal zu rekrutieren. Ebenso wenig wie die Kennzeichnung **weiblich** allein ausreicht um die Spielregeln des *big business* zu verändern, sind auch die anderen Parameter allein zu wenig. Denn Weiblichkeit, die den Einsatz von Kriegswaffen weniger unmenschlich erscheinen lässt, ist demnach kein Garant für deren Ächtung oder Abschaffung. Letztlich ist es völlig egal, ob ein Manager oder eine Managerin eine entsprechende Unternehmensentscheidung trifft.

Die Differenz zwischen männlichem und weiblichem Managementpersonal ist auch Thema des Traums von Jenkins. Sie träumt ihren ganz großen Durchbruch, der sich in einer Reihe von Statussymbolen niederschlägt, die in der Welt der Wirtschaft als Prestigeausweise gelten. Ihr Traum scheint eine Variation immer desselben Traums zu sein, denn seine Darstellung beginnt mit **Oder** (65). Auch wenn die vorangegangenen Sequenzen in der Darstellung fehlen, ist davon auszugehen, dass Jenkins' andere Träume sich von diesem nicht unterscheiden. **Oder ein Büro aus Glas. Oberster Stock, Dachterrasse. Die ganze Skyline. Tief unter mir der Central-Park. Sie verstehen, mein Büro ist in New York. Trägt meinen Namen, das Building. Jenkins-Building. Sind alle meine Unternehmen drin, The Julika-Jenkins-Corporation, Jenkins Jenkins and Jenkins. Jenkins International** (65 f.) Diese Fixierung auf den beruflichen Erfolg, der sich in der Namensgebung ganzer Unternehmen manifestiert, dient ebenfalls der Kompensation einer Kränkung. Jenkins legt die Gründe für ihren Traum dar. Sie will ihrer Mutter zeigen, dass sie es ›geschafft‹ hat, obwohl die Mutter niemals Vertrauen in ihre Leistungsfähigkeit gehabt hat. Der berufliche Erfolg ist weder Selbstzweck noch dient er der Befriedigung der eigenen Eitelkeit, sondern will der im Gestus der Negation erstarrten Mutter die eigene Potenz unabweislich belegen. **Meine Mutter hat keine Ahnung. Glaubt, ich bin ne Edelnutte, oder lebe von der Sozialhilfe, die mit ihren ewigen Ängsten. […] Jeden Tag, Jahr für Jahr, hat sie mir in die Ohren geheult, daß aus mir nichts werden wird. Nichts, nichts, nichts. Ein Ozean zwischen mir und Mami, das ist die Minimaldistanz.** (66) Sämtliche symbolhaften Hinweise auf ökonomischen wie auf dahinter stehenden beruflichen Erfolg (**Concorde, VIP-Exit, Limousine, Chauffeur, Büropalast, Angestellte,** 66) dienen letztlich nur dem Zweck, dass die Mutter Abbitte leisten muss für die stets wiederholte Kränkung, die sie ihrer Tochter zugefügt hat.

So endet der Genugtuungstraum von Jenkins mit der Vorstellung, dass die Mutter, beeindruckt von den Erfolgen der Tochter, um Verzeihung bittet. **Sie bricht in Tränen aus und sagt: Kind, ich habe dir Unrecht getan. Großartig hast du das gemacht. Großartig, Kind.** (67) Der Mutter-Tochter-Konflikt, der die Kindheit und Jugend von Jenkins geprägt hat und der bis heute wie ein Stachel im Fleisch sitzt, ist das Thema der traumhaften Aufarbeitung. Angesichts der angedeuteten Kränkung der Frau als Frau in der Wirtschaft entbehrt die Haltung der Mutter ganz offenkundig einer gewissen Berechtigung nicht. Umso kraftvoller fällt Jenkins' Wunschtraum aus: Sie will als Frau erreichen, was außer ihr nur sehr wenige Männer je erreicht haben; sie will als Person für ihren unglaublichen ökonomischen Erfolg und ihren Reichtum stehen. Tatsächlich will sie nur die Anerkennung der Mutter, die ihr bisher versagt blieb.

Unter Berücksichtigung der aktuellen Situation Jenkins' – sie ist entlassen und wartet in der Outplacement-Agentur auf ihre Wiedervermittlung – erschließt der Traum eine zweite Ebene. Im Moment der eigenen Arbeitslosigkeit steht eine erfolgreiche Geschäftsfrau nicht nur der Mutter gegenüber triumphierend da, sondern repariert zugleich ihr angeschlagenes Selbstbild. Dieses ist umso nachhaltiger gestört, als dass die Prophezeiung der Mutter ja nunmehr eingetreten ist. Jenkins muss sich daher – und das ist der dem Traum zugrunde liegende Tagesrest – nicht nur mit der eigenen aktuellen Situation auseinander setzen, zudem trägt sie noch schwer an der Hypothek aus der Vergangenheit in Form der permanent erfahrenen Kränkung durch die Mutter. Der Traum vom beruflichen Erfolg ist somit mehr als eine Kompensation; in ihm kumulieren die Kränkungen, die Jenkins erfahren hat.

Bihlers Traum deutet einen Satz lang eine positive Wendung im Konzert der doch eher desaströsen Träume an. **Zeit haben für meine Gattin, endlich mal.** (67) Auch hier ist ein Tagesrest erkennbar, der auf die Zeit der Berufstätigkeit zurückgreift. Doch alle Details, die Bihler dann als Traum über mehr Zeit mit seiner Frau darlegt, zeigen dann, dass er nicht seiner Frau Aufmerksamkeit zuteil werden lassen will, sondern dass er seine Frau genauso benutzen will, wie es zuvor langjährige Praxis im Hause Bihler war. Die Gegenüberstellung des Rückblicks und des Bihler'schen Ausblicks ergibt schlüssig, dass er auch künftig seine Frau lediglich dazu braucht, um seine eigenen Wunschvorstellungen abzuarbeiten. Verräterisch ist in diesem Traum in besonderer Weise die Sprache, in der Bihler über seine Frau spricht. Er beschreibt sie wie einen guten Freund, oder weniger freundlich interpretiert wie ein Haustier, mit dem man einige angenehme Erinnerungen verbindet: Sie war ein **treuer Kamerad**, sie sei ihm **immer ein super Kumpel gewesen**, mit ihr habe er **Pferde stehlen** können, über mitgebrachtes Duty-free-Parfum habe sie **sich klaglos gefreut** – **Sie hat sich um meine Zuneigung wirklich verdient gemacht.** (67) Entsprechende emotionale Distanz ist wenig verwunderlich: **Du hast eine Frau, du kennst sie kaum, und nach zwanzig Jahren steht sie immer noch am Airport wie eine Eins.** (67 f.)

Bihler will ihr nun, da ihm mehr Zeit zur Verfügung steht, diese widmen. Hierzu erträumt er sich ein Wochenende in einem Hotel in Los Angeles inklusive sämtlicher Kitschattribute, die er in einer Fernsehsendung über dieses Hotel gesehen hat. Statt einer wie auch immer gearteten persönlichen Zuwendung will Bihler seine Frau mit einem Luxuswochenende aus dem Katalog überraschen. An Geld will Bihler bei diesem Wochenende nicht sparen, wohl aber an Herzlichkeit und an Emotionen, zu denen er schlicht nicht fähig zu sein scheint. Bihler definiert seine Rolle als Ehemann über die schmückende Frau, die in jeder Hinsicht eine völlige Nebenrolle spielt, über den Luxus, den er ihr als Ausgleich anbietet, über Sex, den er beansprucht und über die völlige Dominanz in der Beziehung. Obwohl er weiß, dass seiner Frau ein Aufenthalt in einer Berghütte viel lieber wäre, ignoriert er diesen Wunsch, weil sie ihm den Los-Angeles-Aufenthalt wert sei (68).

In Bihlers Partnerschaftstraum gibt es nur einen Protagonisten: Bihler.

Nun ist ein Traum vielleicht auch nicht der Ort für solidarisches, empathisches und partnerschaftliches Handeln, aber da in ihm ja gerade die verborgenen Wünsche zum Ausdruck kommen, kann in diesem Zusammenhang von einer erheblich defizitären Persönlichkeitsstruktur bei Bihler gesprochen werden. Ebenso wie Jenkins ihre Mutter allein zur Genugtuung benötigt, wie Wrage ihre Kollegen allein zum Überholen benötigt, wie Deér die Gorilla-Gruppe zur Definition seiner Alpha-Rolle benötigt, wie Krause Sterbende als Objekte zur Befriedigung seines scheinbaren Helfersyndroms benötigt, so benötigt Bihler seine Frau zur Erfüllung seiner eigenen Wünsche. Die Figuren brauchen zwar ein soziales Gegenüber, aber die Rollenzuschreibungen sind eindeutig: Die ehemaligen Top Dogs gestalten die Spielregeln, sie haben die Macht inne, mit der sie die sozialen Beziehungen dominieren können. Ihre Träume repräsentieren zum einen ein kompensatorisches Moment vor den Hintergrund erlittener Kränkungen und zum anderen wird bei den Figuren der Wunsch offenkundig, in das System zurückzukehren, das zu einem erheblichen Teil für ihre Deformationen verantwortlich ist.

Anders ist der Traum von Müller angelegt. Er wünscht sich, mit seinem Chef, einem begeisterten Alpinisten, eine Bergtour zu machen. Das geschilderte Alpenidyll hält jedoch nicht lange vor: **Und wenn wir oben sind, über der Nordwand, tief unter uns der Gletscher, stoße ich ihn, so schnell wie eine Mischung aus Kobra und Dampframme.** (69) Müllers Traum umfasst dann in ausführlichen Details den Tod des Chefs, den Versuch, das Gleichgewicht wieder zu finden bis zum Aufprall des Körpertorsos auf dem Gletscher. Müller träumt sich in die Rolle eines gefühllosen Vollstreckers. **Er hat das Schicksal gefunden, das ihm seine ganze Belegschaft gewünscht hat. Na ich, ich hole dann das Picknick hervor und esse erst mal meinen Salametti.** (70)

Auch wenn die Anlage des Traumes deutlich unterschiedlich von den anderen Träumen ist, so geschieht strukturell dennoch Vergleichbares. Auch hier wird eine Strategie geträumt um die erfahrende Kränkung durch die Entlassenden zu sühnen. Müller greift auf eine destruktive Gewaltfantasie zurück, die insbesondere die blutigen Details seines Königsmordes ausschmückt. Müller sieht sich dabei in moralischer Sicherheit und emotional seltsam unbeteiligt. Die Schilderung der Nase, die beim Sturz in die Tiefe erst aus dem Gesicht gerissen wird und dann physikalisch korrekt nach dem Torso auftrifft (69 f.), ist exemplarisch für den Traummechanismus der Verschiebung, der nicht nur auf der Ebene der Details, sondern auch für das Traumganze greift. Indem Müller seine Kränkung durch die physische Zerstörung des Aggressors sühnt, erlangt er Gleichgewicht und innere Ruhe zurück. Der körperliche Tod des Chefs, der auf kaltblütige

Weise geplant und heimtückisch ausgeführt wird, verschiebt im Traum zudem jede moralische Skalierung. Dieser Vorgang zeigt aber auch, dass Müller die eigene Entlassung wie einen sozialen Tod wahrgenommen haben muss, der allein durch ein gleichwertiges Ereignis ausgeglichen werden kann. Im Traum übernimmt Müller nicht die Position des Chefs; zwar bleibt er allein auf dem Berggipfel zurück, doch macht er sich nach der Vesper auf den Weg zum Abstieg (70). Es geht symbolisch also nicht darum, den Vorgesetzten aus dessen Position zu verdrängen um diese selbst einzunehmen, es geht einzig um die Rückzahlung der erfahrenen Gewalt. Dabei delektiert sich der träumende Müller an den Schmerzen und dem **Blutbad** (69), das er angerichtet hat.

Allerdings fehlt der Beschreibung explizite Genugtuung über die Schmerzen des Chefs. Müllers Darstellung vom Sterben und Tod seines Vorgesetzten hat eher Anklänge an die Beschreibung einer Expedition. Er wählt zahlreiche Vergleiche, bezieht die Physik (Schwerkraft, Anziehungskraft) mit ein, aber seine eigene Rolle bleibt die des Augen- und Ohrenzeugen, der frei ist von emotionaler Beteiligung. Hier ist mindestens ein Unterschied zu den Träumen der anderen zu sehen, die aus ihren erträumten Positionen bzw. Funktionen heraus momentane Befriedigung oder gar Glück zu ziehen scheinen. Müller erlebt den Tod seines Chefs als Akt der Wiederherstellung eines Gleichgewichts, das zwar alttestamentarisch anmutet, indem es der Zahn-um-Zahn-Logik folgt, aber mit dieser Wiederherstellung ist dann eine Situation bereinigt. Es ist keine Quelle persönlicher Freude zu vernehmen, nicht einmal Satisfaktion ist erkennbar. In maximaler emotionaler Zurückgenommenheit träumt Müller gleichsam das Werkzeug einer ausgleichenden Gerechtigkeit zu sein. Und hier kommt dann durch die Hintertür die Kriegsmetaphorik wieder ins Spiel: Getreu der Unterscheidung zwischen guten und schmutzigen Kriegen, zwischen guten und bösen Waffen – über all dies ist in *Top Dogs* wiederholt im Zusammenhang mit der Ökonomie diskutiert worden – nimmt Müller in seinem Traum die Funktion einer neutralen Waffe ein, die zum guten Zweck geführt wird.

Neuenschwander dagegen bleibt in seinem Traum wortlos. Er spielt auf der Mundharmonika aus Mozarts *Kleiner Nachtmusik* (71). **Oder etwas Ähnliches.** (71) Im Verzicht auf Worte und Bilder, im nahezu kontemplativen Rückzug in die Musik entzieht sich Neuenschwander einerseits der Traumdeutung. Andererseits liegt gerade in dieser Negation weit weniger destruktives Potenzial als in den Träumen der übrigen Figuren. Vielleicht ist gerade Neuenschwander der Wahrhaftigste unter den Top Dogs, da er nicht die Spielregeln des Berufs auf den Traum überträgt und sich den wortreichen Variationen des immer gleichen Kampfszenarios entzieht. Mit der Musik begibt er sich tatsächlich in einen langen, schweigenden Traum.

Vielleicht ist Neuenschwander aber auch psychisch bereits derart demoliert, dass er schlicht die Möglichkeit nutzt, vor sich selbst zu fliehen.

3.6.2 Märchen (10. Szene)

Nur durch eine Gangübung von den Träumen getrennt, stellen die vier im Stück von den Figuren erzählten Märchen zunächst eine Regression dar, indem auf Texte aus der Kindheit zurückgegriffen wird. Die Themen der Märchen einschließlich ihrer psychologischen Dimension sowie die jeweilige sprachliche Realisierung der Texterinnerung zielen auf die Schnittmenge zwischen aktueller Lebenslage der Manager und in ihre Biografie eingegangene Prägungen ab. So erzählt Neuenschwander das Märchen vom »Hans im Glück« (72). Unter Verzicht auf jede sprachliche Ausschmückung, dabei bis zur syntaktischen Unvollständigkeit reduziert, legt er eine Minimalisierung vor, die nur noch im Textkern das gleichnamige Märchen beinhaltet, in seiner Überarbeitung allerdings Fragmente aus der Berufswelt hinzufügt: [...] **Hans, der arbeitete sieben Jahre in irgend ner Firma, im Angestelltenverhältnis. Kriegte, als er kündigte, einen Klumpen Gold.** (72) Im Märchen sieht Neuenschwander offenkundige Parallelen zu seiner Lebenslage – und ebenso offenkundige Differenzen, denn Hans, seine wiederholten Tauschhandel vollziehend, verliert zwar materiellen Wohlstand und damit existenzsicherndes Vermögen, gewinnt jedoch Glück. Und genau hierin ist der Antagonismus zu Neuenschwander und seinen Kollegen zu sehen. Der Wunsch nach Glück in Unabhängigkeit von Gehalt, Position, Abfindung und sozialem Status ist für Neuenschwander Anlass für die einzige kommentierende Einschreibung in den Märchentext: **Wahnsinn. Minimal hunderttausend Mille im Brunnen, und glücklich.** (72) Eine solche Grundeinstellung ist für Neuenschwander nicht nachvollziehbar, sie ist außerhalb seiner Werteskala verortet und daher überhaupt nur als Märchentopos denkbar. Und trotzdem: Indem er das Märchen zum Rudiment minimiert, aber gerade hier seine Bewertung anschließt, wird auch deutlich, dass Neuenschwander von dem unerfüllten Wunsch ergriffen ist, genau diese Unabhängigkeit zu erreichen.

Unabhängigkeit ist auch das zentrale Thema in Müllers »Märchen von den Vätern und den Söhnen« (72). Mit dem Vater-Sohn-Verhältnis wird eine psychologisch besonders konfliktreiche Konstellation aufgebaut. Ähnlich wie zuvor die Unvereinbarkeit von Reichtum und Glück aufgehoben wird, bietet dieses Märchen eine Lösungsstrategie, mit der Söhne sich zum einen vom Vater abnabeln und trotzdem von kollektiver Erfahrung des Sozialverbandes durch initiative Unterweisung profitieren können. Indem im Märchen die Söhne sich selbst einen Mann als Lehrmeister wählen und dieser Schritt sozial akzeptiert ist, erhalten sie die Möglichkeit, sich außerhalb der Vater-Sohn-Konstellation mit (über-)lebensnotwendigem Wissen auszustatten und eine Position zu erwerben, die es ermöglicht, dem Vater auf Augenhöhe zu begegnen. Durch diese soziale Organisation erwerben die Söhne Unabhängigkeit von familialen Bezügen und Zwängen und können zugleich das erforderliche Weltwissen aufnehmen und weiter tradieren. Auch bei Müller wird die Unerreichbarkeit dieses Zustandes der Unabhängigkeit durch die Kennzeichnung des Textes als Märchen dargelegt. Unter expliziter Nutzung märchentypischer Versatzstücke (z. B. Formeln zu Beginn und am Ende) überstellt Müller die Vision einer weitgehend konfliktbereinigten Generationenfolge im stabilen Sozialverband in den Horizont des Unmöglichen. Zudem ist die Schilderung von Jenkins' Traum (65 ff.) zum Realitätsabgleich heranzuziehen. Jenkins schildert ihren Mutter-Tochter-Konflikt als massive Belastung, die sich weit nach Abschluss der Kindheit und Jugendphase auswirkt und sie im Innersten weiterhin bewegt und beunruhigt. Dagegen spricht aus Müllers Märchen eine Vision, deren Realisierung allerdings jede Wahrscheinlichkeit fehlt.

Auch Krause berichtet von einer Unabhängigkeitsfantasie. Indem er das Märchen »Der Fischer und seine Frau« (73 f.) erzählt, wird nicht nur auf die unmittelbare Märchengrundlage rekurriert, sondern in hohem Maße mit Intertextualität gespielt, denn dieses Grimm'sche Märchen ist wiederholt literarisch aufgegriffen worden.[91] Dieses Märchen, das Krause in knapper Weise vorträgt, variiert abermals den Gedanken von Unabhängigkeit. Es ist als Parabel zu lesen auf eine Gesellschaft, die am Wunsch nach immer mehr materiellem Wohlstand schließlich zu Grunde geht. Das überzogene Maß an Wünschen überspannt den Bogen, den der Fisch im Märchen zu realisieren bereit ist. Als Ergebnis führen die übertriebenen Ansprüche zum Verlust des Erreichten; Fischer und Frau fallen in den Ausgangszustand zurück. Die inhärente Geschlechterthematik ist hierbei sicher zusätzlicher Topos. Die Frau ist diejenige, die immer neue, größere Wünsche anmeldet, jedoch führt der Mann jene ohne großen Widerstand aus und macht sich so zum Erfüllungsgehilfen der überzogenen Wünsche. Im Kern weist dieser Aspekt jedoch auf eine Variation des Themas vom wohl Illusion bleibenden Wunsch nach Unabhängigkeit hin.

3.6.3 Utopie (10. Szene)

Bihlers Märchen »Die Utopie vom Menschen« (74 ff.) ist zwar in der Märchen-Szene verortet, sprengt aber den textlichen Bezugsrahmen der Märchen. Nicht nur, dass dieser Text in die Tradition der utopischen Literatur und nicht in den Märchenkontext fällt, weist ihm eine Sonderstellung zu. Auch die Zeitstruktur ist bemerkenswert; waren die drei zuvor erzählten Märchen in der Vergangenheit angesiedelt und spielten auch mit dieser zeitlichen Dimension – **Früher** [...], (72); **Einst** [...], (72); **Da waren mal,** [...] (73) – kommt Bihlers Utopie in doppelt dringlicher Zukunftsorientierung daher (**Es wird, es muß die Zeit kommen** [...] 74). Die Ausweitung der Zeitschiene aus der Märchenvergangenheit mit retrospektiver Projektionsrichtung auf eine prospektive utopische Zukunft weist diesem Textteil herausragende Bedeutung zu – erst recht, wenn der Erzählhintergrund (Erzählperson und Erzählsituation) fortlaufend berücksichtigt wird. Bihlers Utopie enthält soziologische sowie ökonomische Elemente. Der Ressourcen schonende Umgang mit der Natur ist dabei folgerichtige Konsequenz einer Gesellschaft, die weit von Egoismus und politischer wie ökonomischer Bevormundung und Fremdsteuerung entfernt ist. Die Auflistung des utopischen Sollzustandes nutzt – darin sich in die Tradition der utopischen Literatur einschreibend – auch Pathos und Hochwertausdrücke um sich möglichst deutlich von einem Ist-Zustand abzuheben.

Allerdings unterscheidet sich diese Utopie zentral von historischen utopischen Entwürfen wie denen von Morus, Campanella, Andreae und Bacon, auf die sich dieser Kurzentwurf allein aufgrund des umfassenden Gültigkeitsbereichs und wegen wesentlicher utopischer Einzelentwürfe bezieht. Denn mit keiner Silbe wird auf die konkreten, zur Realisierung notwendigen Schritte hingewiesen. Es handelt sich um eine Sammlung von Zielformeln, die positiv besetzte Assoziationen zu wecken vermögen, aber im Gegensatz zur klassischen politischen Utopie bleibt Bihler jede Überlegung zum Weg dorthin schuldig. Aus dieser Sicht rückt die Utopie wieder ins Reich der Märchen, dies wird noch durch Bihlers lapidare zeitliche Einschätzung am Schluss unterstützt: **So wird es werden, wenn nicht in diesem, dann im nächsten Jahrtausend.** (75) Spätestens mit dieser Schlussbemerkung ist der utopische Gehalt, der zuvor durch die Propagierung der Utopieziele aufgebaut worden ist, wieder destruiert. So bleibt eine ›u-topia‹, ein Nicht-Land und ein Nirgend-Land, in der wörtlichen Bedeutung übrig. Selbst der bewusste Rückgriff auf die Textpotenziale einer Utopie laufen binnen kurzer Zeit ins Leere. Bihlers Utopie klingt wie eine abgestandene Mischung von Pseudo-Visionen.

Dieser Ausschnitt aus *Top Dogs* beleuchtet in besonderer Weise die Rezeptionsdebatte um den utopischen Gehalt des Stücks. Widmer setzt mit Bihlers Utopie konsequent seinen Kunstwerk-Utopie-Begriff um, der in den Poetikvorlesungen ausgeführt ist. Die Sehnsüchte der Figur Bihler – mögen sie noch so holzschnittartig und als Stereotype formuliert sein – bleiben Utopie im Sinne der Unmöglichkeit einer Realisierung. Entsprechend werden sie projiziert, und zwar in eine ferne Zukunft. Durch diese Entrückung aus dem unmittelbaren Hier und Jetzt, durch die vollständige Abkopplung von jeglichem Ansatz einer Realisierungsfrage wird diese Utopie – darin einem Märchen strukturell ähnlich – zu einem Entwurf ohne Sprengkraft.

Die intertextuellen Bezüge zu Märchen und zur utopischen Literatur und damit zu den diesen Textsorten inhärenten Diskursen eröffnet einen weiteren Blick in das Innenleben und die psychische Verfassung der entlassenen Manager. Nachdem ihre Träume durchaus Anteile von Individualität erkennen ließen, selbst wenn diese aufgrund der durchlaufenen beruflichen Sozialisation weitgehend eindimensional blieben, kommt in den Märchen die Variation eines Themas zum Ausdruck, das die Figuren dominiert: dem Wunsch nach Unabhängigkeit – bei gleichzeitiger Reflexion über die Unmöglichkeit, diese zu erreichen. Während die klassischen Volksmärchen in der Verschriftlichung des 19. Jahrhunderts in motivischer wie in psychologischer Hinsicht Raum für positiv besetzte Alternativwelten boten, bleibt ein solcher Raum in *Top Dogs* nicht mehr übrig. Selbstbeschränkungen des Blicks (Neuenschwander), der Abgleich mit der zuvor dargestellten Realität (Müller) sowie das bereits märchentextinhärente Scheitern (Krause) lassen solche Assoziationen nicht mehr zu. Und selbst die Utopie hat ihr Potenzial vollends eingebüßt. »Die Utopie vom Menschen« kann ihren Anspruch nur noch im Titel führen, ihre Konkretisierung scheitert bereits an der Unfähigkeit, sie jenseits von plakativen Formeln auszubuchstabieren – geschweige denn ihre Realisierung als ein zukunftsorientiertes Projekt umzusetzen. Damit wird die Utopie in ihr Gegenteil verkehrt; die im Bewusstsein ihrer grundsätzlichen Unmöglichkeit vorgetragenen Visionen entfalten dystopisches Potenzial, weil sie keine Energie freizusetzen vermögen.

Die Kontextvermischung von Elementen aus der Märchen- und damit der Kinderwelt und der als kalt und brutal erlebten Alltagswelt, die Sinic zu den Erzähltechniken des Grotesken zählt[92], soll auf das Nicht-Vorhandensein einer heilen Welt bzw. auf das Nichtmehr-Vorhandensein eines gesellschaftlichen oder sozialen Schutzraums hinweisen. Im Zusammenhang mit einer Theorie der Groteske weist Sinic darauf hin, dass gerade die Kontextvermischung häufig in satirischer Absicht eingesetzt werde.[93] Eine solche satirische Lesart ist in *Top Dogs* nicht mehr möglich, da gerade die Utopie Bihlers im Anschluss an die Märchen keinen Spielraum für satirische Deutungsentfaltung zulässt; hier werden vielmehr Figuren gezeichnet, deren existenzielles Gefangensein in ihrer Rolle umso tragischer anmutet, als dass sie in sich Reste und Erinnerungen an einen erstrebenswerten Zustand tragen. Die Manager rekonstruieren über die Märchentexte Erinnerungen an einen sozialen und biografischen Kontext, der weiter von ihrem aktuellen nicht entfernt sein kann. Der latente, aber hoch wirksame Wunsch nach einer solchen Zone der Geborgenheit erweist sich, wie Bihlers Utopie hinlänglich gezeigt hat, als ein notwendig zum Scheitern verurteilter Versuch, einen Traum einzufangen und festzuhalten. Insoweit dominiert in der 10. Szene das Element der Tragik.

3.6.4 Apokalypse (11. Szene)

Daher ist es durchaus folgerichtig, dass in TOP DOGS nach den Märchen die Apokalypse folgt. Die Szene 11.1 (»Die große Klage«) verarbeitet Auszüge aus der OFFENBARUNG des Johannes mit Firmennamen, Anrufungen und Zahlen, die nacheinander und teils überlappend von allen Figuren gesprochen werden. Die ausführliche Regieanweisung erläutert diese Szene unter anderem so: **Wimmernder Beginn, alle kriechen wie die Würmer, hilflos ausgesetzt. Zunehmendes Pathos, zunehmendes Flehen, zunehmende Panik. […] Ein pathetisches Flehen zu den Göttern unserer Tage.** (76) Mit Ausnahme einzelner Sätze aus der Apokalypse bleiben die Ausrufe syntaktische Fragmente und herausgeschleuderte Einzelworte.

Allerdings wird in das intertextuelle Referenzsystem mitnichten die gesamte JOHANNES-APOKALYPSE einbezogen, sondern nur der erste Teil. Die Visionen des Johannes in der Offenbarung enthalten in diesem ersten Teil teils beängstigende und verstörende Bilder und Symbole, mit denen der Verfasser jedoch nicht Angst herauf beschwören, sondern den von der Verfolgung bedrohten Christen Trost und Ermutigung zusprechen wollte. Daher werden an die mitunter gewalttätigen Bilder von Untergang und Sterben im zweiten Teil hoffnungsvolle Visionen einer neuen Welt angekoppelt, die eine Zeit nach dem Jüngsten Gericht mit Metaphern wie **der neue Himmel und die neue Erde** oder **das neue, himmlische Jerusalem** beschreiben. Ganz anders ist die große Klage in TOP DOGS gestaltet. Hier werden in intertextuellen Bezügen die apokalyptischen Todes- und Zerstörungsvisionen direkt mit den Namen großer und global tätiger Unternehmen verbunden. Zudem entfällt jeder tröstliche Ausblick, vielmehr verharren die Figuren sowohl körpersprachlich als auch im Text in einem Zustand der finalen Erschöpfung.

Die APOKALYPSE bleibt also auf jene Passagen reduziert, in denen die Trostlosigkeit und das Martyrium geschildert werden. Dadurch werden die vier apokalyptischen Reiter (vgl. 79) und die global players der Wirtschaft parallelisiert; die einen wie die anderen stellen existenzielle Bedrohungen dar. Angekündigt wird das Unheil durch das alttestamentliche **Mene mene Tekel!** (79) aus dem Buch Daniel. Bereits Heine hat in seiner Ballade auf die Geschichte des Königs Belschazzar (auch: Belsazar) zurückgegriffen. Auf die unheilvolle Ankündigung (mene: Gezählt hat Gott die Tage deiner Herrschaft und macht ihr ein Ende; tekel: Gewogen wurdest du auf der Waage und zu leicht befunden), die vom Propheten Daniel entschlüsselt wird, folgen Untergang und Verderben. Dieser Aspekt ist zum einen auf die Figuren selbst zu beziehen, deren desolater psychischer Zustand im Verlauf des Stücks in immer neuen Variationen bereits offen gelegt worden ist. Daneben lässt sich hier in erneutem Zugriff der kapitalismus- und globalisierungskritische Ansatz des Stücks verankern. Diejenigen Unternehmen, die in der globalisierten Wirtschaftswelt auf der ständigen Jagd nach den kostengünstigsten Produktionsstandorten sind und deren Kapital frei flottierend an den Börsen der Welt über das Wohl ganzer Volkswirtschaftszweige mitentscheiden kann, sind in ökonomischer Hinsicht ebensolche apokalyptischen Reiter, die sich von weitem ankündigen, schnell nähern und eine Spur der Verwüstung hinterlassen.

Damit ist die globale gesellschaftliche Funktion der Unternehmen von ihrer Wirkung her beschrieben. Sie sind die modernen, kapitalistischen Äquivalente zu den Bedrohungen der Apokalypse, die in *Top Dogs* zitiert werden: **Erdbeben** (78), Meteoriteneinschlag (79), **Feuer** (80), Springflut (81), Insektenplagen (81)[94], **Tod** (79). Konkretisierungen für diese neutestamentlich entlehnten Metaphern aus dem Bereich der Unternehmenspolitik etwa in Entwicklungsländern, deren ökologische, ökonomische und humane Ressourcen nicht selten zu Gunsten des shareholder-value geplündert werden, sind hier Legion. Reglementierende Instanzen oder gar solche, die nach moralischen Normen Unternehmensentscheidungen bewerten und insofern im analogen Sinne das ›Endgericht‹ innerhalb der Ökonomie darstellen könnten, gibt es schlicht nicht – insofern erübrigt sich ein Bezug zum zweiten Teil der *Johannes-Apokalypse*. Und jeder prognostische Hinweis auf eine Überarbeitung der entsprechenden ökonomischen Verfassung und ihrer Konsequenzen bleibt hinfällig – auf globaler, kollektiver wie auf individueller Ebene.

Da die *Apokalypse* nicht nur als Trostschrift für die von der Verfolgung bedrohten Urchristen fungiert, sondern als eine überzeitlich bzw. zeitunabhängige Botschaft für die Höherwertigkeit des Erlösungsversprechens gegenüber den Beschwernissen des Lebens, fällt der Verzicht auf den zweiten Teil der *Apokalypse* mit ihren Trostvisionen in *Widmers* Stück umso stärker ins Gewicht. Denn in einer derart global geöffneten Sichtweise ist die Ausblendung des theologischen Heilsversprechens als vollständig resignative Haltung zur Globalisierung und ihren Auswirkungen zu sehen. Die düstersten Visionen der *Apokalypse* waren symboltheoretisch erforderlich, um die anschließenden Visionen der neuen Erde umso strahlender gestalten zu können; aber wenn dieser Gegenpol vollständig wegfällt, bleibt tatsächlich nur die Allgegenwart von Bedrohung, Angst und Vernichtung, bleibt die Allgegenwart der global player als die hässlichen Fratze der Globalisierung übrig.

Den Figuren, die von den Handlungsoptionen des Marktes und seinen Akteuren verfolgt werden, stellt sich kein Ausblick auf einen wie auch immer gearteten zukünftigen Zustand der Veränderung dar. Auch die abschließende 12. Szene, in der Jenkins in einen neuen Job verabschiedet wird, ist keine Erlösung, sondern ein Verbleiben in den apokalyptischen Tiefen unter anderen Vorzeichen. Wenn in der Textausgabe von TOP DOGS die Preisrede auf das Stück beim Berliner Theatertreffen von Gerhard Jörders mit den Worten **Die Globalisierung frißt ihre Kinder.** (Umschlagtext) zitiert wird, dann zeigt sich in der 1. Szene die Dramatik dieser Aussage: Endstation Outplacement-Center. Ganz im Gegensatz zur JOHANNES-APO-KALYPSE werden weder Ort noch Zustand auch nur angedeutet, die den bisherigen überwinden könnten. Dies gilt auch für Jenkins: Ihr neuer Job in Südkorea führt sie keineswegs in ein Adäquat zum neuen Jerusalem, denn auch dort wird sie wieder den beständigen Anfeindungen des Systems ausgesetzt sein, das auch bisher ihren Aufstieg und Fall determiniert hat. Für die Manager gibt es kein Entrinnen aus diesem Kreislauf, der im Outplacement-Büro lediglich eine lokale Variation ihrer Lebensthematik bereithält.

In einer Gesellschaft, die so verfasst ist, reduzieren sich letztlich soziale Beziehungen auf den Kampf, dessen Ziel das Überleben ist. Entsprechend ist die durchgängig genutzte Kriegsmetaphorik nur zu konsequent. Dabei wird deutlich, dass nicht nur das Business Krieg ist (21 f.), sondern dass auch jede weitere Form der sozialen Beziehungen als Kampf gestaltet wird. Besonders wird dies in den Rollenspielen deutlich, in denen unterschiedliche soziale Relationen durchbuchstabiert werden. So ist das Verhältnis zwischen Chef und Untergebenem (19 ff., 35 ff.) sowie das Verhältnis zwischen Männern und Frauen – sowohl beruflich (63 ff.) als auch in der Ehe (50 ff., 63, 67 f.) – von Konfliktlinien durchzogen und durch rituell erstarrte Formen kriegerisch anmutender Kommunikation geprägt. Das Schlachtfeld wird bis in die privaten Beziehungen hinein ausgedehnt.

4   Sprache und Kommunikation

Zu den herausragenden sprachlichen Besonderheiten des Stücks *Top Dogs* zählt, dass die Figuren in ihren jeweiligen Rollenhaltungen auch die entsprechende Terminologie verwenden. Dies ist vorwiegend für die Rollen der Manager und Therapeuten feststellbar. Allerdings ist hierbei nicht von einem sprachkompetenten Umgang auszugehen, sondern die Sprache hat sich gleichsam von den Figuren abgelöst und wird zur Maskierung genutzt. Die Versatzstücke aus fachsprachlichen Kontexten enthüllen so ihre Blenderfunktion; Sprache wird kaum mehr zur Kommunikation von Inhalten oder Beziehungen genutzt, sondern zur Kommunikation von Rollenerwartungen und Stereotypen. Dies jedenfalls gilt für die dialogischen Teile des Stücks. In den monologischen Teilen dagegen – etwa in den Träumen oder bei den Märchen – sind die Figuren auch sprachlich deutlicher bei sich und lösen sich, gleichwohl unterschiedlich weit, von der Rollensprache.

Im bereits mehrfach erwähnten Kontext der durchgängigen Kriegsmetaphorik hat auch die verwendete Sprache eine Funktion, die sich in differenzierter Betrachtung in einen offensiven und in einen defensiven Verwendungszusammenhang unterteilen lässt. Die betont sachliche Geschäftssprache, die mit Anglizismen durchsetzt ist und durch syntaktische Knappheit bis zur Unvollständigkeit auffällt, reduziert den Sprecher auf die reine Kommunikatorenrolle. Im Mittelpunkt steht die Sache; die Person des Sprechers und seine Befindlichkeit treten in den Hintergrund. In diesem Sinne fungiert die Geschäftssprache wie ein Panzer, der die Person von ihrer Rolle trennt und auf der Oberfläche abschirmt. Daneben hat die Sprache auch offensive Funktionen, etwa dann, wenn geschäftliche Entscheidungen mitgeteilt werden, wenn Entlassungen ausgesprochen werden oder wenn die sachliche Ebene verlassen wird, um persönliche Angriffe vorzutragen (etwa in den Rollenspielen). Dann wird die Sprache als Waffe eingesetzt und von den Dialogpartnern auch genau so empfunden. Hier ist die Sprache in den Dienst der sozialen Hierarchie gestellt; Rang und Position eines Sprechers entscheiden darüber, ob er die Sprache in offensiver Weise verwenden kann oder in eher defensiver Weise verwenden muss. Insoweit ist Sprache das Instrument, mit dem die Machtkämpfe sowohl auf der Ebene der Unternehmen, auf der innerbetrieblichen Ebene als schließlich auf der Ebene der persönlichen Beziehungen – auch im privaten Bereich – geführt werden.

Daneben dient die Sprache in *Top Dogs* auch der Entlarvung. Sowohl in den geschäftlichen wie in den (quasi-)therapeutischen Zusammenhängen entpuppt sich die Sprache als große Luftblase, mit der die Figuren in einer unfreiwilligen Komik gezeichnet werden. Hierzu hat WIDMER spezifische sprachliche Kennzeichnungen verwendet, die sich je nach Kommunikationskontext voneinander unterscheiden und die enttarnend auf die zunehmende Entfernung zwischen Dingen bzw. Sachverhalten und dem Sprechen darüber hinweisen.

4.1 Sprache der Ökonomie

Die Kommunikation im global business hat eine eigene Sprachkultur hervorgebracht, die sowohl lexikalisch als auch stilistisch gekennzeichnet ist. In Bezug auf die Lexik sind Anglizismen, Fachsprache, Komposita sowie Phrasen hervorzuheben. Die Verwendung dieser lexikalischen Besonderheiten in Kombination mit einer bis zum Fragment reduzierten Syntax prägt den Stil dieser ›business-speak‹, jener Sprache der Ökonomie, die den permanenten Grenzgang zwischen Kompetenz markierender Fachsprache und soziale Verortungen spiegelndem Soziolekt unternimmt.

Ihre Benutzer können sich sicher sein, dass diese Sprache, die sich deutlich von der Alltagssprache abhebt, als Ausweis ihrer beruflichen Tätigkeit identifiziert wird. Die Figuren in *Top Dogs* zeigen jedoch auch, dass diese spezifische Sprache ein Teil ihrer Persönlichkeit geworden ist, dass ein Wechsel der Sprache je nach der jeweiligen Kommunikationssituation kaum mehr gelingt. Ebenso wie ein *Dresscode* eine bestimmte Inszenierung der Oberfläche verlangt, so existiert offenkundig ein S*peachcode*, dessen Anwendung jenseits seiner Gegenstands- und Kommunikationsbereiche Züge des Lächerlichen trägt. Aber ebenso wie in Bezug auf die Übernahme von Rollenmustern zeigt auf die Übernahme von Sprachmustern, dass und wie die berufliche Sozialisation die Figuren als Manager geprägt hat und in welchem Umfang diese Prägung sich auswirkt. Besonders deutlich wird dies etwa im Rollenspiel der Paartherapie, in dem die Kommunikation zwischen Manager und Ehefrau simuliert wird und Einsprengsel der ›business-speak‹ enthält: **Und du, Julika? Hast du eigentlich jemals über deinen Buchwert nachgedacht, Julikamaus? Wie hoch evaluierst du deinen Abwasch? Das Abstauben? Das bißchen Small talk, wenn du mich zu einem Kundenessen begleitest?** (55) Nicht nur Unternehmensdaten, sondern auch die eheliche Arbeitsteilung wird hier sprachlich als bilanzfähig kodiert. Dies zeigt, dass Jenkins nicht in der Lage ist, die Sprachebenen sach- und kommunikationsangemessen zu variieren – und sich so in seiner Sprachprägung entlarvt.

Besonders die 3. Szene (»Die Schlacht der Wörter«, 24 ff.) zeigt die Figuren in ihrer Reduzierung auf die Sprache der Ökonomie. Alle Figuren treten teils nacheinander, teils gleichzeitig auf die Bühne und erzeugen eine Collage der ökonomischen Terminologie. Hier wird die Entkopplung der Sprache von den Dingen auf die Spitze getrieben. Auch werden die einzelnen lexikalischen Elemente (Anglizismen, Fachsprache, Komposita und Phrasen) verwendet, die sich in Bezug auf Wortherkunft, Intention und rhetorische Figuren differenziert betrachten lassen.

4.1.1 Anglizismen

Der wiederholte Rückgriff auf Anglizismen, der der Internationalisierung der Wirtschaft und somit der Verwendung einer international kompatiblen Sprache geschuldet ist, bewirkt eine durchlaufende Vermischung der verwendeten natürlichen Sprachebenen. Neben der so initiierten Wirkung der Weltläufigkeit und Vielsprachigkeit – sicherlich positive Managerqualitäten – sind die Einspeisungen aus der englischen Sprache auch unter rhetorischen Gesichtspunkten bemerkenswert. Denn vielfach werden so explizit negative Sachverhalte mit einer freundlicheren Konnotation versehen. Das zentrale Beispiel in TOP DOGS ist der Begriff ›outplacement‹: Hier wird der Existenz gefährdende Vorgang der Entlassung in die Arbeitslosigkeit sprachlich in seiner Dramatik reduziert und mit einer weit weniger bedrohlichen Emotionalität verknüpft. Auch das deutschsprachige Pendant ›Freisetzung‹ ist als Euphemismus mit ähnlicher Wirkung zu kennzeichnen. Entsprechend ›funktionieren‹ auch andere Begriffe, die in der »Schlacht der Wörter« vorgetragen werden: **Competition** (25) – **Reframing** – **Task-Force** (26) **Downsizing** – **Outsourcing** – **Outplacing** (27). Hier werden durch die englischen Bezeichnungen Assoziationen hervorgerufen, deren Wirkung bei einer deutschsprachigen Benennung des Sachverhaltes deutlich brutaler ausfallen würde. Insofern dient die Nutzung von Anglizismen hier dem Ausweichen und Beschönigen, zugleich kann zum Beispiel in einer unmittelbaren Kommunikationssituation etwa die Kündigung weniger drastisch formuliert werden, weil die entsprechenden Signalwörter (Kündigung, Entlassung o. Ä.) fehlen.

Auch Komposita oder Phrasen aus dem Englischen sind in ihren intendierten Wirkungen unterschiedlich erklärbar. Während metaphorische Formulierungen wie **Point-of-no-return** (24) –, **Hot-line** (26) oder **Know-how** (28) auch in außerökonomischen Kontexten gängig und als Zeichen genereller Sprachmischung bzw. Etablierung von entlehnten Ausdrücken anzusehen sind, nehmen andere Formulierungen wie **Break-even-point** (24) oder **Lean Management** (26) einen funktionalen Grenzbereich zwischen Euphemisierung und fachsprachlicher Genauigkeit ein. Daneben werden Formulierungen aus dem Englischen übernommen, die entweder direkt aus der Computerfachsprache stammen oder aber deren Bildung sich hieran orientiert und deren Verwendung in Anspielung auf diesen Herkunftskontext eine gewisse Aktualität der verwendeten Sprache andeuten soll. Durch deren Benutzung gibt der Sprecher in seiner sprachlichen Selbstinszenierung Hinweise auf seinen Informationsstand oder seine bereichsübergreifende Bildung. Beispiele hierfür sind: **Social information processing approach** oder **Zero base budgeting** (26).

Anders sieht es bei reinen Termini aus, die sich im internationalen Geschäftsverkehr etabliert haben. So sind etwa die Verben **Buy. – Hold. – Sell.** (28) feste Bestandteile in der Fachsprache der internationalen Börsen; hier ist allein die Absicht sprachlicher Effizienz und Eindeutigkeit der Kommunikation leitend.

Sprachlich auffallend ist zudem, dass der Einbezug von Anglizismen in die deutsche Sprache bisweilen dazu führt, dass englischsprachige Wörter nach den Prinzipien der deutschen Grammatik behandelt, also etwa konjugiert oder dekliniert, werden. Dies gilt dann auch für zweisprachige Komposita wie **Review-Kultur** (26). Der Sprachimport besteht darin, dass Elemente anderssprachiger Lexik in die Zielsprache implementiert und wie eigensprachliches Material behandelt werden.

Im dialogischen Kontext der Geschäftssprache ist dann eine Einbindung von Anglizismen zu konzedieren. Dies gilt sowohl für Einzelwörter wie für Phrasen und ganze syntaktische Einheiten. So sagt Wrage etwa: **Wir haben Partner in zweiundzwanzig Ländern und können unsere Klienten ALL OVER THE WORLD vermitteln. Nach allen Ländern der EU, Kenia, Mexiko, Japan. JUST NAME IT.** (9) – Wie bieten jetzt dreitägige Crash-Programme in Gruppen an, für eine erfolgreiche berufliche Neuorientierung auch im **LOW-SALARY-Bereich.** (11) Im ersten Fall sind die englischsprachigen Einschübe durch den jeweiligen Kontext funktional charakterisiert. In genannten Beispiel soll die Internationalität des Unternehmens nicht nur durch die Aufzählung von Ländern, die stellvertretend für unterschiedliche Kontinente – besser: Wirtschaftsräume – stehen, sondern auch durch die flexibel eingestreute Zweisprachigkeit der Unternehmensrepräsentantin unterstrichen werden. Das zweite Beispiel soll die Kompetenz der Sprecherin und damit die Kompetenz der dahinter stehenden Institution betonen. Die Anglizismen markieren die Ausrichtung des Unternehmens an internationalen Märkten. Auch Deér beherrscht dies: **Wer beim Catering dabei sein will, muß Tag und Nacht am Ball sein. ›Lead, follow or get out of the way‹, nicht wahr.** (13) Auch hier sind sowohl die Bezeichnung seines Geschäftsbereichs als auch die Verwendung einer stehenden Redewendung Signale für die durch den Sprecher vertretene Internationalität und Kompetenz des Unternehmens.

Doch deuten diese Beispiele zugleich an, dass die englischsprachigen

Einschübe auch ein gutes Stück hohler Fassade sind, denn dieselben Sachverhalte ließen sich häufig (nicht immer) auch ohne Anglizismen exakt kommunizieren. Die wie beiläufig wirkende Verwendung von Anglizismen trägt auch zur Selbstinszenierung bei; gerade in einem Dialog, der wie ein strategisches Spiel aufgebaut ist: Legt der eine Kommunikationspartner vor, zieht der andere nach. Und hierbei geht es dann nicht mehr um zu kommunizierende Inhalte, sondern – in abgeschwächter Konkretisierung der Kriegsmetaphorik – darum, sich als Kombattant verbal auf Augenhöhe zu erweisen und die eigene soziale Position nachdrücklich zu verdeutlichen und zu markieren. In seiner Rede im Züricher Schauspielhaus entlarvt WIDMER gerade diese Blendwirkung der Anglizismen in Bezug auf die statuserhöhende Umschreibung von beruflichen Tätigkeiten:

> Dies sind die Stellenangebote eines einzigen Tages, einer einzigen Zeitung: Da wird zum Beispiel ein ›Corporate Key Relationship Manager‹ gesucht, mit ›natürlicher Affinität zum transatlantischen Kommunikationsstil und interkultureller Rundumbildung‹. Oder ein Vice President Corporate Staff Management Resources, ein Change Manager, ein Manager Component Purchasing and Subcontracting, ein Business Process Engineer, ein Area Sales Manager, ein Event Coordinator, ein Human Resources Consultant, ein Chief Executive Officer, ein Integration Manager Supplier, ein Supply Chain Manager, ein Procurement Officer, ein Senior Consultant, ein Head of Operations und ein Deal Manager. All diese Berufe stammen aus einer deutschsprachigen Zeitung, aus der *Neuen Züricher Zeitung*. Mir ist auch schon klar, daß da manche altvertraute Tätigkeit mit prächtig klingenden Titeln aufgemotzt wird. Der Area Sales Manager wird wohl wie eh und je mit seinen Staubsaugern losziehen und von unwilligen Hausfrauen die Tür vor die Nase geknallt bekommen.[95]

Im Kontrast zu den Anglizismen nimmt WIDMER punktuell dialektale Einschübe vor: ›**Häsch mr e Schtutz?**‹ ›**Nei, aber e Krawatte.**‹ (19) Der Gegensatz zwischen weltläufiger Geschäftssprache und Reduziertheit bzw. regionale Gebundenheit andeutendem Dialekt könnte größer nicht sein. Indem Wrage hier Dialekt spricht, weist sie sich zum einen als elaborierte Sprecherin aus, die mühelos über unterschiedliche Sprachebenen verfügen kann. Gleichzeitig legt sie aber ihre sprachlich-kulturellen Wurzeln offen, die eben nicht auf einer sich globalisierenden bzw. universalisierenden Einheitssprache gründen, sondern explizit Schweizer Ursprungs sind. Das zaghafte, aber vorhandene Hinüberretten der sprachlich-kulturellen Wurzeln als Moment der Identifikationsstiftung wird durch die **Heiterkeit des Chors** (19) allerdings attackiert. Ganz offensichtlich werden derartige sprachliche Rückgriffe auf dem Parkett des *big business* nicht akzeptiert, sondern als Ausdruck des Provinzialismus bewertet. Wrage gleitet nach dem Ausflug in den Dialekt auch mühelos wieder in die Geschäftssprache zurück.

4.1.2 Fachsprache

In der beruflichen Kommunikation nehmen fachsprachliche Elemente einen wichtigen Stellenwert ein. Sie dienen der sprachlichen Präzision, der Eindeutigkeit sowie der sprachlichen Ökonomisierung und vereinfachen und beschleunigen so die Kommunikation unter Fachleuten. Elemente der Fachsprache können, das ist keinesfalls ungewöhnlich, aus verschiedenen Nationalsprachen stammen und zu einem polylingualen Fachsprachengemisch vermengt sein. Versierte Sprecher bedienen sich dieser Subsprache flexibel und gewandt. Zur Beherrschung einer Fachsprache gehört allerdings auch, dass die kommunikative Situation, in der die Fachsprache genutzt wird, berücksichtigt wird. Wenn dagegen Elemente einer Fachsprache in Alltagssituationen exportiert werden, dann erzeugt der Sprecher nicht mehr allein einen sprachlichen Nachweis seiner fachlichen Kompetenz, sondern er droht sich der Lächerlichkeit auszusetzen.

Hier zeigt vor allem die 6. Szene (»Blöde Kuh«), dass ökonomisches Vokabular, zur Beschreibung einer Ehekrise eingesetzt, den Sprecher dahingehend entlarvt, dass er nicht situationsangepasst kommunizieren kann. Da in der Privatbeziehung eher nicht davon auszugehen ist, dass die Verwendung fachsprachlichen Vokabulars das Ziel hat, den Kommunikationspartner zu beeindrucken, zeigt das Beispiel, wie stark die Managerfiguren in ihrem auch sprachlich etablierten und wirksam bleibenden Managerdenken verhaftet sind.

Ähnliches deutet sich auch in den Träumen (8. Szene) an, etwa wenn Krause die Notwendigkeit dezidierter menschlicher Beziehungen so begründet:

> Ich meine, wenn du im Arbeitsprozeß steckst, anders geht das ja auch nicht, da bist du so stark von deinen Zielvorgaben in Anspruch genommen, daß dir kaum Zeit übrig bleibt für den Menschen, der hinter jeder Hardware steht. Das geht echt verloren in einer Arbeitsbeziehung, daß hinter jedem Projekt immer auch ein Mensch steht. (59)

Auch hier deutet der fachsprachliche Kontext das dahinterstehende Denken und die Wahrnehmung an. Menschen und Kollegen werden als Hardware oder als Projekt wahrgenommen und mit den entsprechenden fachsprachlichen Etiketten versehen. Allerdings offenbart sich hier nicht der Aspekt der Lächerlichkeit, sondern vielmehr wird deutlich, dass ein Berufsumfeld einen Menschen derart umfassend prägt und einbindet, dass sich eben Wahrnehmung und Denken den jeweiligen Anforderungen komplett unterordnen und folglich eine Abgrenzung zwischen Beruf und Nicht-Beruf ausgesprochen schwierig wird. Dies ist bei der Übertragung fachsprachlicher Elemente in nichtfachliche Kontexte zu beobachten.

Weitere Elemente der ökonomischen Fachsprache, sofern sie nicht als Anglizismen zu kennzeichnen sind, bestehen in der sprachlich ausgesprochen produktiven Nutzung der Bildung von Komposita.

4.1.3 Komposita

In Komposita werden häufig sprachliche Elemente sehr unterschiedlicher Herkunft zusammengefügt und hierdurch mit einer neuen Bedeutung aufgeladen: **Finanzrahmen – Kostenkontrolle** (25) – **Karriereanker** (26) – **Konzentrationsvision – Kündigungskultur – Marktmacht** (27) – **Aufbruchstimmung** (29). Die sprachliche Vereinigung von zum Teil Gegensätzlichem, der rhetorischen Figur des Oxymorons analog, signalisiert zum einen sprachliche Innovation, intendiert zum anderen auch eine gewisse sprachliche Belebung und Unterhaltung. Die Nutzung von Komposita unterstreicht die Entschlossenheit des Handelns. Wiederholt wird diese Wirkung noch durch die enthaltenen Alliterationen oder in anderen Fällen durch die Assonanzen klanglich gesteigert.

Ein Vergleich der Komposita mit den beiden Ursprungswörtern ergibt, dass hier häufig die Fügung nicht zueinander passender Begriffe als Produktionsregel genutzt wird. Zur sprachlichen Fassung der Gepflogenheiten globalisierter Wirtschaft wird die Paradoxie leitend; diese sprachliche Repräsentation lässt Schlüsse auf eine Paradoxie der Ökonomie selbst zu. Einerseits ist es höchstes Ziel eines Unternehmens, Umsatz und Gewinn zu steigern; andererseits scheint gerade dieses Ziel dadurch erreichbar zu sein, dass Mitarbeiter entlassen werden, oder ökonomisch formuliert, dass Kosten reduziert werden. Diese Widersprüchlichkeit, die aber gleichwohl in den Bilanzen nachweislich aufgeht, findet in der Sprache ihr Äquivalent. Und auch die Sprachbildung ist vergleichbar: Wird bei Komposita nicht zueinander passendes Sprachmaterial kombiniert, so ist es in der Ökonomie die Fügung nicht zueinander passender Handlungslogiken – und in beiden Fällen erweist sich die Strategie als ausgesprochen dynamisch und produktiv.

4.1.4 Phrasen

Ein weiteres Kennzeichen der in TOP DOGS vorgestellten Sprache der Ökonomie ist die Phrase. **Es ist vorbei mit den fetten Jahren. […] Jetzt bläst auch bei uns kalter Wind. Wir müssen ein GLOBAL PLAYER sein, oder die Konkurrenz dreht uns die Luft ab.** (20) Mit solchen Phrasen begründet Bihler im rollenspielerischen Nachvollzug die Entlassung Tschudis. Indem unter Nutzung metaphorischer Sprache Entscheidungen begründet und verkündet werden, sind diese in ihrer Begründung nicht nachvollziehbar und eben darum auch nicht widerlegbar. Bihler stellt Behauptungen auf, nutzt hierzu Phrasen, die auch in anderen Kontexten eindeutig inhaltlich belegt sind, nennt aber keine Begründung für seine Personalentscheidung, die dem Entlassenen plausibilisiert werden könnte. Und auch beim inhaltlichen Widerpart zur Entlassung, bei der Verabschiedung von Jenkins in den neuen Job, sind es wiederum Phrasen, die den Dialog dominieren.

Die Phrase bietet bei beiden Gelegenheiten die Möglichkeit eines Rückzugs des Sprechers in die Unangreifbarkeit. Zugleich ist eine Phrase ein emotionsentleertes Kommunikationsereignis. Indem ein Sprecher auf eine solche Distanz zu sich, zu den Dingen und zu dem Kommunikationspartner aufbauende Phrase zurückgreift, spart er sich die innere Beteiligung an der Kommunikation. **Ich sehe der neuen Herausforderung mit Spannung und Freude entgegen.** (85) Kontrollierter und im Stil nach diplomatischer hätte sich Jenkins kaum aus dem Outplacement-Büro verabschieden können. Eine solche Aussage ist aber zugleich immer eine sprachliche Nullnummer, denn weder Spannung noch Freude leiten Jenkins in dieser Situation. Zum einen hat sie nie einen Job in der südkoreanischen Provinz angestrebt und zum anderen kehrt sie zurück in sozialhierarchische Bezüge, um deren Bedrohungspotenziale sie inzwischen weiß. Auch der abschließende Wortwechsel mit den übrigen Managern ist von der Phrase gekennzeichnet. Alle reden Dinge von höchster Belanglosigkeit, um einem unerträglichen Schweigen zu entgehen.

> JENKINS Und ich habe drei Freiflüge im Jahr. *Zu Herrn Müller* Herr Müller. Danke für alles. Und alles Gute.
> MÜLLER Ihnen auch, Frau Jenkins. Schreiben Sie uns.
> JENKINS Mach ich. – Wiedersehen Herr Deér.
> DEÉR Passen Sie mit dem Essen auf. Die essen da unten Hunde und Ameisen.
> JENKINS Bin eh Vegetarierin. – Tschüs, Herr Krause.
> KRAUSE Tschüs. Und toi, toi, toi. (86)

Die Figuren flüchten hier in die Phrase, weil sie sich de facto nichts mehr zu sagen haben. Die Verhältnisse sind geklärt: Jenkins verlässt das Outplacement-Center, in dem die anderen mit ihren Hoffnungen und Wünschen zurückbleiben. Die Situation, sich nichts zu sagen zu haben, durchläuft das ganze Stück. Kommunikation greift kaum aufeinander zurück, sondern zumeist werden Gesprächsbeiträge aneinander gereiht, ohne dass zwischen den Kommunikationspartnern ein wirklicher Austausch stattfindet. Und das Mittel um eine solche Kommunikation ohne Kommunikationsabsicht zu führen, ist die Phrase, die es ermöglicht, etwas zu sagen, ohne hierfür ›haftbar‹ gemacht werden zu können. Immer dann, wenn die Figuren in den dialogischen Passagen an die Grenze des eigenen Ich, der eigenen Selbstwahrnehmung, Kommunikationsbereitschaft und -fähigkeit oder Selbstreflexion stoßen, ziehen sie sich auf die Phrase zurück. Anders sind dagegen die monologischen Passagen gestaltet. Auch hier sind gelegentlich Phrasen feststellbar, aber hier zeigen sie vor allem die Unfähigkeit der Figuren, ausgetretene Denk- und Sprachmuster zu verlassen bzw. zu überwinden.

4.1.5 *Syntax*

Die Sprache der Ökonomie greift unter anderem auch deshalb auf Anglizismen und Komposita zurück, weil diese eine sprachliche Präzisierung und somit eine sprachliche Repräsentation des Effizienzgedankens der Wirtschaft darstellen. *Zeit ist Geld* – so eine der gängigen Phrasen, die sich auch sprachlich in Verkürzungen niederschlägt. Aber auch auf der Ebene der Syntax sind entsprechende Auffälligkeiten festzustellen. In den Dialogpassagen herrscht die Tendenz zum kurzen Satz, zum parataktischen Sprechen vor. Hier sind zudem wiederholt Satzverkürzungen festzustellen, die vom Auslassen eines zur syntaktischen Vollständigkeit notwendigen Satzgliedes bis zur völligen Fragmentarisierung bzw. Reduzierung auf Satzrudimente reichen.

Auch diese sprachliche Auffälligkeit ist doppelt lesbar. Zum einen ist hier erneut eine sprachliche Reduzierung im Sinne ökonomisch erwünschter Effizienz vorhanden, die nach der Wortebene nun auch auf Satzebene feststellbar ist und erneut als Spiegelung erwünschter Eigenschaften angesehen werden kann. Allerdings hat dieses Phänomen auf der Satzebene eine andere Wirkung als auf der Wortebene, bei der ja nicht zuletzt das sprachschöpferische Potenzial der Komposita als Idiom kennzeichnend war. Bei den wiederholten Satzverkürzungen, die im Stück mit Selbstunterbrechungen, Einschüben und auf diese Weise unvollständig bleibenden Sätze einhergehen, erwecken die Figuren den Eindruck gehetzt zu sein. Die Unvollständigkeit der Sätze und die Sprunghaftigkeit der Einschübe lässt auf die desolate Strukturierungsleistung der Gedanken schließen; dies ist zum einen sicherlich durch die momentane Lebenslage begründet und deutet sogar darüber hinaus.

Offenbar sind die Figuren in ihren beruflichen Bezügen derart unter Druck, dass ihnen das Verbleiben bei einem Gedanken und dessen sprachlich-syntaktisch abgerundete und vollständige sprachliche Realisierung vielfach nicht mehr gelingt. Insofern ist die syntaktische Unvollständigkeit ein Symptom, das die Manager als von der Rationalisierungs- und Effizienzlogik der globalisierten Wirtschaft ›Getriebene‹ darstellt. Vor allem Deér als Neuzugang im Outplacement-Büro zeigt diese Sprachstrategie: **Ist bei mir nicht drin, Ferien. Bin ja ursprünglich Maschineningenieur. Workaholic. Daß ich bei der Swissair gelandet bin, an der Front zuerst, dann im Catering, hat sicher damit zu tun. Sechzehnstundentage.** (12) Einwortsätze und nicht angepasste Syntax – so müsste im ersten Satz der Plural auch beim Verb verwendet werden – sind nicht untypisch für Deérs Sprechweise, insbesondere dann, wenn er über sich selbst redet. Spricht er dagegen über seine (ehemalige) Firma, tendiert er schon zu komplexeren syntaktischen Strukturen – aber das komplexere Reden über sich selbst angesichts der unmittelbar zuvor eingetretenen Arbeitslosigkeit gelingt kaum.

Die genannten syntaktischen Auffälligkeiten sind im Übrigen auch in den monologisch angelegten Textpassagen (Träume, Märchen) anzutreffen, weil die Figuren auch hier gesprochene Sprache wie in einem Selbstgespräch benutzen und entsprechend den syntaktischen Prägungen folgen. So etwa Wrage in ihrem Traum: **Ich komme zurück. Im Sonnenlicht. Spalier des Kaders. Teppich. An einem Dienstag. Direkt in die Konferenz.** (65) Sie listet hier ausschmückende Details ihres Traums auf, als diktierte sie sich selbst ein Memo, bei dem es allein auf Stichpunkte ankäme, die nicht vergessen werden dürfen. Die vollständige Reduktion auf die Dinge erfordert keinen vollständigen Satzbau; die entsprechenden Stichpunkte sind ausreichend – sowohl für das Tempo des Traums als auch für den Notizzettel.

4.2 Sprache der Therapie

Ebenso wie die Therapeutenrolle von den Figuren als Rolle angenommen und ausgefüllt wird, so bleibt auch die in dieser Rollenhaltung genutzte Sprache vor allem eine Rollensprache. Und weil es keine Therapeuten sind, sondern Figuren, die Therapeuten spielen, bleibt die Sprache der Therapeuten auf das reduziert, was sich Figuren unter der Therapiesprache vorstellen. Entsprechend werden Floskeln genutzt, die Diktion erinnert bisweilen an eine Karikatur. Da aber dennoch beim Zuschauer die Vermutung aufrecht erhalten bleibt, dass Therapie ähnlich ablaufen und ähnliche Sprachmuster benutzen könnte wie das Therapiespielen, liegt hier eine Ironisierung von Fachsprache vor.

Die Therapiesprache wird immer nur dann verwendet, wenn einzelne Figuren explizit die Rolle des Psychologen übernehmen. Wrages Auftritt in der 1. Szene gehört allerdings nicht dazu, denn sie weist ihre Rolle als die einer Beraterin aus und steht damit außerhalb des therapeutischen Zusammenhangs.

Profilierter ist der Auftritt von Jenkins, die als **Psychologin** im **Camp** (29 ff.) die Fallinszenierung und -besprechung leitet. Sie nutzt hierbei eine überwiegend minimalistische Sprache, nicht zuletzt um ihre Interventionen so gering wie möglich zu halten. So lange die Camp-Teilnehmer mit reiner Moderation auskommen, wird Jenkins auch nicht weiter herausgefordert. Doch der Zusammenbruch Krauses (37 ff.) erfordert von ihr auch sprachlich komplexere Reaktionen, denen sie nicht mehr gewachsen ist. Sie lässt sich wiederholt von Krause unterbrechen, relativiert ihre Anweisungen (**Nur so ein Spiel, Herr Krause.** 37) und reagiert unsicher (**Herr Krause, wer wird denn gleich ...,** 37). Bei der Moderation des sich anschließenden Rollenspiels agiert sie ungeschickt, in dem sie starke Rollenvorgaben macht und das Rollenspiel wie einen Kindergeburtstag einleitet – ohne Kommentierung, sondern so, als sei sie froh, dass ihr überhaupt noch etwas eingefallen sei, um die Situation zu retten (38).

Auf sicheren Boden kehrt Jenkins jenseits der plötzlichen Interventionsnotwendigkeit zurück. Etwa bei der Manöverkritik ist wieder ihre Moderationskompetenz gefragt. Hier bedient sie sich fortlaufend der Floskel, mit der sie die Sprache der Therapie enttarnt als eine Mischung von gespielter Empathie und phrasenhafter Äußerung und mit der sie allein ihre Unsicherheit mühsam kaschiert. Zu den sprachlichen Strategien zählt die Verwendung des Personalpronomens ›wir‹ in Kombination mit dem unaufrichtig verwendeten Verb ›wollen‹ (**Wir wollen jetzt alle gemeinsam [...].** 41). Hierzu zählen aber auch Versatzstücke aus der fachsprachlichen Terminologie, die bisweilen in verdächtiger Nähe zur ökonomischen Fachsprache liegen. **Mein persönliches Feedback werde ich Ihnen später dann noch ausführlicher im persönlichen Gespräch.** (41) Der Anglizismus **Feedback** ist auch der Managersprache nicht fremd; die doppelte Nutzung des Adjektivs ›persönlich‹ soll der Aussage mehr Nachdruck verleihen, wirkt aber als erneutes Indiz für die Unsicherheit der Psychologiespielerin. Dass schließlich dem Satz das entscheidende Verb fehlt, unterstreicht dies. Jenkins reiht weitere Floskeln aneinander: **Das Rollenspiel ist ein Baustein in einer Kette von persönlichkeitsstützenden Maßnahmen.** (42) – **Sie müssen positiv denken!** (43) Das erstgenannte Beispiel wirkt wie auswendig gelernt, das zweite stellt eine paradoxe Handlungsanweisung dar, die einer geschulten Psychologin kaum unterlaufen würde und die zudem ein ironisierendes Zitat eines vermuteten Psychologenjargons darstellt.

Auch andere Figuren in der Trainer- bzw. Therapeutenrolle nutzen Versatzstücke, die im Kontext des Stücks eine lächerliche Wirkung entfalten:

Sie wissen ja, worum es geht. Und wenn nicht, werd ichs Ihnen erklären, im Lauf der Übungen. So! Als erstes machen Sie einfach ein paar Schritte, so wie Sie das gewöhnt sind, jeden Tag, aus dem Bauch heraus einfach ein paar Schritte. [...] Das ist der sogenannte ›Ist-Zustand‹. Ja. Jetzt möchte ich Ihnen gern, anhand von zwei, drei Manipulationen an Ihrem Körper zeigen, wie Sie von innen und dann natürlich auch als Ausstrahlung ein ganz neues Lebensgefühl kriegen. (48)

Hier wird eine grundlegende Skepsis gegenüber der Psychologie – mindestens in Bezug auf ihre Funktion als Lebenshilfe – spürbar. Wenn Psychologie so funktionieren würde, wie Tschudi bei der Gangübung behauptet, dann wäre sie Scharlatanerie. Dies zeigt sich sprachlich: Die Formulierung **aus dem Bauch heraus** (48) soll auf einen unverstellten Zugang des Klienten zur therapeutischen Aufgabe abzielen, ist aber eine Plattitüde – und sprachlich fehlerhaft zudem, denn der Klient soll ein paar Schritte gehen; das **aus dem Bauch heraus** allein ist physiologischer Unsinn. Es folgt die Simplifizierung: mit **zwei, drei Manipulationen** (48) – so behauptet der Psychologe – sei **natürlich** (48) ein **ganz neues Lebensgefühl** (48) zu erwerben. Hier offenbart sich, dass kein Psychologe am Werk ist, sondern einer, der sprachlich mühsam versucht, seinen Dilettantismus zu verbergen.

Auch Müller füllt die Psychologenrolle nicht aus. Er stellt bei der Paartherapie Phrasen und Hohlformeln vor, die eine ernst zu nehmende Therapie diskreditieren: **Ich weiß, daß Sie Ihrem Gatten den unabdingbaren emotionalen Halt geben, damit er seinen Alltag unbelastet angehen kann. Eine Frau ist ja sozusagen die Tankstelle, wo der Mann seine Batterien wieder aufladen kann, um es mal so zu formulieren.** (50) Abgesehen von einem diskriminierenden Frauenbild greift Müller auf vermeintlich gefällige Metaphern zurück, um die Beziehung zwischen zwei Menschen zu beschreiben; doch allein der nachgeschobene Nebensatz deutet an, dass auch er als Psychologe um Worte ringt.

Die genannten Beispiele zeigen allesamt, dass die Sprache der Therapie im Kontext des Stücks verräterisch ist, denn sie verweist auf das der Therapie zugrunde liegende Menschenbild: Der Mensch soll wie eine Maschine (**Manipulationen, Tankstelle**, immer marionettenhafter werdende **Gangübungen** und Gehbewegungen) bei einem psychischen Defekt schnell und problemlos wieder auf Kurs gebracht werden und kann durch ein paar simple Rollenspielchen wieder zur managementkompatiblen Kampfmaschine werden. Erlittene Kränkungen – wie die der Entlassung – werden beiläufig durch Reden und Spielen gleichsam abgefedert, die Psyche kann mit ein paar Taschenspielertricks wieder aufpoliert werden. Gegen ein solches Therapieverständnis sind mit Recht Skepsis und Ablehnung zu formulieren. Dies geschieht in *Top Dogs* auch, indem nämlich die sprachliche Interaktion der Psychologiespieler mit völliger Banalität gezeichnet und der Lächerlichkeit preisgegeben wird. Als abschließendes Augenzwinkern in Richtung Psychologie setzt Jenkins bei ihrer Verabschiedung aus dem Outplacement-Center den Schlusspunkt: **Zu Ihnen durfte ich ja auch kommen, wenn es mit dem positiven Denken mal nicht so klappte.** (85) – Das positive Denken, das verordnet funktionieren soll, reiht sich in die Maschinenanalogie ein, bei einer behebbaren Fehlfunktion reicht Expertenkontakt. Diese kritische Haltung zur Therapie wird im Stück allein durch die entlarvend eingesetzte Sprache transportiert.

5 Gegenwartsdramatik und postdramatisches Theater

5.1 Entstehung und Dramatisierung als Königsdrama

Die Entstehungsgeschichte des Dramas TOP DOGS ist in mehrerer Hinsicht außergewöhnlich. Die Initialzündung, so WIDMER in seiner Rekonstruktion der Arbeit am dramatischen Thema[96], ging von der Beobachtung aus, dass in der Schweiz Arbeitslosigkeit plötzlich zu einem alltäglichen Thema wurde. Gemeinsam mit Volker Hesse, Regisseur der Züricher Uraufführung, recherchierte WIDMER dann das Thema der Arbeitslosigkeit mit Fokus auf das Management. Materialsuche und Interviews in verschiedenen Outplacement-Centern bezeichnet der Autor als **Feldforschung im Lande des Managements**[97], deren Ergebnisse Einblicke in eine sonst verschlossene Parallelwelt ermöglichten. Deshalb wählt WIDMER zur Darstellung die metaphorische Umgebung der Ethnologie:

> Wir begannen unsere Expedition in der Annahme, eine uns durchaus nahe Welt noch etwas genauer kennenlernen zu wollen, und wir beendeten sie mit dem Gefühl, einen unbekannten Kontinent bereist zu haben. Ganz eigene Länder mit fremdartigen Sitten und Gebräuchen. Wir hatten uns mit einer neuen Sprache vertraut gemacht, Schrecknisse und auch Tugenden kennengelernt, von denen wir zuvor keine Ahnung gehabt hatten. Ja, wir wurden staunende Ethnologen in einer Welt, die ganz in unsrer Nähe lag, die die unsre oft überlagerte und von der wir dennoch nichts gewußt hatten.[98]

Mit der Erkundung des Nahraums setzt WIDMER fort, was er etwa im Roman IM KONGO bereits durchgespielt hat: Er zieht Erkundigungen in fremden Welten ein, die er dann an die eigene Welt bindet und vor deren Hintergrund spiegelt. Insofern ist die Auseinandersetzung mit anderen Welten immer auch die Auseinandersetzung mit der eigenen Welt – die geografische Entfernung zwischen beiden ist dabei irrelevant.

Die Phase der Recherchen und die Umsetzung zuerst in den Theatertext und dann in die Inszenierung in Zürich verliefen weitgehend parallel. WIDMER hat in einem Interview die Produktion so gekennzeichnet: **Während ich recherchierte, schrieb ich, während ich schrieb, probten wir. Alles in allem eine heiße Zeit. In drei Monaten waren wir fertig.**[99]

Mit Blick auf die produktionsästhetischen Verfahren ist herauszustellen, dass neben der unmittelbaren Recherche im Zielraum auch einzelne gewonnene Einblicke fast unverändert in den dramatischen Text eingeflossen sind. In den Figuren sind exemplarische Selbstäußerungen von entlassenen

Managern in fast unbearbeiteter Weise wieder zu finden (z. B. Porsche in der Garage, Kinobesuch statt Büroaufenthalt, Eheszenen). WIDMER stellt dabei die Details des Befremdens in den Kontext des Erstaunens, das ihn während der Recherche wiederholt befallen hat. Diese Details sind so reichhaltig in den dramatischen Text aufgenommen und in verschiedene Szenen eingebaut worden, dass eine Auflistung einer Textparaphrase nahe käme.[100]

Beides – der unvoreingenommene Blick des Ethnologen und die dramatisch weitgehend nicht bearbeitete Berücksichtigung von Originalfunden aus der Welt – zeigt, dass sich TOP DOGS in großer Nähe zu dokumentarischem Theater befindet. Die Reduzierung des Stoffes allein auf die Figuren und ihre sich überblendenden Nahaufnahmen deuten ein Produktionsverständnis an, das das Auffinden interessanten Materials und seine Collage zu dramatisch verdichteten Figuren dem erfindenden Gestalten vorzieht. Die Technik ist die der Überblendung. Die acht Figuren des Stücks sind prototypisch denjenigen Menschen nachgestaltet, die WIDMER und Hesse bei ihren Erkundigungen gefunden und gesprochen haben.

Dennoch ist TOP DOGS weder Dokumentation noch dokumentarische Abbildung auf dem Theater, sondern eine ästhetisch geformte und auf der Bühne choreografierte Darstellung eines Auszugs sozialer Realität. Der spezifische ästhetische Zugriff liegt vor allem darin, in den entlassenen Managern Parallelfiguren zu Shakespeares Königsfiguren zu sehen, zu gestalten und in Text wie Inszenierung anklingen zu lassen. Durch diese Nachbarschaft rücken die Globalisierungsfolgen bei aller Verankerung im Hier und Jetzt in eine überzeitlich gültige Perspektive und fragen nach den Bedingungen und deutlicher noch nach den Folgen eines Sturzes aus dem Olymp für den Einzelnen. Bei aller Ferne zwischen heutigen Topmanagern und historischen Königsfiguren arbeitet WIDMER in der Rahmung seiner dramatischen Figuren in ein Königsdrama die auf den ersten Blick erstaunliche, gleichwohl evidente Nähe heraus. Der Autor legt im Materialband des Züricher Neumarkt-Theaters die beabsichtigte Nähe seiner Figuren zu den Shakespearefiguren deutlich dar; in Anspielung auf Shakespeare hält er fest:

> […] auch die Entthronten von heute stehen – den machtlos gewordenen Königen Shakespeares nicht unähnlich – stundenlang am Fenster, starren in den Nieselregen hinaus und sehen immer deutlicher, immer erschreckender jenen Weg, der früher zum Galgen führte und heute, schmerzlich genug, mit bestürzender Geschwindigkeit in den sozialen Tod führen kann.[101]

In beiden Fällen stehen die Figuren als Repräsentanten eines Systems da, das ihnen Rolle, Position und Macht gab, das sie nicht in Frage stellen und das ihnen schließlich Macht, Position und Rolle wieder entzog. Seine Beschäftigung mit und Faszination für Shakespeares Königdramen hat WIDMER bereits 1978 in Nacherzählungen der Stücke dargelegt. 2004 sind die Nacherzählungen unter dem Titel SHAKESPEARES KÖNIGSDRAMEN erneut veröffentlicht worden. Für WIDMER ist besonders der Mechanismus faszinierend, mit dem eine Königsfigur alle Hebel der politischen Macht ausnutzt, bis unmerklich jener Punkt erreicht ist, an dem das Spiel kippt und sich gegen den König wendet – und schließlich mit dessen Tod endet. An diese Analogie knüpft er an und zeigt in dramatischen Rekonstruktionsfragmenten die acht Manager als solche, die vom eigenen Handeln im eigenen System gerichtet worden sind. In dieser Perspektive sind sie die Könige des globalisierten Kapitalismus, in diesem Sinne ist ihr Scheitern dann nicht nur paradigmatisch für das ausgehende 20. Jahrhundert, sondern grundlegend für menschliche Machtsysteme. Von besonderem Interesse ist für WIDMER die Amplitude zwischen dem Moment vor dem Sturz und dem Moment danach:

> Der Mächtige, der strauchelt, macht ein ganz anderes Getöse als der kleine Mann, wenn er fällt. [...] Richard III., der die Untertanen fuderweise und ohne jede Gerechtigkeit auf den Richtblock trieb und plötzlich, weil er die Karten seines Spiels überreizt hatte, selber Macht und Leben verlor, gab schon zu Shakespeares Zeiten mehr her als ein Knappe, der zum Ersten Dritten entlassen wurde.[102]

In eben dieser ästhetischen Rahmung geht TOP DOGS weit über dokumentarisches Theater hinaus, auch wenn Teile des Bühnengeschehens in der unkommentierten Wiedergabe recherchierten Materials bestehen. Indem Widmer einen konkreten historischen Zeitpunkt und einen ebenso konkreten historischen Ort aufsucht, das Geschehen aber weit über diese eng gefassten Grenzen hinaus in Kontexte der Kommunikation, des Scheiterns von Macht, der Überlegenheit eines Systems über seine Protagonisten einstellt, eröffnet er eine Reflexionsebene, die bis zu anthropologischen Grundsätzlichkeiten vorstößt.

5.2 Dramentheoretischer Kontext

Mit der Abgrenzung vom dokumentarischen Theater bzw. mit der Auseinandersetzung um die dramatische Gestaltung dokumentarischen Materials ist unmittelbar auf die dramentheoretische Verortung des Stücks eingegangen worden. Hier wird sich keine eindeutige Zuordnung im Rahmen der gängigen Klassifikationsschemata vornehmen lassen können, denn die kennzeichnenden Merkmale des Dramas sind zu heterogen. Gleichwohl ist eine gewisse Affinität zu dem von Lehmann erstellten Katalog an Hinweisen zum postdramatischen Theater nicht zu übersehen, sodass beim Aufsuchen einer Schnittmenge davon gesprochen werden kann, dass TOP

Dogs sich in einzelnen Text- wie Inszenierungsaspekten der Programmatik des postdramatischen Theaters bedient bzw. sich dieser angenähert hat, ohne als paradigmatischer Text in Anspruch genommen werden zu können. Damit bietet das Stück – in didaktischer Perspektive – Möglichkeiten, dramatische Traditionen ebenso zu erkunden wie dramatische Innovationen zu realisieren.

Zunächst rekurriert *Top Dogs* in vielen Einzelaspekten auf diejenigen Elemente, die Klotz unter dem Etikett des **offenen Theaters** zusammengefasst hat. Insbesondere das Nacheinander gleichwertiger Elemente einschließlich der optional aufzuführenden Gangübungen, das zum einen in sich geschlossene Szenen umfasst, die aber zugleich nur lose aufeinander bezogen sind, deuten auf Offenheit hin, weil ein leitendes formales Konstruktionsschema nicht erkennbar ist. Weitergehend werden im Stück eine Reihe von Kennzeichen postmoderner Literatur realisiert. So ist die Vermischung unterschiedlicher Text- und Darstellungsformen (Monolog, Dialog, Reihungen einzelner Worte, Bühnenhandlungen) sowie die collagenhafte Anordnung unterschiedlicher Textsorten (Märchen, Bibeltexte, Eigennamen) als postmodernes Spiel mit Textelementen anzusehen. In diesem Zusammenhang ist auch die Anlage der Figuren in flexiblen Rollen zu verorten: Indem die auf der Bühne agierenden Figuren in unterschiedlichen Kommunikationsereignissen verschiedene Rollen einnehmen, werden sie der Eindeutigkeit ihrer Identifikation beraubt. Zugleich aber ermöglicht dies eine spielerische Darstellung postmoderner Unbestimmtheit, die im Gewand der Rollenflexibilität im ökonomischen Kontext konkretisiert wird.

Auch die Einstellung des Textes in eine literaturgeschichtliche Tradition durch seine Kennzeichnung als Königsdrama deutet auf einen variablen Umgang im postmodernen Sinne hin, der im Herstellen von fremden bzw. anfangs befremdlichen Nachbarschaften Traditionen fortbestehen lässt, ohne sie als sakrosankt zu verstehen. Als postmodernes Zitat ist zudem der punktuelle Auftritt eines Chores (19) zu sehen. Indem Widmer unterschiedliche dramatische Vorläufer – vom antiken Drama (Chor; Einheit von Zeit, Ort und Handlung) bis zum Dokumentartheater der 1960er- und 1970er-Jahre (Wiedergabe recherchierten Materials aus einer sozialen Realität) – miteinander verschneidet, schafft er gerade hierdurch einen Zugang zum Drama, der für die spielerische Verbindung von Fragmenten offen ist.

Im dramaturgischen Konzept der Zürcher Uraufführung findet dieser offene Umgang mit der Dramentradition seine Entsprechung in der flexiblen Gestaltung des Raums, in dem sich Spielfläche und Zuschauerraum bei unterschiedlichen Szenen neu verteilen und auf diese Weise Perspektivenverschiebungen möglich und nötig werden. Mit diesem Merkmal setzt der gewissermaßen fließende Übergang in eine Konzeption des postdramatischen Theaters ein, denn auch dort nimmt das Raumkonzept eine wichtige Position ein. Bekes und Frederking fassen die Entwicklung der dramentheoretischen Konzeptionen von Klotz zu Lehmann so zusammen: Das postdramatische Theater

> hat den von Klotz (1969) herausgearbeiteten Typus des Dramas der offenen Form radikalisiert, indem es gänzlich auf eine durchgehende Handlung und auf die Einheit der Figuren verzichtet, Spiel- und Wirklichkeitsebenen beziehungsreich miteinander verschränkt und mit komplizierten intertextuellen und medialen Arrangements arbeitet.[103]

Insoweit ist auch unter didaktischer Perspektive die Ästhetik des Gegenwartstheaters in ihren wesentlichen Entwicklungslinien unterrichtlich zu thematisieren und je nach Arrangement anhand von Vergleichstexten bzw. exemplarischen Auszügen in ihrer Doppelseitigkeit der Traditionsentwicklung und des Traditionsbruchs zu vermitteln. Allerdings sind die bei Lehmann umfassend gekennzeichneten Beiträge eines Konzepts postdramatischen Theaters in zahlreichen wesentlichen Aspekten von WIDMERS Theaterstück entfernt – oder umgekehrt: TOP DOGS realisiert nicht, was integral das postdramatische Theater ausweist.

> Postdramatisches Theater ist Ersetzung der dramatischen Handlung durch Zeremonie, mit der die dramatisch-kultische Handlung in ihren Anfängen einst untrennbar verschwistert war. Unter Zeremonie als Moment vom postdramatischem Theater sei demnach verstanden die ganze Spielbreite des Ausagierens referenzloser, aber mit gesteigerter Präzision vorgetragener Abläufe; Veranstaltungen eigentümlich formalisierter Gemeinsamkeit; musikalisch-rhythmische oder visuell-architektonische Verlaufskonstrukte; pararituelle Formen sowie die (nicht selten tiefschwarze) ›Feier‹ des Körpers, der Präsenz; das emphatisch oder monumental akzentuierte Ostentative der Darbietung.[104]

In diesem Sinne enthält TOP DOGS zwar zeremoniell anmutende Elemente wie etwa die »Schlacht der Wörter« oder die von japanischen Kampfübungen begleitete »große Klage«. Aber diese Szenen ersetzen die dramatische Handlung nicht, sondern sie führen diese fort. Und genau hier ist der qualitative Unterschied zu konstatieren. Lehmann arbeitet eine **Seh-Anleitung**[105] heraus, mit deren Hilfe das postdramatische Theater eindeutiger erkennbar ist. Hierunter summiert Lehmann Elemente wie Traumbilder (**Wesentlich für den Traum ist die Non-Hierarchie zwischen Bilden, Bewegungen und Worten. »Traumgedanken« bilden eine neue Textur, die Collage, Montage und Fragment ähnelt, nicht aber dem logisch strukturierten Ablauf von Ereignissen.**[106]), Synästhesien, den Entzug der Synthesis, die Simultaneität, die Musikalisierung, die Szenographie bzw. visuelle Dramaturgie und andere mehr. In Bezug auf diese in seiner theoretischen Annäherung zentral gesetzten Beiträge zu einem postdramatischen Theater ist *Top Dogs* sicherlich nicht als avantgardistisches oder gar prototypisches Stück anzusehen. Gelegentliche Nähe zu Einzelaspekten ist dabei dennoch nicht verwunderlich, denn der Gestaltungspluralismus der Postmoderne ist der gemeinsame Boden beider.

Eine nennenswerte Schnittmenge ist hinsichtlich der Sprache und ihrer dekonstruierenden Funktion festzustellen. Lehmann benennt mit dem Merkmal **Sprache als Ausstellungsobjekt**[107] einen zentralen Beitrag zum postdramatischen Theater, der in *Top Dogs* realisiert ist.

> Das Prinzip der Ausstellung ergreift neben Körper, Gestik, Stimme auch das Sprachmaterial und greift die Darstellungsfunktion der Sprache an. Statt sprachlicher *Dar*-Stellung von Sachverhalten eine ›Stellung‹ von Lauten, Worten, Sätzen, Klängen, die kaum von einem ›Sinn‹, sondern von einer szenischen Komposition gelenkt werden, von einer visuellen, nicht textorientierten Dramaturgie.[108]

So sind die Szenen 3 und 11 in *Top Dogs* in dem Sinne keine Darstellung mehr, dass sie auf reines sprachliches Material und dessen Arrangement reduziert sind. Die Inszenierung von Firmennamen, Zahlen, Apokalypse-Zitaten und Ausrufen lösen sich aus dem Prinzip des Dialogischen heraus und münden in einen akustischen Fragmenthagel ein, der auf der Bühne ergänzt wird durch den *Performance Text*.

> Für das postdramatische Theater gilt nun, daß der schriftlich und/oder mündlich dem Theater vorgegebene Text und der – im weitesten Sinne des Wortes – ›Text‹ der Inszenierung (mit Spielern, ihren ›paralinguistischen‹ Ergänzungen, Reduktionen der Deformationen des linguistischen Materials; mit Kostümen, Licht, Raum, eigener Zeitlichkeit usw.) von einer *veränderten Auffassung des Performance Text* her in neue Beleuchtung gesetzt werden.[109]

Aber, und das spricht gegen die zuerst auf Performanz ausgerichtete Perspektive des postdramatischen Theaters, die Wortfetzen und Satzfragmente sind genau die Formeln, die die entlassenen Manager kennzeichnen und die nichts anderes als ein zelebrierter Götzendienst zu Ehren der Götter unserer Tage sind (vgl. 76). Insofern sind das sprachliche Material und seine Reduktion tiefster Ausdruck derjenigen ökonomischen Verfassung und (kollektiv-)psychologischen Befindlichkeit, die den Rahmen in *Top Dogs* darstellen. Hinter den Fragmenten, die auf der Bühne inszeniert werden, können die Zuschauer eben doch problemlos Synthetisierungsleistungen vornehmen und damit anhand der Fragmente ein Ganzes konstruieren. Sprache bleibt nicht in ihrer Materialität stehen, sondern das Sprachmaterial markiert in *Top Dogs* die Eckpfosten eines gesellschaftlichen Feldes, in dem die Figuren ebenso ihren Platz haben wie die Zuschauer.

Nun ist Lehmanns Kriterienkatalog zum postdramatischen Theater nicht als Dogma anzusehen, sondern der Begriff beschreibt vor allem die Pluralisierung von Text- wie Inszenierungsaspekten und greift insoweit auf moderne Theaterkonkretisierungen zurück, wie etwa die Postmoderne ja auch ohne die Moderne weder theoretisch noch im konkreten Text denkbar ist. Entsprechend heißt es bei Lehmann:

> Postdramatisches Theater schließt also die Gegenwart/die Wiederaufnahme/das Weiterwirken älterer Ästhetiken ein, auch solcher, die schon früher der dramatischen Idee auf der Ebene des Textes oder des Theaters den Abschied gegeben haben. Kunst kann sich überhaupt nicht entwickeln ohne Bezugnahme auf frühere Formen.[110]

Ausgehend von einer derartigen Programmatik ist die Innovation des postdramatischen Theaters darin zu kennzeichnen, dass sie **Spielräume für ungewohnte Wahrnehmungen** schafft und **ein neues Bewusstsein für die Situation** ermöglicht.[111] Eine derart zu verstehende **ereignishafte Begegnung von Akteuren und Zuschauern**[112] sucht nach Primavesi nach neuen Berührungspunkten und nach einem neuen Verständnis des Verhältnisses von Öffentlichem und Privatem. Zu einer solchen Standortausleuchtung mag TOP DOGS beitragen, etwa indem das Outplacement-Center, jener Ort, den Widmer rückblickend als Ort der versteckten, der privatisierten Scham und der Vermeidung von Öffentlichkeit charakterisiert[113], zum Ort der öffentlichen Zurschaustellung auf der Bühne wird. Die Darstellung von Privatheit – Reaktion auf Entlassung aus dem Job – als öffentliches Thema verlangt vom Zuschauer eine Transferleistung. Er muss sich befragen lassen, ob Arbeitslosigkeit tatsächlich ein privater Vorgang zwischen einem Arbeitgeber und einem Arbeitnehmer bzw. zwischen Mitgliedern einer Familie bleiben kann oder ob nicht doch die Öffentlichkeit herzustellen ist, weil Arbeitslosigkeit eben als Strukturmoment der ökonomischen Verfassung in Erscheinung tritt. Indem das Stück die Beziehungen zwischen Privatheit und Öffentlichkeit auslotet, bleibt es zum einen sehr modern, bedient sich aber zur Auslotung postmoderner bzw. postdramatischer Mittel, sodass es im Kontext der Gegenwartsdramatik eine Zwischenposition einnimmt.

Unterrichtshilfen

1 Didaktische Aspekte

Die Auswirkungen der Globalisierung sind für Menschen des beginnenden 21. Jahrhunderts in politischer, sozialer, ökonomischer, aber auch in kultureller Hinsicht alltäglich. Dabei ist der Arbeitsmarkt gleichsam im Schnittpunkt der Aspekte angesiedelt; Arbeitslosigkeit in den sich wandelnden ehemaligen Industriegesellschaften scheint ein durchgängiger Reflex auf die immer globaler werdende Arbeits(ver)teilung zu sein, der mit Kostendruck- und Anpassungsargumenten begründet wird. Aus der Perspektive junger Menschen, die in eine derartige Gesellschafts- und Sozialordnung mit eindeutigem Primat der Ökonomie hineinwachsen und ihre berufliche Zukunft darin auszuloten beginnen, ist die thematische Relevanz von WIDMERS Theaterstück TOP DOGS evident. Ebenso enthalten Nachrichten eines jeden Tages Themen, die im unmittelbaren Kontext anzusiedeln sind: Unternehmensdaten, Personalpolitik der Konzerne, Börsengeschehen, wachsende soziale Kluft zwischen nationalen wie internationalen Bezugsgruppen und andere Schlagworte zeigen unabweisbar, dass die Globalisierung in all ihren Facetten viel stärker das öffentliche wie private Leben prägt, als dies auf den ersten Blick scheint.

Durch den vorgenommenen Wechsel der Sichtweise und die Fokussierung auf die entlassenen Entlasser erhält das Stück auch in didaktischer Wertung einen zusätzlichen Bedeutungsschub, denn WIDMER entgeht so der Wiederholung des längst Gehörten. Indem er seine Figuren als Gescheiterte eines Systems darstellt, das sie selbst mit aller Vehemenz verteidigten und dessen engagierter Teil sie waren, stellt der Autor das ökonomische System einer globalisierten Volks- oder richtiger Weltwirtschaft an den Pranger, das seine hässliche Fratze weder anhand der Vielzahl gering qualifizierter Arbeitskräfte noch anhand der Lastenverteilung zu Ungunsten der Länder der so genannten Dritten Welt exemplifiziert. Das Nachdenken über die Auswirkungen des ökonomischen Systems auf die Psyche und die Selbstkonstitution eines Akteurs eben dieses Systems ermöglicht eine Diskussion über die politischen sowie über die ethischen Fundamente der Ökonomie, deren Beteiligter zumindest als Konsument jeder ist. Insoweit eröffnet TOP DOGS den Blick auf nichts weniger als auf die Frage nach den Grundfesten der kapitalistischen, marktwirtschaftlichen Gesellschaft.

Dieser thematischen Ausweitung steht in didaktischer Perspektive eine Verengung auf die acht Figuren des Stücks gegenüber. Sie erlauben aufgrund ihrer Kommunikation und ihrer Interaktion Einblicke in die psychologische Situation von Gescheiterten, die mit aller Brutalität aus der festen Bahn einer beruflichen und damit auch einer sozialen Existenz geschleudert wurden. Das vermeintlich weiche Fallen in das Auffangsystem einer Outplacement-Agentur erweist sich hierbei allenfalls als Rahmung. Es handelt sich aber nicht um einen Ort einer effektiven psychologischen und therapeutischen Beratung während dieser Lebenskrise. Das Outplacement-Center ist genauso Bestandteil der Ökonomie wie Büros, Konferenzen oder Börsenkurse es sind.

Als hieraus abzuleitende didaktische Kategorie ist die Problemorientierung zu nennen. Das Drama enthält eine Reihe von problemhaltigen Situationen, die zu Auseinandersetzungen über den Zustand der aktuellen Gesellschaft unter dem Primat der Ökonomie auffordern. Hierbei sollen zunächst die im Stück agierenden Figuren betrachtet werden, die als Angehörige des höheren Managements unvorbereitet von den Folgen ihrer eigenen Handlungen (Rationalisierung, Effizienzsteigerung, Standortverlagerung, Arbeitsplatzabbau) getroffen werden. Die Frage nach Psychologie und Moral der Wirtschaftsmacht, nach Verantwortung des Top-Managements ist über den Text hinaus zu erweitern – aktuelle Beispiele finden sich regelmäßig in den Medien – und soll nicht nur an den agierenden Figuren gespiegelt werden. Neben diesen Fragestellungen aus dem Umfeld des ökonomischen Diskurses ist auch die Psychologie der agierenden Figuren zu betrachten, die durch mehrfache Überforderungen sowie durch Divergenzen zwischen Selbst- und Fremdbild gekennzeichnet sind. Auch hier eröffnen sich ertragreiche didaktische Möglichkeiten, Schülerinnen und Schüler in Reflexionen einzubinden. Um eine textferne Überfrachtung durch solche Problemsituationen zu vermeiden, soll nur punktuell mit Zusatzmaterial gearbeitet werden, zudem gibt der Text selbst eine Fülle von Aspekten zu einzelnen Problemfeldern her, die im Unterricht primär genutzt werden sollen.

Indem die Schülerinnen und Schüler sich mit den konkreten Kommunikations- und Interaktionsstrukturen auseinander setzen, wird offenbar, warum die acht Figuren des Stücks Gefangene ihrer selbst bleiben. Die Spiegelungen einer beruflichen Sozialisation und einer beinahe übergeneralisierten Rollenübernahme durch die Manager führt dazu, dass sie außerhalb dieser Berufsrolle allenfalls rudimentär aktions- und handlungsfähig sind; immer wieder fallen sie in ihre gesicherten Verhaltensmuster zurück. Das Scheitern persönlicher Beziehungen ist hierfür ebenso Indiz wie ihre in unterschiedlichen Kontexten realisierte Sprache. Zudem ermöglichen die Figuren Einblicke in die Diskrepanzen zwischen erfahrener Realität und eigenen Lebensvisionen.

Hieraus leitet sich ein didaktisch relevantes Themendreieck ab, bei dem das Individuum an zentraler Stelle von den Eckpunkten *Sozialisation und Rollen – Kommunikation – gesellschaftlich-ökonomische Voraussetzungen* umgeben und beeinflusst wird und so in wechselseitige Abhängigkeiten gerät. Die exemplarische Darstellung solcher Abhängigkeiten durch die Protagonisten des Stücks sowie die sukzessive Aufdeckung der Einzelrelationen erlaubt und erfordert Reflexionen über die Rolle eines (post-)modernen Subjekts in einer postindustriellen Gesellschaft. Die Auseinandersetzung vereinigt die Frage nach dem Wert eines Menschen in einer kapitalorientierten Ökonomie mit der Frage nach dem Gestaltungsspielraum des Einzelnen und seinen Handlungsoptionen sowie der Frage nach der gegenwärtigen wie der zukünftigen Verfassung der eigenen Gesellschaft.

Neben den Themenbereichen der Globalisierung und ihrer Folgen, psychischer bzw. psychologischer Auswirkungen von Arbeitslosigkeit bezogen auf die

Berufs- und Sozialgruppe der Top Dogs, der Frage nach der Beziehungsfähigkeit moderner Workaholics bietet WIDMERS Drama eine Reihe von Ansatzpunkten, die unter didaktischer Akzentuierung für den Literaturunterricht der Sekundarstufe II entweder obligatorisch sind oder zu seiner Bereicherung beitragen.

Zunächst findet mit TOP DOGS ein Theaterstück der Gegenwart den Weg in den Unterricht und ergänzt den ohnehin schmalen Bestand der Texte aus der Gegenwartsdramatik.[114] Damit sind zwei Pflichtbereiche der gymnasialen Oberstufe tangiert: zum einen die Textsorte Drama und zum anderen die Literatur nach 1945/Schwerpunkt: Gegenwartsliteratur. Entsprechend ist im Hinblick auf die Abiturqualifikationen der textanalytisch fundierte Umgang mit Textauszügen – auch in der Perspektive des integrativen Deutschunterrichts – (z. B. Kommunikationsanalyse; Inhalts-, Problem-, Themen- und Konfliktanalyse; Sprachanalyse; Figurencharakterisierung) ebenso vorzunehmen wie Formen der über die reine Analyse hinausgehenden Auseinandersetzung mit Text und Thema. Zudem ist der Theoriebezug herzustellen; dies bedeutet, dass im Kontext der Theorie(n) des postmodernen bzw. postdramatischen Theaters Bezugspunkte auszuweisen sind, die eine theoriegeleitete Auseinandersetzung mit Texten der Gegenwartsdramatik eröffnen. Durch das Befassen mit einem Stück des Gegenwartstheaters wird den Schülerinnen und Schülern in der historischen Verlängerung und Abgrenzung die Entwicklung von Dramenkonzeptionen anhand exemplarischer Texte und Modelle zugänglich, sodass sie einen Überblick über die Geschichte der Textsorte Drama erhalten; zum anderen wird die Gegenwartsdramatik eine für sie erfahrbare Größe.

Im Sinne einer Schüleraktivierung ist es didaktisch geboten, auch auf methodische Arrangements im Umfeld der Handlungs- und Produktionsorientierung zurückzugreifen, die inzwischen auch in den Abituraufgaben vorgesehen sind[115]. Allerdings geschieht dies mit dem klaren Vorsatz, dass nicht Handlungen bzw. Produktionen um ihrer selbst Willen eingesetzt werden, sondern dass ein expliziter Textbezug bzw. ein deutlich formulierbares Erkenntnisinteresse vorhanden sein muss. Handlungs- und produktionsorientiertes Arbeiten soll entsprechend zum Einsatz kommen, um Aspekte des Dramas vertieft zu erfassen, zu reflektieren, in eigene Lebensbezüge einzuordnen oder das Textverständnis in veränderter Perspektive zu erweitern.

Für konkrete Arbeitsaufträge und ihre unterrichtliche Einbettung bedeutet dies, dass handlungs- und produktionsorientierte Verfahren auf der Basis einer Textstelle erwachsen, die Schüler und Schülerinnen zu eigenem Handeln anregen, dann aber an den Text rückgebunden werden sollen. Unter diesen Prämissen bietet ein dramatischer Text Zugänge vor allem im Bereich der Inszenierung. Nicht als Lese- sondern als Aufführungstext konzipiert, entfaltet das Drama seine Bedeutungsnuancen erst in der darstellenden Form. Schülerinnen und Schüler haben so die Chance, mittels theaterpädagogisch erprobter Methoden Inszenierungsfragen nicht nur zu reflektieren, sondern auch zu erleben und auszuprobieren. Das eigene Spiel als auseinander setzende Annäherung – oder annähernde Auseinandersetzung – mit dem Text erfährt zudem ein vertieftes Verständnis für inhaltliche wie für gestalterische Aspekte sowie für die Möglichkeiten, die Inszenierungsvarianten bieten. Zudem ist nach Hentschel im Spiel ästhetische Erfahrung im Kern erwerbbar bzw. erprobbar.[116] Ausgehend von einem solchen theaterpädagogisch fundierten Verständnis entwickeln Schülein und Zimmermann eine Differenzierung der ästhetischen, aber auch der sozialen und kommunikativen Erfahrungsmöglichkeiten, die Schülerinnen und Schüler im Spiel erwerben können.[117] In diesem Zusammenhang ist es zudem didaktisch geboten, nicht nur den Text, sondern auch eine exemplarische Inszenierung (Videomitschnitt oder Theateraufführung) einzubeziehen, um die angesprochenen, über den reinen Text hinausgehenden Erfahrungsmöglichkeiten des dramatischen Textes zu erschließen und unterrichtlich zu nutzen.

2 Checkliste: Voraussetzungen und Schwierigkeiten bei der Lektüre

Voraussetzungen

- Schwerpunkt in der Sekundarstufe II (ausnahmsweise auch in gut lesesozialisierten Lerngruppen der Klasse 10) für GK und LK
- Die Lektüre des Dramentextes erfolgt nicht vor Beginn der Unterrichtsreihe, sondern die Schülerinnen und Schüler erkunden gemeinsam den Text in der 1. Stunde; bis zur 3. Stunde sollte der gesamte Text gelesen sein (Hausaufgabe).
- Jeder Schüler benötigt ein eigenes Leseexemplar (Taschenbuchausgabe).
- Die Schülerinnen und Schüler sollen methodisch versiert sein und mindestens folgende Unterrichtsmethoden in weitgehend eigener Organisation bewältigen können: arbeitsteilige Gruppenarbeit, Referat, Materialrecherche, Bearbeitung von Sekundärmaterialien, ergebnisorientierte Unterrichtsmitschrift. Bei entsprechenden Defiziten wird hier im Sinne des methodischen Lernens zusätzliche Unterrichtszeit zu berücksichtigen sein. Darüber hinaus sollte die Lerngruppe für theaterpädagogische Methoden offen sein (szenisches Spiel, Standbild, Variationen des Textlesens und -darstellens).
- Neben der Textfassung sollte ein Mitschnitt der Szene 1 vorhanden sein, auf die in der 13./14. Stunde im LK-Additum eingegangen wird (Quellenangabe im Lit.verzeichnis).
- Zusatzmaterialien müssen vorbereitet werden (Kopien der Textblätter, Bildmaterial als OHP-Folien).
- Wegen der thematischen Ausrichtung ist eine fächerübergreifende Zusammenarbeit mit den Fächern Sozialwissenschaften/Politik/Wirtschaft zu empfehlen, die vertieft auf Globalisierungsprobleme und -auswirkungen (z. B. exemplarisch an Konsumprodukten wie Textilien, Schuhen, Kaffee, Zucker o. Ä.) eingehen können.

Mögliche Schwierigkeiten

- Grundsätzlich lässt der Text keine Rezeptionsschwierigkeiten für die Zielgruppe erwarten, sodass er ohne weitere Vorentlastungen in den Unterricht eingebracht werden kann.

- Falls zum Ende der Sekundarstufe I noch nicht hinreichend die Textsorte Drama eingeführt worden ist bzw. falls *Top Dogs* der erste dramatische Text ist, der gründlich gelesen wird, ist bei der Unterrichtsplanung ergänzend angemessene Zeit zu berücksichtigen, um die die Besonderheiten der Textsorte zu vermitteln und um dramentheoretische Positionen zu erarbeiten.
- Möglich ist zunächst ein thematisches Desinteresse, da im Drama zentrale Fragen der Politik und der Wirtschaft angesprochen werden. Einer solchen Haltung sollte dadurch begegnet werden, dass der Einstieg unmittelbar über den Text und erst im zweiten Zugriff über dessen thematische Orientierung geleistet wird.
- Da die Figuren im Stück keine durchgängigen Rollen einnehmen, sondern zwischen Therapeuten- und Klientenrollen wechseln, kann es punktuell zu Zuordnungsproblemen kommen. Diese sind vergleichsweise schnell auszuräumen und ggf. im Zusammenhang mit der Erarbeitung formaler Kennzeichen des Dramas vertiefend zu thematisieren.

3 Unterrichtsreihen

Die Behandlung von *Top Dogs* im Unterricht der Sekundarstufe II ermöglicht unterschiedliche didaktische Kontexte, die teils wegen der im Stück behandelten Thematik eine fachübergreifende Kooperation geradezu erfordern. Aber auch bei einer Beschränkung auf den Deutschunterricht ergeben sich je nach gewähltem methodischen und inhaltlichen Schwerpunkt unterschiedliche Unterrichtsreihen, die entweder einen eher textgestützten Zugriff oder einen eher theaterpädagogischen Zugriff realisieren.

1. Gegenwartstheater
Ein Überblick über Themen und Autoren des Gegenwartstheaters kann die Aktualität der Textsorte Drama für Schüler erfahrbar machen. Dabei kann das theoretische Konzept des postdramatischen Theaters (von Lehmann) zum Ausgangspunkt genommen werden. Zahlreiche Stücke der Gegenwartsdramatik behandeln zudem Themen, die einen großen Alltagsbezug aufweisen und eine spezifische Ästhetik gefunden haben, diesen auf der Theaterbühne zu inszenieren. Der Besuch einer aktuellen Aufführung sollte sich anschließen. Mögliche Dramen sind: Marius von Mayenburg, *Feuergesicht* (1997) – Marlene Streeruwitz, *Sapporo* (1999) – Elfriede Jelinek, *Ein Sportstück* (1999) – Maxim Biller, *Kühltransport* (2002) – John von Düffel, *Ostpol* (2003) – Theresia Walser, *Die Kriegsberichterstatterin* (2005).

2. Literatur der Postmoderne
In Weiterführung der Auseinandersetzung mit literarischen Texten der Moderne kann das Befassen mit postmodernen Texten verschiedene literarische Kategorien und ihre ästhetische Konkretisierung herausarbeiten. Zu diesen Kategorien zählt etwa der Subjektbegriff oder die Relation zwischen Realität und Kunst. Besonders interessant im Zusammenhang mit dem Stück *Top Dogs* ist die Auseinandersetzung mit sprachlichen und narrativen Mitteln der postmodernen Literatur (z. B. Collagetechnik, Pluralisierung, Fragmentarisierung).

Hier bieten Prosatexte und Dramen zahlreiche Ansatzpunkte. Mögliche Lektüren sind: Italo Calvino, WENN EIN REISENDER IN EINER WINTERNACHT (1979) – Max Frisch, DER MENSCH ERSCHEINT IM HOLOZÄN (1979) – Wolfgang Hildesheimer, MARBOT (1981) – Patrick Süskind, DAS PARFUM (1985) – Christoph Ransmayr, DIE LETZTE WELT (1988) – Klaas Huizing, DER BUCHTRINKER (1994) – Botho Strauß, DER KUSS DES VERGESSENS (1998).

3. Mensch und Arbeit

Die Korrespondenz zwischen Mensch und seiner beruflichen Tätigkeit kann im historischen Wandel literarisch aufgesucht werden. Ein leitender Aspekt kann sein, inwiefern die sich wandelnden Arbeitswelten den Menschen prägen, sein Selbstbild und sein Menschenbild beeinflussen. Hierbei ist ein historischer Querschnitt anzulegen, der zugleich den sozialen Wandel von einer (früh-)industriellen zu einer Dienstleistungsgesellschaft verfolgt. Zugleich geben die Texte Aufschluss über die gesellschaftlichen Folgen ökonomischer Verfassungen. Auch hier sind dramatische wie Prosatexte ertragreich. Aus folgenden Texten können hierzu Auszüge gelesen werden: Gerhart Hauptmann, DIE WEBER (1892) – Ernst Toller, DIE MASCHINENSTÜRMER (1922) – Bertolt Brecht, DIE HEILIGE JOHANNA DER SCHLACHTHÖFE (1929/30) – Martin Kessel, HERRN BRECHERS FIASKO (1932) – Irmgard Keun, DAS KUNSTSEIDENE MÄDCHEN (1932) – Arthur Miller, TOD EINES HANDLUNGSREISENDEN – Heinrich Böll, ANEKDOTE ZUR SENKUNG DER ARBEITSMORAL (1963) – Günter Wallraff, AM FLIESSBAND (1966) – Frederic Beigbeder, 39,90 (2001) – Siegfried Lenz, FUNDBÜRO (2003) – Kathrin Röggla, WIR SCHLAFEN NICHT (2004).

4. Grenzen der Kommunikation

Eine auf Kommunikation und ihre Grenzen ausgerichtete Reihe fragt danach, welche kommunikativen Strategien Menschen in ihren sozialen wie intimen Beziehungen realisieren, wann Sprechen und wann Sprachlosigkeit herrschen und wie unterschiedliche Kommunikationsformen wiederum auf die Beziehungen Auswirkungen haben. Nach einer kommunikationstheoretischen Einführung (z. B. Watzlawick, Schulz von Thun) können literarische Beispiele zur Kommunikation, ihren Grenzen und ihren Störungen gelesen werden. Auch hier werden unterschiedliche Textarten berücksichtigt: Georg Büchner, WOYZECK – Elias Canetti, DIE BLENDUNG (1935) – Max Frisch, HOMO FABER (1957) – Franz Xaver Kroetz, WILDWECHSEL (1971) – Elfriede Jelinek, DIE KLAVIERSPIELERIN (1983) – Jurek Becker, BRONSTEINS KINDER (1986) – Marcel Beyer, SPIONE (2000) – Daniel Bielenstein, MAX UND ISABELLE (2004).

5. Globalisierung (in Literatur und Sachtexten)

Kaum ein anderer Prozess ist gesellschaftlich – sozial wie ökonomisch – so folgenreich gewesen wie die Globalisierung und ihre Auswirkungen. Literarische Verarbeitungen sind dabei erstaunlich spärlich vertreten. Dennoch sollte die Globalisierung als gesellschaftliches Großthema auch in ihrer literarischen Reflexion (Prosa, Drama, Sachtext) in den Unterricht einbezogen werden. Zum einen geht es hierbei um die Konsequenzen der Globalisierung für das Individuum, daneben gilt es auch, die Konsequenzen aus der Perspektive der Nicht-Industrie-Staaten in den Blick zu nehmen. Insbesondere bei dieser Reihe ist eine fachübergreifende Kooperation (Politik, Wirtschaft, Sozialwissenschaften) dringend zu empfehlen. Mit Blick auf die literarische Verarbeitung der Globalisierungsthematik bietet die ›Bundeszentrale für politische Bildung‹ die Vermittlung von Autorenlesungen an, die ein solches Unterrichtsvorhaben ergänzen können (Informationen zum Projekt ›**Globalisierung und Literatur – Schriftellerinnen und Schriftsteller gehen in die Schule**‹, http://www.bpb.de). Als Textgrundlagen kommen in Frage: Moritz Rinke, *REPUBLIK VINETA* (2000) – Ernst-Wilhelm Händler, *WENN WIR STERBEN* (2002) – Joseph Stiglitz, *DIE SCHATTEN DER GLOBALISIERUNG* (2002) – Rüdiger Safranski, *WIEVIEL GLOBALISIERUNG VERTRÄGT DER MENSCH?* (2003) – Thomas Ahrens, *DER BALL IST RUND* (2003) – Max Barry, *LOGOLAND* (2003) – Bas Böttcher, *MEGAHERZ* (2004).

4 Stundenübersicht

Kernreihe für GK und LK (15 Stunden)

1. Stunde Thema: Annäherung an Text, Figuren und Thema
Ziel: Die Schülerinnen und Schüler nähern sich durch Lektüre, Gesprächsanalyse und Inszenierung der 2. Szene dem noch unbekannten Text an und entwickeln einen Zugang zu Themen, Sprache und Figuren.

2. Stunde Thema: Globalisierung der Wirtschaft
Ziel: Die Schülerinnen und Schüler ermitteln die Rolle von Managern in der globalisierten Wirtschaft (1./2. Szene).

3. Stunde Thema: Reden in Rollen – Kommunikationsstrategien und das Scheitern von Kommunikation
Ziel: Die Schülerinnen und Schüler untersuchen die Bedingungen und Formen der Kommunikation in der 1. Szene und ermitteln kommunikative Strategien und ihre Problematik.

4./5. Stunde Thema: Rollenspiele: biografische und psychologische Schichten hinter der Fassade
Ziel: Die Schülerinnen und Schüler setzen sich mit dem Rollenbegriff der Rollentheorie auseinander und wenden ihn auf die Figuren an, indem sie Rollenbiografien verfassen, die im Kontext der Handlung und der dargestellten sozialen Realität überprüft werden.

6. Stunde Thema: Arten der Wahrnehmung: Selbstbilder, Fremdbilder und Simulationen
Ziel: Die Schülerinnen und Schüler ermitteln die Diskrepanzen zwischen (erwünschter) Selbst- und (erfahrener) Fremdwahrnehmung der Figuren (4. Szene) und bestimmen die Konsequenzen für deren persönliche Beziehungen.

Thema: »Neu-Sprech«? Sprache verhüllt, Sprache offenbart

Ziel: Die Schülerinnen und Schüler setzen sich mit Fachsprachen (Ökonomie, Therapie) auseinander und reflektieren Funktion und Wirkung von Fachsprachen im Drama.

7. Stunde

Thema: 12 Szenen oder ein Drama? Aufbau des Stücks und Funktion der Szenen

Ziel: Die Schülerinnen und Schüler untersuchen die formalen Besonderheiten des Dramas und seines Aufbaus und ordnen diese in historischer Perspektive in dramentheoretische Überlegungen ein.

8. Stunde

Thema: Träume im Drama (Szene 8) – Sehnsüchte und Wahrheiten jenseits der Realität?

Ziel: Die Schülerinnen und Schüler erarbeiten, was die Träume über die Figuren verraten.

9. Stunde

Thema: Manager brauchen Märchen – und eine Utopie? (Szene 10)

Ziel: Die Schülerinnen und Schüler befassen sich mit der Textsorte Märchen im Zusammenhang mit dem Drama, produzieren Paralleltexte und unterscheiden Märchen und Utopie funktional und formal.

10./11. Stunde

Thema: Maskierung und Demaskierung – was Körpersprache verrät

Ziel: Die Schülerinnen und Schüler erarbeiten auf der Basis von ad-hoc-Standbildern die Wirkungsweisen von Körpersprache und übertragen diese auf Inszenierungsmöglichkeiten für die 3. Szene.

12. Stunde

Thema: Inszenierung der »großen Klage« (Szene 11)

Ziel: Die Schülerinnen und Schüler schlagen Regie- und Inszenierungsanweisungen für die 11. Szene vor und erproben diese unter Berücksichtigung der wirkungsästhetischen Perspektive.

13./14. Stunde

Thema: Fortsetzung nach Textende: eine mögliche 13. Szene

Ziel: Die Schülerinnen und Schüler erkunden auf der Basis einer story-line für eine mögliche Textfortsetzung, ob und welche alternativen Handlungs- und Verhaltensmöglichkeiten die Figuren besitzen, und nehmen auf dieser Basis Stellung zum Utopiebegriff des Dramas.

15. Stunde

Fünf Addita für den LK

Thema: Selbstwahrnehmung und Fremdwahrnehmung in persönlichen Beziehungen (Szene 6)

Ziel: Die Schülerinnen und Schüler analysieren die 6. und die 8. Szene im Hinblick auf die jeweils enthaltenen Männer- und Frauenbilder, deren Ursprünge und Entwicklungen.

LK-Additum zur 6. Stunde

LK-Additum zur 7. Stunde	**Thema:**	Textüberschreitende Erweiterung durch Einbezug anderer Fachsprachen bzw. Soziolekte (z. B. Sportsprache, Politikersprache, Sprache der Werbung, Jugendsprache)
	Ziel:	Die Schülerinnen und Schüler erkunden weitere im Text angelegte Fachsprachen und Soziolekte sowie deren Produktionsprinzipien und Wirkungen im kommunikativen Kontext.

LK-Additum zur 8. Stunde	**Thema:**	TOP DOGS – ein Beispiel für postdramatisches Theater?
	Ziel:	Die Schülerinnen und Schüler setzen sich mit den dramentheoretischen Positionen Lehmans zum postdramatischen Theater auseinander und untersuchen den Dramentext im Hinblick auf dessen postdramatische Anlage und Realisierung.

LK-Additum zur 10./11. Stunde	**Thema:**	Texttheoretische Anmerkungen zur Textsorte Märchen
	Ziel:	Die Schülerinnen und Schüler setzen sich mit der Textart Märchen (Volks-, Kunstmärchen; Editionsgeschichte; psychologischen Aspekten) auseinander.

Stunden	Thema	Didaktische Aspekte (Inhalte/Ziele)
1. (GK/ LK)	Annäherung an Text, Figuren und Thema (vgl. Kap. 3.5 dieser Arbeit)	1. Annäherung an den Text und Entwicklung eines Vorverständnisses 2. thematisches Umfeld, handelnde Figuren 3. theaterpädagogischer Zugang (sich spielend in ein Stück einlesen) 4. Formulierung von Erwartungshalten; Aktivierung von Informationen, Vorwissen etc. und Anbindung an den Szenenkontext
2. (GK/ LK)	Globalisierung der Wirtschaft (vgl. Kap. 2.1 dieser Arbeit)	1. Orientierung am thematischen Umfeld des Stücks 2. Applikation auf die Figurenkonstellation im Drama 3. Differenzierung der Globalisierungsfolgen für das Management

Thema: Analyse einer Inszenierung

Ziel: Die Schülerinnen und Schüler setzen sich mit (Auszügen) einer Inszenierung des Dramas auseinander.

5 Unterrichtssequenz

Verwendete Abkürzungen:

A	= alternative Themen- und Aufgabenstellung	Mat.	= Material
		PA	= Partnerarbeit
EA	= Einzelarbeit	PRO	= produktionsorientierte
GA	= Gruppenarbeit		Themen- oder Aufgaben-
GK	= Grundkurs		stellung
HA	= Hausaufgabe	SV	= Schülervortrag
KRef	= Kurzreferat	UG	= Unterrichtsgespräch
LI	= Lehrerimpuls	TA	= Tafelanschrieb
LK	= Leistungskurs		

Methodische Realisierung/ Verlauf	Hausaufgabe
1. Schüler/-innen lesen sich in den ihnen noch nicht bekannten Text ein: 2. Szene	(zur 3. Stunde): Lektüre des gesamten Textes
2. UG/LI: Wer agiert? Gesprächsanlass? Informationen über Hintergründe?	
3. PRO/GA: Schüler/-innen bereiten in Kleingruppen eine Leseprobe (szenisches Spiel mit zu lesendem Text) vor; dabei soll besonders auf Inszenierungsaspekte (Körpersprache, Gestik, Mimik, Lautstärke, Tonfall) geachtet werden. Anschließend: Präsentation der Spielvorschläge bzw. einzelner Passagen der Szene.	
4. UG: Was erwarten Sie von einem Stück, in dem ein solcher Dialog vorkommt? Ergebnisse in Cluster-Form zusammenstellen.	
1. LI: Motivierender Einstieg durch die Karikatur (Mat. 1)	Gesamtlektüre – vertiefende Vorbereitung der 1. Szene (Aspekt: Kommunikation).
2. UG: Zusammenführen der Aussagen der Karikatur und der Abbildung (Mat. 2) sowie des Clusters (aus der 1. Stunde); Textbezug zur 2. Szene herstellen; Fixierung der Ergebnisse als TA/OHP: Definition und Auswirkungen der Globalisierung (TA 1)	
3. UG: Manager und Globalisierung – Ursachen und Wirkungen herausarbeiten. Hierbei soll die Ambivalenz deutlich werden: Manager passen sich und ihre Unternehmen den globalisierten Märkten an – und fallen der Anpassung zum Opfer (Logik der Ökonomie?).	

Stunden	Thema	Didaktische Aspekte (Inhalte/Ziele)
2. (GK/ LK)		4. Textbezug: Erarbeitung der Kriegsmetaphorik
3. (GK/ LK)	Reden in Rollen – Kommunikations- strategien und das Scheitern von Kommunikation (vgl. Kap. 3.5 dieser Arbeit)	1. Verständigung über formale Funktion der 1. Szene 2. Auseinandersetzung mit der konkreten Kommunika- tionssituation der 1. Szene 3. Erarbeitung der sprachlichen und kommunikativen Be- sonderheiten des Gesprächs Wrage – Deér (Rollen, rollen- verhaftetes Sprechen und Brüche; Differenzierung): a) Text (Sprache), b) Regieanweisungen des Autors, c) Inszenierung und Darstellung durch Schauspieler – Kommunikationsverhalten, Szenenbilder bzw. Szenenaus- schnitt. 4. Auswertung der Textbelege: Gründe für das Scheitern der Kommunikation 5. Ausblick auf den Reihenverlauf: Bedeutung/Funktion dieser Gründe für die weitere Handlung

4. EA: Erarbeitung dieser Logik im Text (2. Szene); auswertendes UG über die Kriegsmetaphorik (Textbeispiele, Vergleiche zwischen Metaphernquelle und Bezeichnetem).
A: Einbezug aktueller Nachrichtentexte zu Unternehmensentscheidungen (z. B. Personalabbau trotz positiver Börsenentwicklung; Standortverlagerung ins Ausland; Entlassungen im Management; Rationalisierungen etc.)

1. einleitendes UG: Bedeutung der 1. Szene für das Stück (Exposition: Ort, Figuren)

2. UG: Schüler/-innen klären die Rollen und Funktionen der Protagonisten: Deér, der Neue im Outplacement-Center, lernt die anderen Klienten sowie Trainerin Wrage kennen – inhaltliche Kennzeichnung des Gesprächs (TA 2)

3. a) arbeitsteilige PA: Untersuchen Sie den Dialog der 1. Szene auf sprachliche Auffälligkeiten Deérs/Wrages, die zur Kennzeichnung der Gesprächssituation und der Kommunikationsstrategien beitragen. Auswertung der PA. Lösungsansätze: Deér und Wrage nutzen ähnliche sprachliche und kommunikative Strategien – aber die jeweilige starre Rollenbindung (Manager; Therapeutin) verhindert Auseinandersetzung. Außerdem: Kommunikationsstrategie Schutzmechanismus für Deér um Arbeitslosigkeit zu verhüllen; stattdessen: nebeneinanderher reden; Verkennen der kommunikativen (und sozialen) Situation des anderen.

b) UG: Unterstützung dieser sprachlichen Strategien durch Regieanweisungen: Wenige, aber deutliche Regieanweisungen markieren Differenzen hinsichtlich der Rollensicherheit (Wrage) und Rollenunsicherheit (Deér)

c) OHP-Präsentation: Szenenbild (Mat. 3) oder kurzer Auszug aus einer Inszenierung – Beobachtungsauftrag: Wie spiegeln sich kommunikative Strategien bei den Figuren wieder? Beide beherrschen ihre Rollen, allerdings ist die Gleichzeitigkeit der Rollen nicht passend (v. a. Deér zeigt Defizite in der Anpassung).

4. UG: Scheitern der Kommunikation/Warum findet kein flexibler Umgang mit den Rollen statt? Deér und Wrage identifizieren sich mit ihren Rollen so sehr, dass eine Verhaltensanpassung verhindert wird. Deér verdrängt seine Entlassung; bei Wrage wird Verständnis und Rücksicht durch Deutlichkeit ersetzt. **WRAGE: Sie sind entlassen worden! Herr Deér! Entlassen! / DEÉR: Ich??! / WRAGE: Ja. Sie.**, (13) – führt nicht zur Veränderung der kommunikativen Strategien.

5. Transferfrage: Sind scheiternde Kommunikation und Rollenfixierung zentrale Muster des gesamten Stücks?

Informieren Sie sich vertiefend über den Rollenbegriff (Mat. 4) und wenden Sie diesen konkretisierend auf eine Figur Ihrer Wahl an.

Stunden	Thema	Didaktische Aspekte (Inhalte/Ziele)
4./5. (GK/ LK)	Rollenspiele: bio-grafische und psychologische Schichten hinter der Fassade (vgl. Kap. 3.5 dieser Arbeit)	1. Einführung des Rollenbegriffs und Applikation auf die Figuren 2. Annäherung an einzelne Figuren: Rekonstruktion der Rollenbiografie für eine Figur 3. Ableitung der innerpsychischen Vorgänge bzw. Hand-lungsmotivationen 4. Spielen einer Rolle und Geprägtsein durch eine Rolle
6. (GK/ LK)	Arten der Wahr-nehmung: Selbst-bilder, Fremdbilder und Simulationen (vgl. Kap. 3.5 dieser Arbeit)	1. textgestützte Erarbeitung: idealisierte Selbstbilder und Darstellung einer geschönten Selbstwahrnehmung (4. Szene) 2. Kennzeichnung eines Wendepunktes in der 4. Szene 3. Erarbeitung der Diskrepanzen zwischen erwünschter Fremdwahrnehmung, Selbstdarstellung und Simulationen

Methodische Realisierung/ Verlauf	Hausaufgabe
1. Einbindung der HA: Grundbegriffe der Rollentheorie und exemplarische Übertragung auf ausgewählte Figuren (u. U. Reduzierung auf die weiblichen Figuren). 2. EA: Schreiben Sie eine Rollenbiografie zu der Figur, mit der Sie sich bereits in der HA befasst haben. Berücksichtigen Sie auch die Auswirkungen auf die aktuelle psychische Verfassung der Figur (Hilfe: TA 3). UG: Präsentation der Ergebnisse; Besprechung im Plenum. 3. UG: Gemeinsamkeiten der Figuren in der Verarbeitung der eigenen Entlassung herausarbeiten und systematisieren. Lösungsansätze: Die Figuren werden gekennzeichnet über folgende Faktoren: leistungsorientiert im Beruf/Karriere/Verantwortung/ Entlassung als biografischer Einbruch/Verdrängung/Auswirkungen im sozialen Umfeld/Entlassung wird mit eigenem Versagen o. Ä. begründet/›innerer Spagat‹: Wunsch nach Rückkehr in den Beruf vs. Wunsch nach Ausbruch/Gefangensein in der beruflichen Sozialisation, Rolle, Kommunikation, Sprache, Verhaltensweisen. 4. UG/LI: Sind die Managerrollen nur gespielt? Lösungsansätze: Managerrolle wird zur zweiten Haut; die anderen Rollen (Ehepartner, Tochter, Kollege etc.) wie in der Inszenierung (Therapeut, Psychologin) können nicht ausgefüllt werden, weil hierfür die Handlungs- und Verhaltensregeln nicht internalisiert sind.	Erörterung: Sind die Manager Gefangene (in sich, im Beruf, im Out-placement-Büro)?
1. arbeitsteilige GA: Arbeiten Sie heraus, wie Müller (29–31), Wrage (31 f.), Neuenschwander (32 f.), Tschudi (34) und Krause (35–37) die Phase nach ihrer Entlassung darstellen (eine Figur pro Gruppe). SV: Präsentation der Ergebnisse für alle Figuren (außer Krause). Lösungsansätze: gewünschte Souveränität; verklärende Selbstdarstellung mit dem Ziel einer bewundernswerten Fremdwahrnehmung (sich von den anderen abheben, die Entlassung gelassen verarbeiten können u. Ä.). 2. SV (Ergebnisse der entsprechenden Gruppe): Selbstdarstellung Krauses – Zusammenbruch als Initialzündung für die Veränderung der dargestellten Selbstwahrnehmung und damit für die ermöglichte Fremdwahrnehmung. 3. UG: Kennzeichnungen der Korrekturen ihrer Darstellungen durch Müller, Wrage, Neuenschwander und Tschudi. Lösungsansätze: Die Diskrepanz zwischen erwünschtem Selbstbild (Krause kann gelassen mit der Kündigung umgehen) und dem tatsächlichen Erleben (Krause wird in jeder Hinsicht der Boden unter den Füßen weggerissen) ist Hauptursache für die Täuschung der anderen und die Selbsttäuschung, die bis zur Simulation eines falsches Handelns geht. – Erarbeitung in fokussierenden Ich-Botschaften.	Informieren Sie sich über den Einfluss von Anglizismen in der deutschen Sprache. Klären Sie mit Hilfe eines Fachlexikons die Begriffe »Fachsprache« und »Soziolekt«.

Stunden	Thema	Didaktische Aspekte (Inhalte/Ziele)
6. (GK/ LK)	**LK-Additum:** Selbst- und Fremdwahrnehmung in persönlichen Beziehungen (Szene 6)	
7. (GK/ LK)	›Neu-Sprech‹? Sprache verhüllt, Sprache offenbart (vgl. Kap. 4.1 dieser Arbeit)	1. Erarbeitung der Kennzeichen der Sprache der Ökonomie 2. Strategien und Instrumente von Fachsprachen 3. Analyse der im Text dargestellten Sprache der Ökonomie
	LK-Additum: Textüberschreitende Erweiterung durch Fachsprachen bzw. Soziolekte (z. B. Sportsprache, Politiksprache, Sprache der Werbung, Jugendsprache).	4. Kontrast: Sprache der Therapie
8. (GK/ LK)	12 Szenen oder ein Drama? Aufbau des Stücks und Funktion der Szenen (vgl. Kap. 5 dieser Arbeit)	1. Erarbeitung des Aufbaus und Abgleich mit anderen Bauformen von Dramen 2. Funktion der einzelnen Szenen

| Methodische Realisierung/ Verlauf | Hausaufgabe |

LK-Additum: a) Welche Selbst- und Fremdbilder sowie Selbst- und Fremdwahrnehmungen werden im Rollenspiel der Ehekrise (Szene 6) deutlich? b) Welche Frauenbilder haben die Manager (Szene 6, Szene 8.3, Szene 8.6) bzw. welches Männerbild hat die Managerin (Szene 8.4)? Wie kommen solche Bilder zustande und wie wirken sie sich aus?

1. PA: Stellen Sie Auffälligkeiten der Sprache der Ökonomie heraus.

2. SB: Welche Funktionen und welche Besonderheiten haben Fachsprachen? (Rückgriff auf HA)

3. UG: exemplarische, textbelegte Auswertung der Fachsprache. Lösungsansätze: Anglizismen, Termini, Komposita – Beispiele und Funktion (Warum finden sich viele Anglizismen in der Sprache der Ökonomie? Wirkung und Analyse einzelner Komposita, Klangbesonderheiten: Alliteration, Assonanz, Paradoxon und Oxymoron?)

4. UG: Wie ist die Sprache der Therapie zu kennzeichnen? Lösungsansätze: Im Gegensatz zur Sprache der Ökonomie wird hier mehr mit Floskeln und Formeln gearbeitet, die diese Fachsprache eher diffamieren.

LK-Additum: exemplarische Betrachtung anderer Fachsprachen bzw. Soziolekte zur Erarbeitung ihrer kennzeichnenden Produktionsverfahren und Wirkungen. PA: Vorbereitung und Sammlung von Beispielen. Anschließende Auswertung.

Informieren Sie sich über den Aufbau des aristotelischen Dramas und der offenen Form des Dramas. A: Bearbeiten Sie den Text DRAMA von Werner Ziesenis. (Werner Ziesenis: Drama. In: Günter Lange/ Doris Marquardt/ Leander Petzold/ Werner Ziesenis: Textarten didaktisch, Hohengehren (Schneider) [3] 2001, S. 22–30).

1. PA: Stellen Sie den Aufbau von TOP DOGS dar und vergleichen Sie Ihre Ergebnisse mit anderen Bauformen von Dramen (vgl. HA). Abgleich der Ergebnisse. Lösungsansätze: Überwindung der aristotelischen Form, Spielart einer offenen Form, kein leitendes formales Konstruktionsprinzip erkennbar, Nebeneinander von gleichwertigen Szenen, Szenenvielfalt (Monolog, Dialog, Aktionen); Rückgriffe auf Einheitlichkeit (Zeit, Ort, Handlung) vs. Fragmentarisierung des Rollenbegriffs (Figuren übernehmen unterschiedliche Rollen); ›Königsdrama‹. Fixierung der Ergebnisse (TA 4).

2. GA: Welche Funktion haben einzelne Szenen bzw. Szenenfolgen? Lösungsansätze: Expositionsäquivalent (Szenen 1, 2) – psychische Befindlichkeiten und personale Konstitutionen (4, 6, 8, 10) – Zwischenszenen (5, 7, 9) – handlungsreduzierte Szenen/ Wortreihungen (3, 11) – Schlussszene (12). Bedeutung der Gangübungen; Funktion der Szenen 3 und 11; offenes Ende im Drama? – Szene 12 als Schlussszene oder Beginn einer Wiederholungsschleife; Kontext des Chores (S. 19). SV/UG: Darstellung der GA-Ergebnisse.

Recherchieren Sie die Bedeutung von Träumen.

Stunden	Thema	Didaktische Aspekte (Inhalte/Ziele)
8. (GK/ LK)	**LK-Additum:** *Top Dogs* – ein Beispiel für postdramatisches Theater?	
9. (GK/ LK)	Träume im Drama (Szene 8) – Sehnsüchte und Wahrheiten jenseits der Realität? (vgl. Kap. 3.6.1 dieser Arbeit)	1. Traum als Ausdruck des Unbewussten 2. Textanalyse: Was Träume über die Figuren verraten 3. Methodenreflexion
10./ 11. (GK/ LK)	Manager brauchen Märchen – und eine Utopie? (Szene 10) (vgl. Kap. 3.6.2 dieser Arbeit)	1. Märchen im Drama 2. Erprobung: Wirkung verändert sich durch die Darstellung 3. Annäherung an die Märchen erzählenden Figuren 4. Textproduktion 5. Vergleich Märchen – Utopie
	LK-Additum: Texttheoretische Anmerkungen zur Textsorte Märchen	

LK-Additum: Erweiterung der dramentheoretischen Positionen um das postdramatische Theater (Mat. 5) und Einschätzung von *Top Dogs* vor diesem Hintergrund.

1. SV: Traum und Elemente seiner psychologischen Be-Deutung (Einbezug HA) (bei vorheriger Vergabe u. U. KRef: Traumdeutung in der Psychoanalyse) 2. GA: Erarbeiten Sie eine systematische Darstellung der Träume. Berücksichtigen Sie hierbei: Traumthemen, Anbindung an den Rollencharakter und die Rollenbiografie, Deutung, Wirkung, Besonderheiten der sprachlichen Darstellung. Überlegen Sie sich eine angemessene Darstellung Ihrer Ergebnisse (Visualisierung und Präsentation). Präsentation der GA-Ergebnisse und auswertendes UG: Welche Wirkung haben diese Träume der Arbeitslosen im Outplacement-Center? Lösungsansätze: Artikulation unterdrückter Emotionen (Gier, Angst, Hass, Wut, Eitelkeit u. a.) 3. UG: Reflektieren Sie die unterschiedlichen Präsentationsformen in Bezug auf Klarheit, Verständlichkeit, Inhaltsbezug und die gewählten Darstellungsmedien (Sprache, Folie, Tafel etc.).	Erläutern Sie die Szene 8.8 vor dem Hintergrund der Träume der anderen Figuren.
1. UG: Schülerassoziationen zu Märchen. Vergleich zwischen eigenen Assoziationen und Wirkung der Märchen im Drama. 2. PRO/PA: Wie unterschiedlich kann ein Märchen vorgetragen werden (Sprache, Gestik, Mimik, Tonfall)? SV: Märchen aus dem Text. UG: Worin unterscheiden sich die Wirkungen und wie werden sie erzeugt? Wie unterscheiden sich die Wahrnehmungen der vortragenden Erzähler/-innen? Lösungsansätze: differenzierte Wahrnehmung von Vortrag (melancholisch, verträumt, erinnernd, abwertend, distanziert, prononciert, leiernd …) und Vortragendem/r. 3. UG: Wie werden die Figuren (Neuenschwander, Müller, Krause) ihren Vortrag gestalten? Erwartungshaltungen vor dem Hintergrund der Figurenbiografien begründen. 4. PRO/EA: Welches Märchen würde eine weibliche Figur erzählen? Wie würde ihr Vortrag gestaltet sein? Schreiben Sie ein Ihnen bekanntes Volksmärchen so um, dass es zu Jenkins oder Wrage passt. Präsentation und auswertendes UG. 5. UG: Sind die Märchen und Bihlers Utopie in Intention und Wirkung vergleichbar? **LK-Additum:** ergänzende Erarbeitung des Märchenbegriffs (Volks- vs. Kunstmärchen; Editionsgeschichte der im Text zitierten Grimm'schen Märchen) sowie der psychologischen Aspekte von Volksmärchen (z. B. mit einem Auszug aus *Kinder brauchen Märchen*, dem bekanntesten Text des Kinderpsychologen Bruno Bettelheim)	Setzen Sie sich mit dem utopischen Potenzial von Märchen auseinander.

Stunden	Thema	Didaktische Aspekte (Inhalte/Ziele)
12. (GK/ LK)	Maskierung und Demaskierung – was Körpersprache verrät (vgl. Kap. 5 dieser Arbeit)	1. theaterpädagogischer Zugriff: ad-hoc-Standbild zu zentralen Begriffen des Stücks
		2. Erarbeitung von kollektiven Assoziationen und ihrer Nutzung für eine Theaterinszenierung
		3. Applikation auf einen Textteil – Inszenierungsvarianten unter Berücksichtigung der Körpersprache
13./ 14. (GK/ LK)	Inszenierung der »Großen Klage« (Szene 11) (vgl. Kap. 5.2 dieser Arbeit)	1. Erarbeitung der Inszenierungskomponenten
		2. Status von Regieanweisungen klären
		3. szenische Gestaltung des dramatischen Textes entwickeln und erproben
		4. inhaltliche Ausleuchtung der Szene vor dem Hintergrund ihrer Darstellung
	LK-Additum: Analyse einer Inszenierung	

1. PRO: ad-hoc-Standbilder erstellen (Lerngruppe wird halbiert in Zuschauer und Akteure; Akteure bewegen sich langsam und gleichmäßig auf einer ›Bühne‹; L nennt nach ca. 30–40 Sekunden je einen Begriff, zu dem die Akteure sofort ein Standbild (stumm, Gestik, Mimik) improvisieren, nach 3 Begriffen tauschen Zuschauer und Akteure die Rollen, andere Begriffe werden vorgegeben, Begriffe: Geld, Arbeit, Kränkung, Traum, Vorgesetzter, Entlassung, Psychologe, Wut, Einsamkeit u. Ä.

2. UG: Auswertung der Standbilder hinsichtlich Gemeinsamkeiten (und Unterschieden) der Darstellung eines Begriffs durch verschiedene Akteure, Vergleich mit erzeugter Wirkung auf die Zuschauer. Gibt es Übereinstimmungen, wie Menschen unabhängig voneinander bestimmte Begriffe, Gefühle etc. in der Körpersprache darstellen? – Kann über diese nonverbalen Merkmale eine Verständigung zwischen Schauspielern und Zuschauern erreicht bzw. erschwert werden?

3. PRO/GA: Erarbeiten Sie eine Inszenierung für den Anfang der 3. Szene, bei der Sie vor allem die nonverbale Kommunikation berücksichtigen.

A: Inszenierungsvorschlag für eine Gangübung. Präsentation und Vergleich unterschiedlicher Varianten (je nach Inszenierung entfaltet der Bühnentext divergierende Assoziationen beim Zuschauer).

Bereiten Sie die 11. Szene vor und stellen Sie visuell dar, welche verschiedenen Quellen hier miteinander vermischt werden.

1. GA: Erarbeiten Sie ein Regiekonzept für die 11. Szene. Klären Sie folgende Aspekte: Raum und Raumgestaltung, Kostüme, Requisite, Licht u. Ä.

2. UG: Sind die Regieanweisungen unveränderbare Vorgaben oder Hinweise für eine Inszenierung (76)?

3. GA: Entwickeln Sie einen Inszenierung für einen Teil der 11. Szene (Umfang 1 Seite). Berücksichtigen Sie: Bewegung der Figuren, Körpersprache, Stimme und Lautstärke. Präsentation der Gruppenergebnisse und Diskussion.

4. UG: Was wird in dieser Szene transportiert (Reduzierung auf Sprachmaterial, Collage aus disparaten Quellen, Position als vorletzte Szene, apokalyptische Wirkung). Einbezug der HA (Apokalypse, Ausrufe, Firmennamen, Zahlen und interkulturelle Verschneidung mit japanischen Kampfübungen).

LK-Additum: Szene 1 als Aufzeichnung der Uraufführung (erhältlich auf DVD, s. Lit.verzeichnis) oder Besuch einer aktuellen Inszenierung mit anschließender beobachtungsgestützten Analyse.

Erarbeiten Sie die Äußerungen von Managern (Mat. 6) und stellen Sie deren Umgang mit dem Thema eigener Arbeitslosigkeit heraus.

Stunden	Thema	Didaktische Aspekte (Inhalte/Ziele)
15. (GK/ LK)	Fortsetzung nach Textende: eine mögliche 13. Szene (vgl. Kap. 3.5 dieser Arbeit)	1. materialgebundene Erarbeitung von alternativen Handlungs- und Verhaltensstrategien realer Top Dogs
		2. Spiegelung der 12. Szene: Ende? Anfang? – Figur Jenkins als (Negativ-)Modell
		3. produktionsorientierte Auseinandersetzung mit der im Text enthaltenen Wertung
		4. Formulierung einer eigenen Textbewertung vor dem Hintergrund des Utopiebegriffs

6   Klausurvorschläge/Projekte/Referate

Klausurvorschläge für den GK (Dauer: 2–3 Stunden)

1. Textanalyse
   Textstelle: Szene 6
   Analysieren Sie die 6. Szene. Berücksichtigen Sie hierbei
   a) die Kommunikationssituation,
   b) sprachliche Besonderheiten,
   c) den Handlungskontext im Outplacement-Center.

2. Textanalyse und Problemerörterung
   Es ist schwieriger, die diffuse Gegenwart auszuhalten und halbwegs rational zu betrachten, als auf die apokalyptischen Reiter zu deuten, die den Horizont entlanggaloppieren. Das tun wir nämlich sogar mit einer gewissen Lust. Die Apokalypse ist nicht nur schrecklich, sie ist auch großartig, allein schon, weil das eigene individuelle Sterben im allgemeinen Sterben erträglicher wird. Es trifft alle, nicht nur mich.

   (aus: Urs Widmer, 2004, *Das Geld, die Arbeit, die Angst, das Glück*. Zürich, S. 16.
   Auszug aus einer Rede, gehalten im Schauspielhaus Zürich am 17. 12. 2000)

1. UG: Welche Alternativen zum Outplacement-Center können sich ›Top Dogs‹ vorstellen? Einbezug der HA. Lösungsansätze: unterschiedliche Gewichtung des Berufs; aber: fiktive Ausgangssituation; Differenz zwischen Ausgangsbedingung und Disposition der Manager.

2. UG: Hat Frau Jenkins das Outplacement-Center erfolgreich besucht? Rückblick auf das Modell Jenkins (Fixierung auf den Beruf, Karriere, Entlassung als Schock, betreute Wartezeit, Rückkehr in den Beruf) und seine (negative) Bewertung im Stück. Lösungsansätze: Rückkehr in das System, das sie gebrochen hat, Ende des Stücks ist zugleich sein Anfang, eigentliches Ziel des Outplacement-Centers: nicht Persönlichkeitstraining oder Lebenshilfe, sondern Jobvermittlung.

3. PRO/EA: Schreiben Sie eine story-line für die weitere Biografie von Deér, die sich vom Modell Jenkins unterscheiden sollte.

4. UG: Vergleich exemplarischer Schülertexte. Leitfragen: Sind angesichts der Rollenbiografien und der psychischen Dispositionen überhaupt alternative/positive Modelle (Emanzipation des Subjekts, Ausbruch aus der Therapie, Distanzierung vom ökonomischen System u. a.) denkbar? Ist eine positive Rollenbiografie von Deér eine mögliche/unmögliche/unwahrscheinliche/notwendige/Erfolg versprechende Utopie?

---

   a) Analysieren Sie die Funktion der 11. Szene im Kontext des Stücks. Berücksichtigen Sie hierbei sowohl inhaltliche als auch sprachliche und formale Aspekte.

   b) Nehmen sie kritisch Stellung zum Auszug aus Widmers Rede. Beziehen Sie hierbei Aspekte des Stücks ein.

3. Produktionsorientierte Aufgabe

   a) Verfassen Sie einen Brief, den Herr Deér unmittelbar im Anschluss an die 1. Szene an seine Frau schreibt.

   b) Erläutern Sie, welche Aspekte seiner aktuellen Verfassung in diesem Brief nicht zur Sprache kommen, und begründen Sie Ihre Entscheidung, diese Aspekte auszulassen.

4. Produktionsorientierte Aufgabe und Problemerörterung

   a) Schreiben Sie den Brief, den Frau Jenkins einige Monate nach ihrem Ausscheiden aus dem Outplacement-Center an ihre ehemaligen Weggefährten verfasst.

   b) Begründen Sie auf der Basis des Stücks, welche Sichtweisen Frau Jenkins im von Ihnen verfassten Brief einnimmt und warum sie rückblickend zu bestimmten Bewertungen gelangt.

Klausurvorschläge für den LK (Dauer 4–5 Stunden)

1. Textanalyse
   Textstellen: Szenen 8.1, 8.3, 8.5
   Analysieren Sie die Träume und arbeiten Sie Gemeinsamkeiten und Unterschiede heraus. Berücksichtigen Sie hierbei sowohl inhaltliche wie sprachlich-formale Aspekte.

2. Übergreifende Textanalyse und Problemerörterung
   Mein Axiom
   In jeder nicht ganz kleinen Firma sprechen die, die etwas zu sagen haben oder das gern möchten, eine Sprache, die mit jener unserer Alltagswelt wenig zu tun hat und die sie auch, kaum sind sie aus ihrem Laden heraus, weit sparsamer gebrauchen. Kaum einer bittet seine Geliebte, ihre Synergiepotentiale mit den seinen zusammenzulegen, wenn er sie küssen will; so blöd ist er nun doch wieder nicht. Küß mich, sagt er wie jedermann, beziehungsweise er tut es einfach. Aber am nächsten Morgen, schon während er auf sein Firmen-Headquarter zugeht, fällt er in den Jargon seiner Arbeitswelt zurück und sagt auf der Neu-Uhr-Konferenz ohne zu erröten, daß eine Task-Force sich um die Soft Factors kümmern sollte, und daß im Bereich Einkauf die mentalen Modelle durch eine differenziertere Feedbackkultur optimiert werden müßten.

   Die Welt der Ökonomie hat ihre eigene Sprache, und sie hat nur diese Sprache. Wenn einer dann doch einmal Wörter, gar ganze Sätze aus anderen Sprachwelten gebraucht, signalisiert das allen andern Alarmstufe eins. Was jetzt noch gesagt wird, muß verdammt notwendig und gut sein, sonst geht es ins Auge. Ins Auge dessen, der spricht. Logisch, daß jeder, dem sein Augenlicht lieb ist, lieber Sätze in einer Terminologie sagt, die von allen akzeptiert wird. Auch nach Feierabend, in der Bar des Tagungshotels.

   Vieles wird in vielen Sitzungen so und nicht anders beschlossen, weil die Wörter, mit denen der Beschluß formuliert wird, so wohlvertraut sind. Es sind Siegerwörter, und wer sie gebraucht, will zu den Siegern gehören. Ob der Entscheid dann zu etwas nütze ist oder eher Schaden anrichten wird: Das ist nicht unbedingt wichtig. Umso mehr geht es darum, wie, während der Debatte, ein jeder seine Position definiert. Wer die richtigen Wörter im richtigen Augenblick einzusetzen weiß, gehört gewisser dazu als der, dem nur die schwachen Sätze einfallen. Er ist ein *winner*! Er wird nicht entlassen!

   Dabei weiß jeder einzelne besser Bescheid als die Gruppe. Die Gruppe spricht in synthetischen Formeln, die bestenfalls der größte gemeinsame Nenner aller Anwesenden sind. Alles andere bleibt wortlos. Erst die Geliebte kriegt, bevor oder nachdem sie ihrem Geliebten ihre Synergien zur Verfügung gestellt hat, ein paar Brocken aus seinem Geheimdenken zu hören. »Blödmänner! Saubande! Hornochsen!« Redete der Geliebte in seinem Rudel so, die andern würden ihn sofort totbeißen. So wie er einen jeden bisse, der den Schutz gefährdete, den ihm ein Haufen Gleichgesinnter gewährt. Das geschieht ja auch oft, das Totbeißen eines einzelnen.

Mein Axiom lautet also: In der Welt der Ökonomie redet ein jeder nur und ausschließlich mit Wörtern, die ausschließlich und nur von andern auch verwendet werden. Ob dabei ein Sinn entsteht, ist weniger wichtig, als daß die Zugehörigkeit zu dieser Welt bestätigt und befestigt wird. [...]

(aus: Urs Widmer, 2004, Mein Axiom, In: *Das Geld, die Arbeit, die Angst, das Glück*, Zürich, S. 120 ff. Der Text wurde als Kolumne im Magazin des Tages-Anzeigers, Zürich, erstveröffentlicht.)

a) Geben Sie anhand von Widmers Sprachkritik wieder, worin nach seiner Ansicht Ursachen und Auswirkungen der Sprache der Welt der Ökonomie bestehen.

b) Charakterisieren Sie die im Stück genutzte Sprache der Ökonomie.

c) Arbeiten Sie aus dem Stück heraus, wie sich dort die Sprache der Ökonomie auf das Sprechen, Denken, Handeln und Verhalten der Figuren auswirkt.

d) Diskutieren Sie kritisch Aspekte der Sprache der Ökonomie.

3. Produktionsorientierte Aufgabe und Interpretation

a) Schreiben Sie in Anlehnung an die 10. Szene ein Märchen bzw. eine Märchenvariation, die Frau Jenkins erzählt.

b) Erläutern Sie Ihre Entscheidung für das von Ihnen gewählte Märchen im Kontext des Stücks.

c) Arbeiten Sie die Funktion der Märchen in *Top Dogs* heraus.

d) Setzen Sie sich kritisch mit der These auseinander, dass Märchen im Ursprungskontext zur Stabilisierung einer politischen, sozialen und ökonomischen Ordnung beitrugen.

Projekte

1. Inszenierung des Stücks – Schulaufführung

2. Literatur auf der Bühne: Exkursion zu einem Theater (ggf. Arbeit auf der Probebühne mit theaterpädagogischer Anleitung)

3. Dokumentation der Erkundung eines lokalen bzw. regionalen Unternehmens mit internationaler Struktur (Expertenbefragung, außerschulischer Lernort)

4. Wirtschaft und Literatur: Vorstellung/Lesung aus literarischen und Sachtexten (vgl. Vorschläge in den Unterrichtsreihen)

5. Darstellung der Wirtschaft in den Medien (Auswertung unterschiedlicher Informationsquellen: Zeitung, Fernsehen, Internet)

Referate

1. Auswirkungen der Globalisierung am Beispiel eines Konsumprodukts (z. B. Kaffee, Rohrzucker)

2. Träume und Psyche: Sigmund Freud und die Traumdeutung

3. Psychologie und Volksmärchen: Bruno Bettelheim, *Kinder brauchen Märchen*

4. Berufsspezifische Fachsprachen

5. Dramentheoretische Positionen (z. B. Schiller, Brecht)

7   Tafelbilder

TA 1: Definition und Auswirkungen der Globalisierung (2. Stunde)

Definition: Globalisierung
Mit dem Begriff Globalisierung werden Tendenzen einer zunehmenden weltweiten wirtschaftlichen, politischen und kulturellen Verflechtung beschrieben, die weit reichende Veränderungen der Rahmenbedingungen nationaler wie internationaler Politik zur Folge haben. Zentrales Element des Begriffs ist die Annahme eines aktuellen und rasanten Prozesses zunehmender ökonomischer Interdependenz, in dessen Verlauf die etablierten Strukturen gesellschaftlicher Steuerung – die Volkswirtschaft, der Nationalstaat, nationale oder regionale Kulturen – auf nationaler wie internationaler Ebene einem enormen Anpassungsdruck ausgesetzt sind und dabei ihren traditionellen Einfluss einbüßen bzw. in Auflösung begriffen sind. Es wird dabei angenommen, dass die Menschen heute in einer quantitativ und/oder qualitativ neuen Ära leben, in der ein wachsender Teil des sozialen Lebens von globalen Prozessen dominiert wird.

(aus: Dieter Nohlen (Hrsg.): Lexikon Dritte Welt, Reinbek (Rowohlt) 2000, S. 305)

Unternehmen:
- erheblich größerer Konkurrenzdruck/Verdrängungswettbewerb,
- Diskrepanz zwischen regional und international tätigen Unternehmen (global player) wird größer,
- Suche nach dem weltweit kostengünstigsten Standort (Lohnkosten, Produktionskosten, Steuern, …), d. h. Abwanderung (Export) von Arbeitsplätzen zu billigeren Produktionsstandorten,
- vom klassischen Produktionsbetrieb zum Mehrspartenunternehmen,
- Kapital wird wichtigster Produktionsfaktor (nicht mehr Arbeit),
- Orientierung an internationalen Märkten,
- zunehmende Technologisierung – auch als weltweites Kommunikationsmittel,
- Rationalisierungen,
- Betonung des Effizienzgedankens,
- Ausrichtung des Unternehmens am Börsenwert (shareholder-value).

Management (›Top Dogs‹):
- Konkurrenz um jeden Job wird internationaler und damit erheblich größer,
- Anpassung der eigenen Arbeit an globalisierte Strukturen des Unternehmens,
- maximale Flexibilität in Bezug auf den Arbeitsplatz (Ort, Sprache, Technologiekompetenz, kulturelle Kompetenzen u. a. m.),
- zunehmende Tendenz zur ›hire-and-fire‹-Methode (sofortige Vertragskündigung nach Projektabschluss oder bei Ineffizienz),
- weniger Gestaltungsmöglichkeit des beruflichen Umfeldes,
- höhere Verdienstmöglichkeiten, aber auch höheres Risiko der Entlassung.

TA 2: Dialoganalyse (3. Stunde)

Dialog	Gespräch Herr Deér – Frau Wrage (1. Szene)

→ Situation:
Deér ist neuer Klient im Outplacement-Center,
Wrage ist seine Trainerin
→ Verlauf:
misslingende Kommunikation, weil beide in ihren Rollen
kommunizieren

Figuren	Deér: will nicht wahrhaben, dass er entlassen worden ist	Wrage: will Deér in den kommunikativen und situativen Kontext des Outplacement-Centers einbinden
Sprache	■ kurze, fragmenthafte, teils syntaktisch unvollständige Sätze; vermitteln einen gehetzten Eindruck, ■ Phrasen (z. B. **Grad noch tausendzweihundert Stellen abgebaut.**, 10), ■ versteht sich als Bestandteil einer Manager-Elite (Personalpronomen ›wir‹) in Abgrenzung zu den Entlassenen (**Die da** […], 10) – Possessivpronomen ([…] **mein Büro.** 18), ■ Floskeln zum Selbstverständnis (**Ist ein menschliches Problem** […], 11 – Management-Tonfall), ■ bleibt in der Managerrolle verhaftet (**Ist bei mir nicht drin, Ferien.**, 12), ■ reagiert mit Unverständnis auf seine Entlassung (**Einer wie ich ist bei der Swissair sein Leben lang.**, 15), ■ bleibt im Manager-Wir gefangen (**Heute sind wir grundsolide.**, 16).	■ klar strukturierte Sätze, vermitteln jovialen, überredenden, teils einlullenden Eindruck, ■ Phrasen (z. B. **Bedienen Sie sich. Es gibt auch Kaffee.**, 8 / **Was leistet unsere Organisation und wie leistet sie es?**, 10). ■ Versteht sich als Teil einer Berater-Elite (Personalpronomen ›wir‹, 9 f.), ■ Floskeln zum Selbstverständnis (**Sie müssen jetzt zu Ihren ureigensten Gefühlen finden, Herr Deér.**, 16 – therapeutischer Tonfall), ■ bleibt in der therapeutischen Rolle verhaftet (**Sie sind jetzt geschockt.**, 17), ■ reagiert mit Unverständnis auf Deérs hartnäckige Leugnung, seine Entlassung wahrzunehmen (**Sie haben kein Büro mehr.**, 18).

Regieanweisungen	■ durchschaut den sozialen und kommunikativen Kontext nicht: – **Allerdings versteht Deér nur Bahnhof.** (8) – **nimmt die anderen wie neu wahr; als hätten sie die Lepra** (10) – zu Wrage **vertraulich** (12) ■ sukzessive Aneignung des Raums und der Personen bei gleichzeitiger Ablehnung der neuen Rolle	■ dominiert den ihr bekannten sozialen und kommunikativen Kontext: – **energisch auftretend** (8) – **Kleine Heiterkeit** (10) ■ verliert allerdings kurzfristig die Kontrolle: – **heftig, wieder gefasst** (18) ■ fällt nur kurz aus der Rolle, die sie ansonsten verkörpert
Spiel und Inszenierung	■ Kleidung: Geschäftskleidung in gedeckter Farbe, ■ Körpersprache: Hand in der Hosentasche, andere Hand gestikuliert; fixiert Wrage mit dem Blick, ■ signalisiert: Standfestigkeit, Entschlossenheit.	■ Kleidung: Geschäftskleidung in gedeckter Farbe, ■ Körpersprache: Standbein – Spielbein; schaut an Deér vorbei, ■ signalisiert: kommunikative Offenheit, gleichzeitig Unsicherheit.
	■ gespielte Rollen und kommunikative Strategie/Sprache sind zwar aufeinander bezogen, aber nicht auf den situativen bzw. sozialen Kontext abgestimmt, ■ Scheitern der Kommunikation, weil die Rollenfixierung nicht aufgehoben wird.	

TA 3: Strukturschema für Rollenbiografie (4./5. Stunde)

Aktuelle Situation: Figur ist arbeitslos und wird im Outplacement-Center betreut.

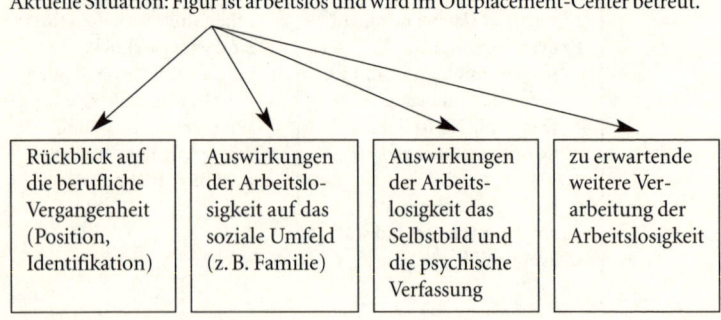

Rückblick auf die berufliche Vergangenheit (Position, Identifikation)	Auswirkungen der Arbeitslosigkeit auf das soziale Umfeld (z. B. Familie)	Auswirkungen der Arbeitslosigkeit das Selbstbild und die psychische Verfassung	zu erwartende weitere Verarbeitung der Arbeitslosigkeit

TA 4: Besonderheiten des formalen Dramenaufbaus (8. Stunde)

Merkmale der Form und des Aufbaus

- es liegt keine geschlossene Form des Dramas vor: Überwindung der aristotelischen Form,
- stattdessen: Spielart der offenen Form des Dramas,
- es existiert kein leitendes formales Konstruktionsprinzip,
- Nebeneinander gleichwertiger Teile (Szenen),
- Reihung vielfältiger Formen (Monologe, Dialoge, Aktionen, Wortreihungen),
- Collage verschiedener Textsorten (Märchen, Bibel, Wortreihungen, Gespräch); Intertextualität,
- Einheitlichkeit von Zeit, Ort und Handlung als Zitat der klassischen Dramenform – aber: Uneinheitlichkeit der Figuren (Übernahme flexibler Rollen: Manager und Psychologe und Rollenspieler) als spielerische Variation,
- punktuelles Auftreten des Chors (vgl. antikes Drama),
- Kennzeichnung als Königsdrama; damit: Einordnung in literaturgeschichtliche Tradition (Anspielung auf Königsdramen Shakespeares).

Fazit: Formaler Aufbau und Gestaltungselemente greifen in spielerischer Überwindung auf historische Dramenkonzeptionen zurück, die teils zitiert, teils variiert werden. Damit ist das Drama auch in den Kontext der Literaturgeschichte gestellt, zugleich enthält es formale Innovationen.

Karikatur zur Globalisierung

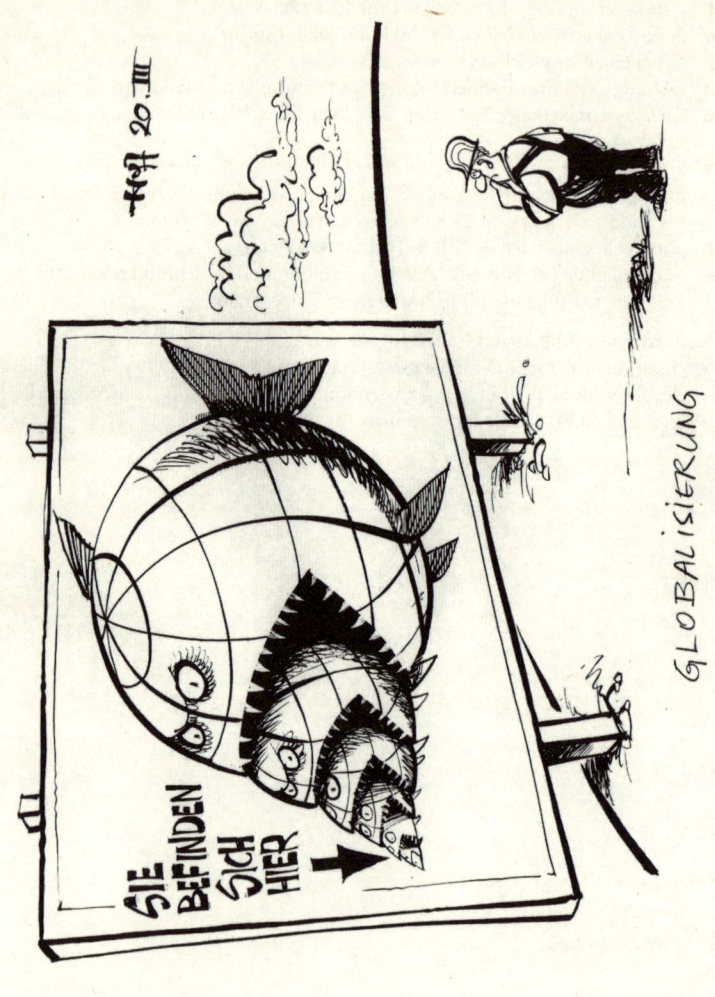

Horst Haitzinger, München

Foto: Karin Bötzel

(Trotz entsprechender Bemühungen ist es nicht in allen Fällen gelungen, den Rechtsinhaber ausfindig zu machen. Gegen Nachweis der Rechte zahlt der Verlag für die Abdruckerlaubnis die gesetzlich geschuldete Vergütung.)

»Top Dogs«, 1. Szene: Deér und Wrage

(Uraufführung am Theater Neumarkt, Zürich 1997)

Koni Nordmann/Agentur Focus

In der Rollentheorie wird Sozialisation als das Hineinwachsen des Individuums in gesellschaftlich definierte Positionen aufgefaßt. An diese Positionen knüpfen sich bestimmte Erwartungen bezüglich der dafür notwendigen Qualifikationen.

Jede Gesellschaft sieht für ihre Mitglieder bestimmte *Klassifikationssysteme* vor. Mindestens fünf solcher Klassifikationssysteme lassen sich für unsere Gesellschaft unterscheiden:

1. Geschlechts- und Altersgruppen
2. Verwandtschaftsgruppen
3. Beschäftigungsgruppen
4. Statusgruppen
5. Freundschafts- und Interessengruppen

Innerhalb jeder der fünf Kategorien können verschiedene *Positionen* eingenommen werden. In der Kategorie Alter z. B. die Positionen Säugling, Kleinkind, Schulkind, Jugendlicher usw. oder in der Beschäftigungskategorie die Positionen Maurer, Bergmann, Arzt, Vertreter usw.

Positionen können entweder *zugeschrieben* sein (ascribed), wie z. B. das Lebensalter, das Geschlecht, der Verwandtschaftsgrad, oder sie sind *erworben* (aquired), wie z. B. der ausgeübte Beruf, der Vorsitz im Taubenzüchterverein oder auch die durch Heirat erworbene Position der Millionärsgattin.

An die einzelnen Positionen knüpfen sich bestimmte Erwartungen hinsichtlich der für sie angemessenen Qualifikationsmerkmale (Kenntnisse, Fertigkeiten, Einstellungen usw.). Dieses *Bündel der Erwartungen* bezeichnen wir als Rolle. Die vom Positionsinhaber realisierten rollenkonformen Verhaltensweisen definieren dann das *Rollenverhalten*.

Ein Individuum kann gleichzeitig oder nacheinander verschiedene Positionen und entsprechend verschiedene Rollen einnehmen. Gleichzeitig kann jemand z. B. Vater, Ehemann, Angestellter, Stürmer in einer Fußballmannschaft und leidenschaftlicher Kunstsammler sein. [...] Zu jeder Position gehören Rechte und Pflichten. Die Rechte umfassen dabei die Erwartungen hinsichtlich des Verhaltens anderer: das Kind hat ein Recht auf Pflege seitens der Mutter oder anderer Pflegepersonen, der Patient hat ein Recht auf Behandlung seitens des Arztes. Die Pflichten sind die Erwartungen an das eigene Verhalten: ein Kind muß der Pflege bedürfen, zum Patient gehört, daß er krank ist. Diese Rechte und Pflichten sind identisch mit den Erwartungen, die eine Person oder eine Personengruppe innerhalb des sozialen Systems mit der betreffenden Position verbindet.

In unserer Gesellschaft gibt es für viele Positionen keine einheitlichen Rollenerwartungen. Verschiedene Individuen richten sich vielmehr nach unterschiedlichen *Bezugsgruppen* bei der Beurteilung der Angemessenheit von Rollen. Die Wahl der Bezugsgruppe, nach der er sich richtet, ist dem Positionsinhaber in einem gewissen Grade freigestellt, d. h. er kann sein Verhalten nach den Erwartungen verschiedener Bezugsgruppen ausrichten. [...] Da das Gesamt der Erwartungen sich aus den Erwartungen verschiedener Personen bzw. Bezugsgruppen zusammensetzt, kann man die Rolle in Abschnitte unterteilen. Man spricht hier von *Rollensegmenten* oder Rollensektoren, die jeweils den Erwartungen einer bestimmten Bezugsgruppe zugeordnet sind.

(aus: Hanns Martin Trautner, Sozialisation als Erwerb von Rollen.
In: Lehrbuch der Entwicklungspsychologie, Bd. 1, Göttingen u. a. 1978, S. 143 ff.)

Postdramatisches Theater ist Ersetzung der dramatischen Handlung durch Zeremonie, mit der die dramatisch-kultische Handlung in ihren Anfängen einst untrennbar verschwistert war. Unter Zeremonie als Moment vom postdramatischem Theater sei demnach verstanden die ganze Spielbreite des Ausagierens referenzloser, aber mit gesteigerter Präzision vorgetragener Abläufe; Veranstaltungen eigentümlich formalisierter Gemeinsamkeit; musikalisch-rhythmische oder visuell-architektonische Verlaufskonstrukte; pararituelle Formen sowie die (nicht selten tiefschwarze) ›Feier‹ des Körpers, der Präsenz; das emphatisch oder monumental akzentuierte Ostentative der Darbietung. (116)

Mit dem folgenden Überblick über die Stilzüge des postdramatischen Theaters, technischer formuliert: über seinen Umgang mit den Theaterzeichen sollen Beschreibungskriterien und Kategorien gewonnen werden, mit deren Hilfe zwar nicht im Sinne eines Steckbriefs, aber doch einer *Seh-Anleitung* das postdramatische Theater bessere Erkennbarkeit gewinnt. [...]

– Entzug der Synthesis: Im postdramatischen Theater liegt offenkundig die Forderung beschlossen, es müsse an die Stelle der vereinigenden und schließenden Perzeption eine offene und zersplitterte treten. [...]

– Traumbilder: Wesentlich für den Traum ist die Non-Hierarchie zwischen Bildern, Bewegungen und Worten. ›Traumgedanken‹ bilden eine neue Textur, die Collage, Montage und Fragment ähnelt, nicht aber dem logisch strukturierten Ablauf von Ereignissen.

– Synästhesie: Kaum ist zu übersehen, daß im neuen Theater Stilzüge zur Geltung kommen, die man der manieristischen Tradition zuschreibt: Widerwille gegen organische Geschlossenheit, Neigung zu Extrem, Verzerrung, Verunsicherung und Paradoxie.

– *Performance Text*: Für das postdramatische Theater gilt nun, daß der schriftlich und/oder mündlich dem Theater vorgegebene Text und der – im weitesten Sinne des Wortes – ›Text‹ der Inszenierung (mit Spielern, ihren ›paralinguistischen‹ Ergänzungen, Reduktionen der Deformationen des linguistischen Materials; mit Kostümen, Licht, Raum, eigener Zeitlichkeit usw.) von einer *veränderten Auffassung des Performance Text* her in neue Beleuchtung gesetzt werden.

– Parataxis: Ein durchgängiges Prinzip des postdramatischen Theaters ist die Enthierarchisierung der Theatermittel. Diese non-hierarchische Struktur widerspricht eklatant der Tradition, die zur Vermeidung von Verwirrung und zur Herstellung von Harmonie und Verständlichkeit eine hypotaktische, die Über- und Unterordnung der Elemente regelnde Verknüpfungsweise bevorzugte. Bei der *Parataxis* im postdramatischen Theater werden die Elemente nicht in eindeutiger Weise verknüpft.

– Simultaneität: Mit dem Verfahren der Parataxis geht einher die Simultaneität von Zeichen. Während das dramatische Theater eine Anordnung dergestalt vornimmt, daß von der Vielzahl der in jedem Moment einer Aufführung übermittelten Signale jeweils nur bestimmte herausgehoben sind und im Zentrum stehen, führt die parataktische Wertigkeit und Anordnung zur Erfahrung des Simultanen, das den Wahrnehmungsapparat häufig – und wie man hinzufügen muß: oft mit systematischer Absicht – überfordert.

– Spiel mit der Dichte der Zeichen: Im postdramatischen Theater wird es zur Regel, daß die konventionalisierte Regel und mehr oder weniger etablierte *Norm der Zei-*

chen-Dichte verletzt wird. Es gibt entweder ein Zuviel oder ein Zuwenig. Im Verhältnis zur Zeit oder zum Raum oder zur Wichtigkeit der Sache spürt der Betrachter eine Überfülle oder auf der anderen Seite eine merkliche Ausdünnung der Zeichen. (139 ff.)

– Sprache als Ausstellungsobjekt: Das Prinzip der Ausstellung ergreift neben Körper, Gestik, Stimme auch das Sprachmaterial und greift die Darstellungsfunktion der Sprache an. Statt sprachlicher *Dar*-Stellung von Sachverhalten eine ›Stellung‹ von Lauten, Worten, Sätzen, Klängen, die kaum von einem ›Sinn‹, sondern von einer szenischen Komposition gelenkt werden, von einer visuellen, nicht textorientierten Dramaturgie. (266)

(aus: Hans-Thies Lehmann, Postdramatisches Theater,
Frankfurt a. M. 1999, S. 116, 139 ff., 266)

Selbstäußerungen von Managern　　　　　　　　　　　　　　　　　　Material
　　　　　　　　　　　　　　　　　　　　　　　　　　　　　　　　　　　6
Textauszüge aus:

Was würden Sie tun, wenn Sie morgen Ihren Schreibtisch räumen müssten? – Eine Befragung unter Spitzenmanagern.

1. Es würde mich sehr treffen – verunsichern. So würde ich eine Vorwärtsstrategie entwickeln: Ich würde für 3–4 Wochen in die Ferien fahren und mich körperlich und geistig erholen und fit machen. Gleichzeitig würde ich mir eine Reihe von Unterlagen betr. Weiterbildung zukommen lassen. Und dann würde ich neu starten: mich verselbständigen oder eine Stelle suchen oder eine neue Ausbildung beginnen. Sicher aber würde ich keinen Tag auslassen und sofort versuchen, irgendeine Arbeit zu übernehmen.
Monika Weber, Ständerätin, Direktorin Wirtschaftspolitik und Konsumentenfragen Migros-Genossenschafts-Bund

2. Ich würde endlich mit Muße die Welt bereisen, um fremde Kulturen kennenzulernen. Zwischendurch würde ich mich um ältere Leute kümmern, weil ich dereinst auch nicht einsam sein möchte.
Maria Mumenthaler, Präsidentin Manpower Schweiz

3. Die von Ihnen gestellte Frage ist ausgesprochen interessant. Das Tagesgeschäft hat mich allerdings bislang davon abgehalten, mir darüber ernsthaft Gedanken zu machen. [...] Wahrscheinlich würde ich mich zusätzlich stärker mit den Zukunftsvisionen zur Entwicklung der Finanzdienstleistungswirtschaft beschäftigen und dies gegebenenfalls auch mit der Thematik der Ausbildung und Förderung des Managernachwuchses von morgen verbinden.
Jürgen Zech, Vorsitzender des Vorstands der Gerling-Konzern VersicherungsbeteiligungsAG, Köln

4. Ich würde mich umgehend als mein Nachfolger bewerben.
Manfred Zobl, Präsident der Konzernleitung der Rentenanstalt/Swiss Life

5. Weinen und dann ... lachen!
Ernst Koller, Vorsitzender der Geschäftsleitung IBM Schweiz

6. Räumen und fort in den ewigen Schnee. Der Weg geht weiter, wenn das Ziel explodiert.
Stephan Müller, Direktor Theater Neumarkt

(aus: Theater Neumarkt Zürich (Hrsg.): Top Dogs.
Entstehung – Hintergründe – Materialien, Zürich 1997, S. 93 ff.)

Anhang

Anmerkungen

[1] Halter 1998, 30

[2] Galtung 1971, 83

[3] Barnett hat für den Zeitraum zwischen 1997 und 2003 immerhin 42 europäische Bühnen gezählt, die TOP DOGS inszeniert haben, darunter auch metropole Bühnen wie Brüssel, London und Paris. Vgl. Barnett 2003, 153.

[4] Rühle 1977, 43

[5] Halter 1998, 37

[6] A. a. O., 30

[7] Hofmann 2004, 52

[8] Halter 1998, 30

[9] Cramer 2003, 1327 ff.

[10] Hofmann 2004, 52

[11] Halter 1998, 39

[12] Hofmann 1999, 9

[13] Ebd.

[14] Schaefer 2004, 18

[15] Widmer in TORSO, 54

[16] Halter 1998, 39

[17] Kammler 2003, 48

[18] Ebd.

[19] Widmer 1991, 98

[20] Vgl. hierzu Agossavi 2003, 86 sowie Förster 1999, 62.

[21] Vgl. Widmer 1997, 48

[22] Schaefer 2004, 19

[23] Ebd.

[24] Ebd.

[25] Hofmann 1999, 9

[26] Ebd.

[27] Barnett 2003, 153. Übersetzung: Ein solcher Entwurf ist eindeutig brechtianisch, was seine dramatische Philosophie betrifft: Das Individuum wird in seinem sozioökonomischen Umfeld gezeigt, um vom Publikum analysiert zu werden. Widmer spielt – genauso wie Brecht – mit unseren Sympathien.

[28] Ebd.

[29] A. a. O., 162

[30] Ebd.

[31] Sinic 2003, 155

[32] Vgl. Toepfer 1997, 78

[33] Toepfer 1997, 78

[34] Ebd.

[35] Halter 1998, 30

[36] Kammler 2001, 149

[37] Vgl. Schlaffer 1999

[38] Halter 1998, 39

[39] Toepfer 1997, 78

[40] A. a. O., 79

[41] Barwinski Fäh 1997, 110

[42] Widmer 1997, 48

[43] Kammler 2001, 148

[44] Vgl. a. a. O., 149

[45] Zur Konzeption einer Poetologie des postdramatischen Theaters vgl. Lehmann 1999

[46] Lehmann 1999, 266

[47] Kammler 2001, 149

[48] Kammler 2003, 46 f.

[49] Schnell 2003, 562

[50] Wille 1997, 41

[51] Vgl. Lehmann 1999, 73 ff.

[52] Vgl. a. a. O., 139 ff.

[53] Kammler 2003, 48

[54] In dieser fortlaufend aktualisierten Auflistung ist TOP DOGS für die Schuljahre 2004/2005 und 2005/2006 aufgeführt.

[55] Vgl. http://www.nibis.de/nli1/gohrgs/zentral abitur/deutsch.pdf (Stand: September 2005)

[56] Hofmann 1999, 19

[57] Ebd.

[58] A. a. O., 10

[59] Jörder 1997, 113

[60] Widmer 2004, 27

[61] A. a. O., 22 f.

[62] A. a. O., 24

[63] A. a. O., 22

[64] Wille 1997, 40

[65] Widmer 2004, 25

[66] Widmer in TORSO, 54

[67] Da die Figuren die Namen ihrer Darsteller tragen, ist die Benennung der Figuren in den Aufführungen uneinheitlich und zum Teil erheblich unterschiedlich. Hier wird der zugrunde liegenden Textfassung gefolgt.

[68] Wille 1997, 41

[69] Diese Kennzeichnung nimmt expressis verbis der Regisseur der Uraufführung, Volker Hesse, vor. Vgl. seine Äußerung in Toepfer 1997, 74.

[70] Hofmann 1999, 10

[71] Koetzle 2004, 4

[72] Ebd.

[73] Vgl. Wrobel 1997, 221 f.

[74] Vgl. a. a. O., 443

[75] Zu Formen der literarischen Umsetzung des aus der Chaostheorie stammenden Phänomens der Selbstähnlichkeit vgl. Wrobel 1997, 200 ff. und 263 ff.

[76] Fietz 1994, 3

[77] Hofmann 1999, 15

[78] Widmer 2004, 30 f.

[79] Barnett 2003, 158

[80] Barwinski Fäh 1997, 114

[81] Widmer 2004, 14

82 Ebd., 25
83 Hofmann 1999, 15
84 Jungk 1970
85 Hofmann 1999, 15
86 Halter 1998, 30
87 Kammler 2001, 149
88 Ebd.
89 Vgl. Hofmann 1999, 15
90 Kammler 2001, 149
91 So stellt z. B. Sinic, 2003, 166 f. das Moment des Grotesken in der Erzählung als verbindendes Element heraus, das für die Prosatexte von Widmer, Grass (*DER BUTT*) und in intertextueller Perspektive für das Grimm-Märchen kennzeichnend sei.
92 Vgl. Sinic, 2003, 217 f.
93 Vgl. ebd.
94 Hier ist mehr als nur eine auffallende Nähe zu der Kapitalismuskritik festzustellen, die Franz Müntefering als SPD-Vorsitzender im Frühjahr 2005 mit seinem Vergleich zwischen global tätigen Unternehmen und der biblischen Heuschreckenplage entfacht hat.
95 Widmer 2004, 28 f.
96 Widmer 1997, 43 ff.
97 A. a. O., 43; 48

98 A. a. O., 48
99 Widmer in TORSO, 53
100 Vgl. Widmer 1997, 52 f.
101 A. a. O., 47
102 A. a. O., 46
103 Bekes/Frederking 2003, 5
104 Lehmann 1999, 116
105 A. a. O., 139
106 A. a. O., 142
107 A. a. O., 266
108 Ebd.
109 A. a. O., 145
110 A. a. O., 31
111 Primavesi 2004, 9
112 Ebd.
113 Vgl. Widmer 1997, 50
114 Vgl. hierzu Kammler 2003, 6
115 Umfassend und mit zahlreichen Beispielen für die Schnittmenge zwischen handlungs- und produktionsorientiertem Literaturunterricht sowie Theaterpädagogik ist dieser didaktische Ansatz bei Waldmann (2004) dargestellt.
116 Vgl. Henschel 1996, 155 f.
117 Vgl. Schülein/Zimmermann 1998, 116 f. sowie diess. 2002

Literaturverzeichnis

Primärliteratur

Widmer, Urs, Top Dogs, Frankfurt a. M.:
Verlag der Autoren, 7. Aufl. 2004
(Die Seitenzahlen in Klammern beziehen sich auf diese Taschenbuchausgabe.)

Widmer, Urs, 1991, Die sechste Puppe im Bauch der fünften Puppe im Bauch der vierten Puppe und andere Überlegungen zur Literatur. Grazer Poetikvorlesungen, Zürich.

Widmer, Urs, 1997, Feldforschung im Lande des Managements, in: Theater Neumarkt Zürich (Hrsg.): TOP DOGS. Entstehung – Hintergründe – Materialien, Zürich, S. 43–53.

Widmer, Urs, 2004, Das Geld, die Arbeit, die Angst, das Glück, Zürich. [EA 2002]

DVD

Szene 1 aus Top Dogs, in: DVD zu Praxis Deutsch Heft 181: Zeitgenössisches Theater, 2003, zu beziehen über Friedrich Verlag, Velber

Interviews und Gespräche

TORSO 9, o. J., Werkstattgespräch mit Urs Widmer, 52–55.

Sekundärliteratur zu Urs Widmer und »Top Dogs«

Agossavi, Simplice, 2003, Fremdhermeneutik in der zeitgenössischen deutschen Literatur. An Beispielen von Uwe Timm, Gerhard Polt, Urs Widmer, Sibylle Knauss, Wolfgang Lange und Hans Christoph Buch, St. Ingbert.

Barnett, David, 2003, ›Da draussen sind Hunderte von solchen wie Sie einer sind‹. The Triumph of the Market *and* the Persistence of Dialectics in Urs Widmer's TOP DOGS, in: Forum Modernes Theater, Band 18/2, S. 153–165.

Barwinski Fäh, Rosmarie, 1997, Wenn Macher nichts mehr machen können. Das Trauma plötzlicher Arbeitslosigkeit. Eine Analyse der Charaktere in TOP DOGS, in: Theater Neumarkt Zürich (Hrsg.): TOP DOGS. Entstehung – Hintergründe – Materialien, Zürich, S. 107–115.

Cramer, Sibylle, 2003: Artikel Urs Widmer, in: Lexikon der deutschsprachigen Gegenwartsliteratur seit 1945, Band 2, München, S. 1327–1330.

Förster, Nikolaus, 1999, Die Wiederkehr des Erzählens. Deutschsprachige Prosa der 80er und 90er Jahre, Darmstadt.

Gerdzen, Rainer, 2005, Kampf der Manager. Urs Widmers TOP DOGS im Deutschunterricht, in: Deutschmagazin, Heft 4, S. 39–44.

Halter, Martin, 1998, Warte uff de Godot. Feuerwehrmann der Utopie: Urs Widmer als Theaterautor, in: Text und Kritik, Heft 140, S. 30–40.

Jörder, Gerhard, 1997, Die Globalisierung frißt ihre Kinder. Preisrede auf TOP DOGS beim Berliner Theatertreffen, in: Theater heute. Jahrbuch 1997, S. 113–116.

Kammler, Clemens, 2001, Die deutsche Gegenwartsliteratur: Ein Problemfall der literarischen Sozialisation, in: Zeitschrift für Literaturwissenschaft und Linguistik, Heft 124, S. 140–150.

Kammler, Clemens, 2003, Ein Königsdrama der Wirtschaft. Urs Widmers *Top Dogs*, in: Praxis Deutsch, Heft 181, S. 46–50.

Koetzle, Michael, 2004, Artikel Urs Widmer, in: Kritisches Lexikon zur deutschsprachigen Gegenwartsliteratur, 76. Nlg.

Rühle, Günther, 1977, Ein Schritt weiter auf der Stelle? *Nepal* von Urs Widmer am Frankfurter Kammerspiel uraufgeführt, in: Theater heute, Heft 10/77, S. 43.

Schaefer, Thomas, 2004, Artikel Urs Widmer, in: Kritisches Lexikon zur deutschsprachigen Gegenwartsliteratur, 76. Nlg.

Schlaffer, Hannelore, 1999, Gerettet dank unentwegter Beweglichkeit, in: Stuttgarter Zeitung vom 25. Oktober 1999.

Sinic, Barbara, 2003, Die sozialkritische Funktion des Grotesken. Analysiert anhand der Romane von Vonnegut, Irving, Boyle, Grass, Rosendorfer und Widmer, Frankfurt a. M.

Toepfer, Nina, 1997, Gegenwart und Gegenwelten: Neumarkt. Eine Erfolgsgeschichte, in: Theater Neumarkt Zürich (Hrsg.): *Top Dogs*. Entstehung – Hintergründe – Materialien, Zürich, S. 65–79.

Wille, Franz, 1977, Vom Saft der autonomen Zitrone. In: Theater heute, Heft 2/77, S. 38–41.

Allgemeine Literatur

Bekes, Peter/Frederking, Volker, 2003, TheaterSpiel, Moderne Dramen im Deutschunterricht, in: Deutschunterricht, Heft 4/2003, S. 4–9.

Fietz, Lothar, 1994, Fragmentarisches Existieren, Wandlungen des Mythos von der verlorenen Ganzheit in der Geschichte philosophischer, theologischer und literarischer Menschenbilder, Tübingen.

Galtung, Johan, 1971, Gewalt, Frieden und Friedensforschung, in: Senghaas, Dieter (Hrsg.): Kritische Friedensforschung, Frankfurt a. M., S. 55–104.

Henschel, Ulrike, 1996, Theaterspielen als ästhetische Bildung, Weinheim.

Hofmann, Michael, 1999, Rosa Riese, guter König. Dramatische Texte der neunziger Jahre. In: Der Deutschunterricht, Heft 4/1999, S. 9–20.

Hofmann, Michael, 2004, Neue Tendenzen der deutschsprachigen Dramatik, in: Kammler, Clemens/Pflugmacher, Torsten (Hrsg.): Deutschsprachige Gegenwartsliteratur seit 1989. Zwischenbilanzen – Analysen – Vermittlungsperspektiven, Heidelberg.

Jungk, Robert, 1970, Interview in der Sonderbeilage der Salzburger Nachrichten vom 25. 7. 1970.

Kammler, Clemens, 2003, Zeitgenössische Theaterstücke, in: Praxis Deutsch, Heft 181, S. 6–13.

Lehmann, Hans-Thies, 1999, Das postdramatische Theater, Frankfurt a. M.

Primavesi, Patrick, 2004, Orte und Strategien postdramatischer Theaterformen, in: Text und Kritik, Sonderband: Theater fürs 21. Jahrhundert, S. 8–25.

Schülein, Frieder/Zimmermann, Michael, 1998, Theater in der Deutschlehrerausbildung, in: Frederking, Volker (Hrsg.): Verbessern heißt verändern, Neue Wege, Inhalte und Ziele der Ausbildung von Deutschlehrer(inne)n in Studium und Referendariat, Baltmannsweiler, S. 105–124.

Schülein, Frieder/ Zimmermann, Michael, 2002, Spiel- und theaterpädagogische Ansätze, in: Bogdal, Klaus-Michael/Korte, Hermann (Hrsg.): Grundzüge der Literaturdidaktik, München, S. 258–271.

Waldmann, Günter, 2004, Produktiver Umgang mit dem Drama, Eine systematische Einführung in das produktive Verstehen traditioneller und moderner Dramenformen und das Schreiben in ihnen, 4. Auflage, Baltmannsweiler.

Wrobel, Dieter, 1997, Postmodernes Chaos – Chaotische Postmoderne. Eine Studie zu Analogien zwischen Chaostheorie und deutschsprachiger Prosa der Postmoderne, Bielefeld.

Ziesenis, Werner, 2001, Artikel Drama, in: Lange, Günter/Marquardt, Doris/Petzold, Leander/Ziesenis, Werner (Hrsg.): Textarten didaktisch, Eine Hilfe für den Literaturunterricht, 3. Auflage, Baltmannsweiler, S. 22–30.

1938 Geburt am 21. Mai 1938 als Sohn des Übersetzers und Kritikers Walter Widmer in Basel Studium der Germanistik, Romanistik und Geschichte in Basel, Montpellier und Paris

1966 Promotion

1966–68 Arbeit als Verlagslektor (Walter Verlag, Olten/Suhrkamp Verlag, Frankfurt), danach als freier Autor, Literaturkritiker und Übersetzer

1967–84 lebt in Frankfurt a. M. Mitbegründer des Verlags der Autoren

1968 *ALOIS.* Erzählung; *WER NICHT SEHEN KANN, MUSS HÖREN.* Hörspiel

1970 *HENRY CHICAGO.* Hörspiel

1971 *DIE AMSEL IM REGEN IM GARTEN.* Erzählung

1973 *DIE LANGE NACHT DER DETEKTIVE.* Uraufführung Basel

1974 *DIE FORSCHUNGSREISE.* Ein Abenteuerroman; Karl-Sczuka-Preis des SWF

1975 *SCHWEIZER GESCHICHTEN.* Roman

1976 *DIE GELBEN MÄNNER.* Roman; Hörspielpreis der Kriegsblinden

1977 *VOM FENSTER MEINES HAUSES AUS.* Prosa; *NEPAL. STÜCK IN DER BASELER UMGANGSSPRACHE.* Uraufführung Frankfurt a. M.

1978 *HAND UND FUSS – EIN BUCH*; *DIE ZWERGE IN DER STADT.* Hörspiel für Kinder

1979 *STAN UND OLLIE IN DEUTSCHLAND.* Uraufführung München; *SUOMI UND IHR NETZ. EINE BILDERGESCHICHTE AUS CHINA ALS SPRACHBUCH UND EIN CHINESI-*

SCHES COMICHEFT; ZÜST ODER DIE AUFSCHNEIDER. EIN TRAUMSPIEL

1981 *DAS ENGE LAND.* Roman

1982 *LIEBESNACHT.* Erzählung

1983 *PROVINZSTATISTIK DER VOLKSREPUBLIK CHINA.* Essays; ›manuskripte‹-Preis

1984 *DIE GESTOHLENE SCHÖPFUNG.* Märchen; *DER NEUE NOAH.* Uraufführung Zürich

1985 *INDIANERSOMMER.* Erzählung; Preis der Schweizer Schillerstiftung; Übersiedlung nach Zürich

1987 *DAS VERSCHWINDEN DER CHINESEN IN NEUEN JAHR; ALLES KLAR.* Uraufführung Zürich

1988 *AUF, AUF, IHR HIRTEN! DIE KUH HAUT AB!* Kolumnen

1989 *DER KONGRESS DER PALÄOLEPIDOPTEROLOGEN.* Roman; Baseler Literaturpreis; Ehrengabe des Kantons Zürich

1990 *DAS PARADIES DES VERGESSENS.* Erzählung; *DER SPRUNG IN DIE SCHÜSSEL.* Uraufführung München

1991 *DIE SECHSTE PUPPE IM BAUCH DER FÜNFTEN PUPPE IM BAUCH DER VIERTEN PUPPE UND ANDERE ÜBERLEGUNGEN ZUR LITERATUR.* Grazer Poetikvorlesungen; *FRÖLICHER – EIN FEST.* Uraufführung Zürich

1992 *DER BLAUE SIPHON.* Erzählung; *JEANMAIRE. EIN STÜCK SCHWEIZ.* Uraufführung Bern; Preis des SWF-Literaturmagazins

1993 *LIEBESBRIEF FÜR MARY.* Roman

1994 *GESTRANDET AN DEN RÄNDERN EUROPAS*

1995 Aufnahme in die Deutsche Akademie für Sprache und Dichtung, Darmstadt; Kunstpreis der Stadt Zürich für Literatur

1996   *IM KONGO*. Roman; *TOP DOGS*. Uraufführung Zürich

1997   Kunstpreis der Gemeinde Zollikon; ›3sat-Innovationspreis‹ für *TOP DOGS*; Mülheimer Dramatiker-Preis für *TOP DOGS*; *STILLE POST*. Autor des Jahres der Zeitschrift **Theater heute** für *TOP DOGS*

1998   *VOR UNS DIE SINTFLUT*. Erzählungen; *DIE SCHWARZE SPINNE*. Uraufführung Zürich; Heimito-von-Doderer-Preis

1999   Aufnahme in die Akademie der Künste Berlin-Brandenburg

2000   *DER GELIEBTE DER MUTTER*. Roman

2001   ›Bertolt-Brecht-Literaturpreis‹ der Stadt Augsburg; Kulturpreis der Gemeinde Riehen; *HEILIGER KRIEG GEGEN DIE FAKTEN; JERUSALEM; KÖNIG DER BÜCHER. BANKGEHEIMNISSE*. Uraufführung Zürich

2002   *DAS GELD, DIE ARBEIT, DIE ANGST, DAS GLÜCK*. Rede; Franz-Nabl-Preis der Stadt Graz; Großer Literaturpreis der ›Bayerischen Akademie der Schönen Künste‹ Prix des Auditeurs von Radio Suisse Romande

2003   ›Stadtschreiber-Literaturpreis‹ des ZDF, 3sat und der Stadt Mainz

2004   *SHAKESPEARES KÖNIGSDRAMEN NACHERZÄHLT; DAS BUCH DES VATERS*. Roman; Preis der ›Schweizerischen Schiller-Stiftung‹

2005   *DAS MACHTHORN*. Hörspiel